The War on Women

And the Brave Ones Who Fight Back

女性面對的戰爭

及那些敢於抵抗的勇者

Sue Lloyd-Roberts
蘇・勞伊德・羅伯茨

謝濱安———譯

謝辭

在此對參與本書製作的每一個人致上最深的謝意，包含BBC的幕後團隊，以及所有曾為正義而戰，並持續奮戰的勇敢的女性。

特別鳴謝伊恩．歐萊禮（Ian O'Reilly）、薇薇安．摩根（Viven Morgan）、麗絲．杜賽（Lyse Doucet）、琳恩．法蘭克斯（Lynn Franks）、蘇．麥格雷戈（Sue MacGregor）、凱瑟琳．哈瑪尼特（Katharine Hamnett）、雅思敏．阿里拜—布朗（Yasmin Alibhai-Brown）、薩姆．斯麥瑟斯（Sam Smethers）、希伯．沃德爾（Hibo Wardere）、尼姆科．阿里（Nimco Ali）、馬修．史威特（Matthew Sweet）、路克．穆侯（Luke Mulhall）以及東尼．喬里夫（Tony Jolliffe）。

感謝西蒙與舒斯特（Simon & Schuster）出版團隊的支持，尤其是艾貝嘉兒．博格史東（Abigail Bergstrom）、哈莉特．多布森（Harriet Dobson）以及妮科拉．克羅斯利（Nicola Crossley），並感謝蘇的經紀人凱洛琳．米歇爾（Caroline Michel）。

蘇的丈夫尼克．古瑟瑞（Nick Guthrie）與她的孩子
喬治．莫里斯（George Morris）、莎拉．莫里斯（Sarah Morris）
謹上

出版公司衷心感謝蘇的家人協助完成本書最後的內容。

目錄

自序

我站在特拉法加廣場的講台上對著群眾發表演說，腦中忽然興起寫下《女性面對的戰爭》這本書的想法。那一天是情人節，當時社運活動參與者，也是傑出的公關人才——琳恩．法蘭克斯，正極力說服我加入她為「十億人起義」集會所列的演講陣容之中。這個活動由戲劇《陰道獨白》的創作者伊芙．恩斯勒（Eve Ensler）發起，每年舉辦一次，為的是讓世界各地受到暴力對待的女性能獲得關注。

顯然，上帝不是女性主義的支持者。活動的前一天以及後一天，倫敦都閃耀在燦爛的冬陽之下，但是活動當天卻下起傾盆大雨。我放眼看向群眾中數百位勇敢、渾身溼透的女性以及少數的男性蜷縮在雨傘之下，心中忽然升起某種荒謬之感——荒謬的不是那場雨，而是我們聚集此地的原因。

過去我也曾到特拉法加廣場參加聲援西藏人民、庫德族人以及喀拉哈里的布希曼人的活動。我自問，為什麼占有世界人口五一％的女性，在二十一世紀仍然得為公正、人道的對待走上街頭，彷彿我們只是世界上另一批遭受迫害的少數民族？

我在ＢＢＣ的朋友都說我是「絕望事件特派記者」。回顧三十年來我做的人權報導，絕大多數都是在替身處苦難之中，承受不公正待遇的女性發聲，範圍從德州、愛爾蘭、巴基斯坦，一直到塔吉克斯坦。難道女權注定是另一個無解的議題嗎？如果真是如此，原因為何？

我不敢說這本書能提供全觀的論述，也無法給出解答。一個女記者的生涯太短了，無以完竟這些事業。這本書以記述軼事的方式呈現，內容是我身為ITN與BBC國際特派記者，三十年來參與這些議題的個人經歷。我遇見了許多值得擁有更好人生的女性，以及勇於起身反擊的她們。

蘇．勞伊德．羅伯茨

二〇一五年

編輯後記：

令人遺憾的是蘇．勞伊德．羅伯茨在本書內容完成前，於二〇一五年十月十三日逝世。本書所載的資訊於蘇的寫作過程中已經過校正；若有任何遺漏或錯誤，西蒙與舒斯特出版公司英國分部將虛心接受，於後續版本完成修正。

The War on Women

And the Brave Ones Who Fight Back

女性面對的戰爭

及那些敢於抵抗的勇者

引言

媽媽離開的那週，我的公寓宛如一家花店。我收到數百條悼念的訊息：卡片、信、電子郵件、簡訊、臉書訊息，當然，還有花。當時相當難以承受，但是現在回想起來一切都是美好的，因為那正說明了有如此多人敬重並愛著我的媽媽。

其中一則來自一位親近親友的訊息特別令人難忘，它為身處沉重悲痛中的我帶來了一點希望和幸福。

親愛的莎拉：

問題：我們應該為蘇與她的家人所承受的不公平待遇而苦，因她沒能獲得她理應享受的圓滿人生而悲傷嗎——還是我們應該讚頌她令人驚豔的一生，感謝她的所為觸動了世界各地無數的靈魂與良心？

回答：不，我們不用心痛，我們確實應該慶賀。我堅持這個想法，並試圖為你們，也為她完成這件事。

這是一本讚頌母親生命的書。她太早離開這個世界了，但去世前她留下了這些驚人的經歷給我們。《女性面對的戰爭：及那些敢於抵抗的勇者》使我們能夠記得她，讓我們看見她的勇氣與堅強，也讓我們了解她如何守護眾多在世界各處受苦的女性。

她是她那個世代的頂尖記者，除此之外，在面對女性最艱辛的任務時——當一個母親——她的表現也相當出色。我和哥哥喬治在倫敦的北區長大，我們家總會有許多極具魅力的人來做客。我們回家時媽媽常是坐在沙發上與西藏喇嘛談話，或正在為巴基斯坦的難民煮茶。我們家是她那些在工作上結識的人的天堂，他們常在我家過夜，或者跟我們一起共度週末。有一次，我們帶一個西藏喇嘛到皇家歌劇院欣賞芭蕾，我還記得媽媽看見他臉上露出喜悅神情時的快樂。他過去從未看過類似的表演。

我們家總是處於籌備或者正在進行某場宴會的狀態，常出現許多新面孔，場面熱鬧繁忙，因此受到許多馬斯威爾山社區的鄰居關注。媽媽最愛舉辦各種午宴、晚宴和派對。我和哥哥喬治還是青少年的時候，身邊經常坐著政府官員、記者、社運活動者或從某個受戰爭蹂躪的國家逃出來的受迫害者。冰箱永遠充滿食物——通常是媽媽自製的千層麵與紅酒——我們會圍坐在廚房的大桌上，討論如何將世界推回正軌。

那是很棒的童年。除了那些她稱之為「無腦」的電視節目之外，媽媽允許我們做所有喜歡的事。我們閱讀或觀賞的所有東西都必須對我們有幫助，而且要能訓練腦筋。成長過程中，我和喬治根本無法賴床，每個週末早晨，媽媽都會在階梯上上下下踏步，哼唱「噢，多麼美麗的早晨」。宿醉隔日尤其這不好受，但現在的我卻相當渴望能聽見她的哼唱。她總是第一個起床，做好培根鬆餅淋上楓糖漿，任何碰巧住在我家的人只要現身在廚房餐桌上，永遠歡迎共進早餐。她的精力無窮。我記得有幾次週末早晨，朋友們起床後發現媽媽在屋內四處走動，她通常赤裸著身子而且窗簾大開。她也不在意鄰居，她會說：「如果他們沒什麼好事可做，就讓他們看吧。」並不是她有裸露癖，只是她對自己的身體全然的自豪。那是一個**偉大**的身體。

在倫敦北部馬斯威爾山區域，我們家所在的那條街是個很棒的社區，它可說是由我的母親一手創建的。她的代表作是在女王的金禧慶典時，舉辦一條街歡慶派對，所有工作都由她一個人包辦。整列裝飾華美的木板長桌把整條封閉的道路排滿，桌上堆滿是食物和飲料。那晚我們在街上跳舞直到夜深。然而，身為一名忠誠的共和主義者，媽媽為了紀念奧立佛·克倫威爾[1]而身著全黑的服裝參加派對。她擁有絕佳的幽默感、非常機智，並能看透一切荒謬的事物。她喜愛奚落任何形式的浮誇盛典。

對我的母親而言，任何問題——無論大或小，都能藉由長距離散步來解決。後來無論天氣是晴是雨，喬治和我都會去爬山。我們在許多方面真的是無比幸運，因為媽媽會帶著我們到世界各地旅行。我要離家獨立的年紀時，喬治與我已在印度見過達賴喇嘛，曾住過尼泊爾

---

1 Oliver Cromwell，一五九九—一六五八，英國議員、政治人物、獨裁者，在英國內戰中擊敗了保王黨（Cavalier），一六四九年處決查理一世後，克倫威爾廢除英格蘭的君主制，並征服蘇格蘭、愛爾蘭，在一六五三年至一六五八年期間出任英格蘭—蘇格蘭—愛爾蘭聯邦之護國公。

小村落中的泥屋，在非洲喀拉哈里沙漠以及澳洲內陸分別和布希曼人與澳洲的原住民一同野營。我們從威爾斯北部的斯諾登山，再一路征服到聖母峰的基地營（當然，是從西藏那一側上山的），我們一同登頂坦尚尼亞的吉力馬札羅山，也攀登過北印度的辛加利亞山脊。

不過，在我們還小的時候，假日幾乎都是跟法蘭西斯姨婆一起在斯諾登尼亞國家公園度過。八歲的時候，媽媽第一次帶我上斯諾登山，一路用「KitKat」巧克力棒哄騙我走過一座座山脊。她的家族來自北威爾斯，而祖先的根源對她而言意義非凡，因此我和喬治還有一座山得去爬——她希望自己的骨灰能安灑在斯諾登國家公園的尖旗峽谷之中。我的祖先因參與建造北威爾斯的貝倫堡而獲頒貴族頭銜。我的曾祖母關朵琳．溫恩是家族中最後一位貴族夫人，她在下嫁給一位醫生之後失去了爵位。不過我還收藏著一張媽媽初為社交界少女時，在夏洛特宮廷城堡拍下的相片，在她還是青少年那段期間，這是倫敦上流社會等級最高的晚宴會場。她被帶去那裡是為了物色聯姻對象……幸好最後沒有找到。後來她去上了大學，開展屬於自己的人生。媽媽很重視她的家庭歷史，但擁有特權、財富與身分的出身，反而使她成為一個共產主義者以及社運活動參與者。她接受了女王授與的司令勳章，但除此之外，她厭惡權威，也厭惡對人卑躬屈膝，沒有人能指使她做任何事。

她的身上沒有絲毫的勢利感，她堅信性別、種族與階級之間的平等和公正。她教導我和喬治要善待、包容他人，永遠都要保衛弱勢者。她奉獻一生為比她不幸之人的人權而戰。這本書要獻給那些勇敢反擊的人，向世界上所有拒絕沉默，拒絕向命運低頭的弱勢者致敬。

我的母親是個充滿激情的女性主義者，從很小開始，她便告誡我絕對不可依賴男人。我的確非常依賴我那個超棒的丈夫，我們在二〇一四年結婚，媽媽欣喜地籌備整場婚禮。當時我們的請帖上寫著：「路克．穆侯與莎拉．莫里斯敬邀……」我記得我把請帖寄給媽媽後，她回覆：「莎拉，假如你的名字沒有寫在請帖的最前面，我是不會到場的。那代表他已經贏了。」我根本沒有想過這件事，不過後來我調換了名字的順序，而媽媽當然也有來參加婚禮。她愛我的丈夫，但非常厭惡並極力對抗父權思想。

為了治療白血病，媽媽決定接受幹細胞移植手術，她在二〇一五年的七月住進醫院，從此沒有再出院。入院前一天，我們整天都在肯頓街的天使區玩樂，做一些少女愛做的事，例如修指甲和腳趾美容，我想我們是在分散注意力，試圖不去想隔天將發生的事。我們跑去蕊絲（Reiss）的特賣會，媽媽給她自己買了一件亮紅色的洋裝，她穿起來相當美麗。當時她說，那件洋裝會是她新書發表會的戰鬥服，她原本打算趕在二〇一六年三月，世界婦女節於南岸中心舉行時出版這本書。

那天晚上我們享用了一頓很棒的晚餐，聊旅行，討論全世界我們最喜歡的旅遊地點是哪個地方。她有點開玩笑地說那是「最後的晚餐」，當時我真的不知道那會是我們最後一次共進晚餐。

三個月後，我們正在籌備喪禮，我根本無法好好思考入殮時該讓她穿什麼服裝。勢必是那一件蕊絲的紅洋裝。這本書對她的意義重大，當時她已經做好最壞打算，拚命工作只為了在入院前完稿。可惜她最終沒有完成。本書百分之九十九的內容都是她寫的，而我與哥哥喬治很榮幸能在她優秀的編輯艾貝嘉兒·博格史東的幫助下，將本書編修至現在的樣貌。對於媽媽努力將最初的一個想法寫成這本書，我感到相當光榮，尤其這還是在她生命中最後生病的這一年所完成。我希望她能在某處，穿著她那件紅色的新書發表會戰鬥服讀到這些文字，然後因她的最終成果為自己感到驕傲。

第一章

最殘酷的割禮

——女陰殘割

麥穆娜翻來覆去無法成眠，眼神飄移不定。整件事都不太對勁。從那扇朝向公共庭院敞開的窗看出去，外頭仍是一片漆黑，然而她卻能聽見鄰居為了準備「多摩塔」——甘比亞的傳統花生燉菜料理——而在鐵碗裡搗花生所發出的獨特聲響。她記起了某件事，心頭一緊，接著迅速睜大雙眼——今天是舉行割禮的日子。

她的母親瑪瑪．穆娜是村落的割禮執行者。她的家庭受到村民的敬重，他們也都樂於接受割禮所帶來的額外財富。她的父母都老了，除了負責這個職務之外已經無法從事其他工作。她的媽媽六十多歲了，早已告知麥穆娜她是兩個女兒中被選上的人——她將會是村落的下一任割禮執行者。她的母親承認自己太虛弱了，無法在割禮的過程中壓制住那些掙扎、反抗的女孩們。麥穆娜過去已經有了幾次協助母親的經驗，而下一回的割禮她就得負責執行切割的工作。

麥穆娜躺在床上想著即將到來的日子與自己的未來，她了解自己將要承擔的這項責任對整個村落來說意義重大。這個村落以自身是擁有二千多人口的繁榮社群而自豪，壓倒性多數的人口都相信並遵從女性性器割禮的傳統。

她聽見她的女兒亞米從身邊的那張床墊滾靠近她：「媽，就是今天了嗎？」

麥穆娜點頭。五歲的亞米不知道今天確切會發生什麼事。她只知道母親和阿姨們曾經跟她說，每二年會有一個特別的日子，村落中的女孩將穿上她們最好的衣服，在眾人揮舞著樹枝以及鼓聲的陪伴下，進入一間特別的房屋，她們將在裡頭「轉大人」。

麥穆娜拿起她最好的那件「格蘭穆巴」，一種能夠覆蓋住手臂，長及地面的寬裙——她前一晚就先準備好了，再搭上一頂相稱的頭飾。亞米小心翼翼地換上她幾週之前拿到的，那件特別為這個特別的日子所準備的衣服。桌上還留有前一晚剩下的魚肉燉米飯，但母親和女兒的肚子都不餓；一個是太緊張，另一個太興奮了。現在天已經亮起來，她們可以聽見鼓手們敲打著「塔瑪斯」的聲音正靠近。

此時鄰居的女兒忽然衝進屋內抓起亞米的手腕。「快點！我們要遲到了。」她說著便又衝出門外，亞米也跟了上去，她忘記對她的母親說再見。麥穆娜並不著急，隊伍將會繞行村落周圍好幾圈，將女孩們都聚集之後，才會前往她母親居住的那個家族所屬的大院子。她已經在那個屋子的地板上備好床墊，因為女孩們將要躺在上頭好幾天慢慢恢復；她也已經準備好要用來治療傷口的番茄糊。想起有些女孩曾因失血過多死在那個房間裡，她的身子不僅打顫起來。

她慢慢走向母親的家。瑪瑪已經來到執行割禮的庭院，她的妹妹，也就是麥穆娜的阿姨也在那裡。她們正在準備剃刀和用來擦拭血跡的布條。麥穆娜從恢復室將一張床墊拖到庭院中，等待著第一位女孩到達。這些女孩會被矇著眼睛帶進庭院，接著躺在地板上，讓瑪瑪得以迅速地完成切割。「看仔細，」她提醒她的女兒，「下一次就得由你來做了。」

隨著遊行隊伍接近大院子，麥穆娜開始聽見鼓聲和人群的鼓噪聲。「總是會有非常喧鬧的鼓聲，」麥穆娜解釋道。「他們用鼓和平底鍋來製造許多噪音，這麼一來，即使女孩們在遭受切割時發出尖叫，人們也不會聽見尖叫聲。那些排隊待割的女孩們知道有事情發生了，但因為有敲擊平底鍋所發出的聲音、掌聲和吼叫聲，她們不會知道那究竟是什麼。」

麥穆娜不安地等待著第一個女孩，她將被推著走過一條狹窄長廊，接著才穿越懸掛於屋子與庭院之間的那道簾幕。她的母親備好了剃刀，她的阿姨也已經準備好抹布，要用來塞進女孩嘴裡，防止她們發出太大的尖叫聲。瑪瑪指示她的妹妹固定住女孩的手臂，而麥穆娜被要求要壓好她們的腿。「假如是比較大的女孩，」瑪瑪說，「你就要坐到她的胸口上。」

到了中午，麥穆娜共壓制了四個掙扎反抗、又吐又咬的女孩，她的身體和精神都已經疲憊不堪。第一個抵達庭院的孩子既興奮又快樂，她期盼著會有個禮物或某種特別的食物來慶祝她的成熟。她的阿姨還跟這孩子說，說不定她能瞥到一眼未來將要迎娶她的男孩的長相。

然而，她反倒是被要求躺下，她的腿被人扳開，接著就是燒灼的疼痛感；首先是陰蒂，接著她的陰唇也被剃刀割除。她從未預期到如此的痛楚。她尖叫之後又再尖叫，但切割的行為仍持續進行。她聽見瑪瑪對著麥穆娜大吼：「抓好她，抓好她。你得讓她不要動我才能做事。」最終切割停止時，會由另一個女人抱著她到一間沒有窗戶的恢復室，然後將她放到床墊上。她不斷哭泣，血從她的雙腿之間汩汩流出，她認為自己就要死了。

整個過程中，庭院外頭的男人們會持續敲打「塔瑪斯」，企圖掩蓋掉女孩們悽凌的尖叫聲。不過，當下一個女孩被推過那道髒污的紅色簾幕時，她開始顯露害怕而惶恐的表情。儘管鼓和人聲喧鬧，她仍聽見了她的朋友絕望哭叫的聲音，她知道這個特別的日子不太對勁。

這個女孩就是亞米。麥穆娜讓她矇著眼的女兒躺到已經被血浸濕的床墊上，然後固定住她的手臂。孩子的祖母揮落第一下剃刀，亞米尖叫道：「媽媽，媽媽，你在哪裡？救我！救我！」亞米不曉得將她的手臂按在地上的人就是她的姨婆，而她的媽媽正扳開她的雙腿。

麥穆娜說道：

你能想像那個畫面嗎？你固定住自己的五歲女兒，她們在傷害她，她尖叫著呼喊「媽媽」，而媽媽就是那個固定她雙腿的人，媽媽根本無能為力。因此，當時的我搖著頭，眼淚不斷湧出，我告訴自己，無論如何我都不要再做這種事。我絕不執行割禮，但我不能告訴任何人。假如我說出來，現在我就不會在這裡了。我只是把這個想法暗藏在心中。當下我後悔自己擁有一個女兒。

對這位三十六歲的女性而言，這是個非常特別、具有革命意義的瞬間，唯有深藏於內心的善良人性與惻隱之心，才使她得以違抗自身所受的教育和期待。執行割禮是麥穆娜的宿命，她的母親、祖母，以及更早以前的世世代代都為她們當地的社群盡了這份職責。然而這個沒有受過教育的女性，在反對女性性器割禮的運動分子來到村落告知她此事之前，她就已經意識到將這麼多的痛楚施加在年輕女孩身上是一種錯誤。

在下定決心打破家族傳統之後，她便知道自己必須逃離村落。二〇〇九年她的母親去世，狀況變得更加棘手。她開始找藉口，說明她需要更多時間收集適用於割禮的「祖祖」護符。一年、兩年過去，村裡的長者來到她的家裡詢問她何時才要履行職責。

「我跟他們說，我必須找到祖祖來保護女孩。因為舉行割禮時，女巫會來蠱惑那些受禮的女孩，那可能會造成她們死亡。我說我需要時間尋找正確的祖祖。事實上，我是在拖延時間。我跟他們周旋，我說我的母親剛去世我無法執行割禮，我需要一點時間。」

不過長者漸漸失去了耐心。他們帶了祖祖項鍊、皮帶和飾品給她，表示那些已經足以完成眼前的任務。正當他們開始威脅她的時候，她找到機會逃離了村落和令她厭惡的那份工作。她的哥哥早先幾年移民到英國，正好捎來他要與一位英國女子結婚的消息。麥穆娜說服她的族人說她必須去參加婚禮。

她從位於首都班竹的英國高級官員公署申請到簽證，接著飛到英國出席在德比舉行的婚禮。她告訴哥哥自己沒有回去村落的意願，但她哥哥拒絕照顧她。因此當一個巴基斯坦家庭在當地的清真寺遇見她時，她處於落單而且飢餓的狀態。他們同情她，收留她，並建議她到英國內政部設於克勞利的安置區去申請庇護。她被送到亞爾斯伍德（Yarl's Wood），一座戒備森嚴的監獄，專門收容尋求庇護的女性。在那裡她得知自己可能會被遣返回國。

麥穆娜出席過一場司法聽證會，但是法官在聽完證詞之後，沒有傳喚任何司法鑑定人便否決了她的訴求。她錯在謊稱自己是為了出席婚禮才申請簽證，而且沒有在抵達英國時立即申請庇護。法官指控她欺騙，並聲稱自己對於非洲西部的習俗相當熟悉。根據他的觀察，她綁頭巾的方式代表她來自富裕有教養的家庭，因此回到甘比亞，她應該能夠將自己照料得很好。

在那個當下她不敢回應，但後來她跟我說，法官針對她頭巾綁法的權威性發言實在令她哭笑不得。「環繞在頭上那些布巾的捆紮方式根本和部落或階級無關，」她氣憤地說，「我們是按照自己想要的樣子綁頭巾的，那是流行！」她笑了，但不久後又開始哭泣。包含亞米在內她共有五個孩子，為了不要執行割禮，她把他們所有人全都拋棄了。

麥穆娜在一間坐臥兩用的房間裡對我訴說她的故事，位於倫敦西區的豪士羅，她在那裡等待著被遣返。她的房間位在四樓，那裡共有兩棟體面的十九世紀建築，外牆塗著白色的灰泥塗料，地方議會在簡單整理之後提供給尋求庇護者做為暫時住所。就在我穿越那條堆滿腳踏車和嬰兒車的走廊時，有個黑人青少年忽然從一間房衝出來，他是住在一樓的一個索馬利亞家庭的小孩。

二樓有一個阿爾巴尼亞家庭，他們的對房則是住了兩個來自阿富汗的年輕男子。世界上各族裔的流亡者都完整呈現於此。他們有些人奔波了幾千英里，在旅途的最後一站躲在貨車的後車廂才橫渡英吉利海峽。全部的人都懷著一顆忐忑的心，希望英國內政部能夠相信他們遭受迫害的故事，並允許他們留在英國。麥穆娜與一名四十多歲的伊朗女性同住，她原來是職業婦女，二〇〇九年參與綠色革命之後逃離伊朗。她曾試圖挑戰阿亞圖拉（Ayatolla）的政權，只是沒有成功。

麥穆娜淚流滿面，她跟我說，她非常想念她的女兒和四個兒子。「我進退兩難。假如我現在為了與小孩團聚，而回去對女孩們實行割禮，那我是自私的。有時候我覺得這對我的孩子不公平，我應該回去執行割禮，但每當我想到這裡，我就告訴自己：如果考量到我的孩子，卻會有多少女孩因而要受割？有多少女孩會被我傷害？有多少女孩會因我而落入我今天的這般處境？」

ＦＧＭ，女陰殘割（Female Genital Mutilation）的問題在甘比亞逐漸受到關注。非政府組織GAMCOTRAP（甘比亞傳統習俗委員會）已經與當地約三分之一的村落接觸過，請他們停止這項習俗。GAMCOTRAP請求村落的男性領導人讓他們在一次部落會議上陳述他們的觀點。獲得准許後，他們開始解釋ＦＧＭ的危險性，為什麼有許多女孩會在受割之後死亡，並說明許多產婦和新生兒會在生產過程中死亡，也是導因於ＦＧＭ，而非邪靈所為。妖魔鬼怪始終是一個方便的說詞。

村民同意停止實施割禮之後，他們會慎重舉行「落刀典禮」。我在薩拉昆達郊外的一個村落中參加過這種典禮。女人都在跳舞，唱著跟以往陪伴女孩前往割禮會場時同樣的那幾首歌，但忽然又改唱新歌，以慶祝他們獲得新知，做出「落刀」的決定。因為達成了這樣的成果我的情緒相當激動，最後也跟她們一起跳舞來。所有和我勾著手臂的女人都曾受過割禮，而她們的孫女還沒有，那些女孩在音樂和活動愉悅的氣氛下，快樂地尖叫著穿梭在我們中間。那是一個極為振奮人心的時刻。

隔天早上，我馬上被打回現實世界，因為GAMCOTRAP這個組織遇上一場苦戰。我和一些割禮的執行者見面，當時聯合國無政府組織才剛開始接觸甘比亞的那個區域而已。他們全都坐在塑膠椅子上，在村落長老的院子裡圍成一個圓圈，其中一人的腿上抱著一個面容驚恐的八歲女孩。她向我吹噓道：「我一年割四十個小孩，包括我的孫女，看看她現在有多好！」另外一個說：「每割一個小孩我能得到三塊錢『和』一袋的米，還有一些衣物！」她們全都說自己非常享受被當地社群所敬重的感覺。

GAMCOTRAP的執行董事以薩．圖雷博士是極具領袖氣質的現實主義者，意志堅定的女性，曾因反對ＦＧＭ而遭到囚禁。眼前，她穿著一件長及地面的傳統黃色長裙，搭配頭飾與顯目的珠寶，看起來神采奕奕。她跟我說她需要更多的資金，才有辦法觸及更多村落並完成後續追蹤，必須回去檢查那些村落在舉辦宴會和慶典過後，是否有確實遵行聯合國無政府組織ＮＧＯ的指導。我問她，為什麼傳統如此難以改變？

「ＦＧＭ是為了控制女性的性慾，」她說，「為了控制女性從性敏感部位獲得愉悅感，也就是享受性行為的樂趣。這種女性肉體上的尊嚴和完整是非常具有力量的，在本質上，ＦＧＭ就是為了控制女性的身體和愉悅感。一旦女性無法獲得愉悅，她們就更容易被操控，在非洲有太多的男人想要保有這個控制權。」

甘比亞的總統葉海亞．賈梅（Yahya Jammeh）行徑古怪，他曾經吹噓過自己的草藥療法能治癒愛滋病，也聲明ＦＧＭ是甘比亞文化的一部分。二〇一三年，ＢＢＣ播出我在甘比亞報導FGM的影片的一個月後，他宣布甘比亞脫離大英國協，並表示他不願再讓他的國家受到新殖民主義的控制。他的決定使得反FGM的運動分子，更難以在甘比亞內部對抗這個被總統讚賞的傳統習俗。

賈梅總統拒絕了我的採訪，與我最近距離交流的是一位名叫穆罕默德．艾爾哈吉．拉明．圖雷（Muhammed Alhaijie Lamin Touray）的政府高員，他是甘比亞最資深的伊瑪目，也是伊斯蘭事務最高理事會的會長。我在傾盆大雨之下抵達他的清真寺，位於凱博南方一個名叫貢朱爾的村莊，當時正在進行「星期五禱告」。男人在清真寺內部，女人在外面，簡陋的前廳和通道為她們提供了一點躲雨的喘息空間。我坐在那些女人之中，等待伊瑪目完成布道。

伊瑪目邀請我和我的攝影師進到他的家中，房間裡有一些男人坐在靠牆的椅子上；除了我之外，視線所及之處沒有任何女人。當天他在布道中談及FGM是伊斯蘭律法的一部分，而且性器割損對女人有益。為什麼？「那是很美好的事，一件好事。」他對我說道。「這就是它被伊斯蘭教接受並實踐的原因，它沒有任何不對的地方。」[1]

「FGM對女人有許多好處。」這位伊瑪目在他全體男性觀眾熱烈地點頭認同之下，繼續說道。「他們從女孩身上割除的那個東西很容易發癢。女人甚至得求助於鋼刷才能緩和那種搔癢感。另一方面，那些沒有受割的女人會分泌許多體液。當她們從椅子上站起身時，衣服全濕了，如果她人在公共場所就會很難堪。」

到了這個地步，身為現場唯一女性的我勢必得出面平反了。「我已經擁有陰蒂六十年了，」我說道，「從來沒有發生過這種事！」

「好吧，那你是個例外。」他說著忽然笑了起來，眼睛裡閃爍著邪意。

讓我感到憤怒的並非他荒謬的言論，而是他的笑聲。假如他真的相信，對年輕女孩實行割禮是為神所認同的事，而且有益於女性，那他不會笑。他知道自己所言之事荒謬可笑，卻明顯以此為樂。他等於是在承認實行女陰殘割就是為了控制。然而，我還是緊咬著牙誠摯感謝他接受採訪。至少他同意與我對談，他證實此習俗的背後隱含著厭惡女性的積習，我也完成了此次報導的目的。

那麼，這些施加在小女孩身上的割刑、劇烈的痛楚、過早的夭亡、性愉悅的抵制，以及毫無邏輯可言的厭女思想究竟源於何處？在基督教與伊斯蘭教都尚未進入非洲以前，法老陵寢內就存在男孩與女孩受割的壁畫。女性性慾應受控制的信仰深植於人類歷史之中，早在夏娃偷走禁果時，早期的基督神父便告誡道：女人是不可信任的。從聖三位一體的教義直到今天男性占據支配地位的教權制度，基督信仰始終是全然的父權家長思想。「從〈創世紀〉到〈啟示錄〉，聖經的教義不斷貶抑女性。」女性參政權運動者伊麗莎白・卡迪・斯坦頓

1　作者註：賈梅總於二〇一五年十一月宣布甘比亞將禁止FGM。甘比亞政府於二〇一五年十二月三十一日通過禁止實行FGM的法案。新的法規載明參與女性割禮最高將面臨三年徒刑易科達拉西幣五萬元罰金（相當於一千兩百五十美元）。

（Elizabeth Cady Stanton）寫道，「女人的角色就是服從。」

查爾斯・達爾文，這位十九世紀的思想家推翻了聖經中關於世界起始的故事，為科學帶來革命性的突破。儘管如此，他仍以相同的舊觀點看待女性。他的演化論或許戳破了亞當和夏娃的神話，但他的天擇論卻獨鍾雄性人類。他認為女人柔弱、不聰明，因此天擇的壓力對她們比較沒有影響，無需特別討論。談及妻子在婚姻中的優點時，他把女人的心智比擬成小孩，並如此寫道：「妻子是從一而終的忠貞伴侶（老齡朋友），也是討喜、可以一起玩耍的東西——總之比狗更理想——還能處理家務。」

二十世紀初期，法國人類學家古斯塔夫・勒龐（Gustave Le Bon）宣稱「為數眾多的女人大腦尺寸較接近猩猩，與進化最完整的男性相差較遠。」以及「她們浮躁、易變無規則，缺乏思考和邏輯能力，沒辦法講道理。」他的結論是，如果讓女孩接受與男孩相同的教育將會是件危險的事。女人沒有思考能力，無法對自己的行為負責。這種思維充斥整個西方基督教文化，伊斯蘭教也是如此。它強調了女人對於男人的從屬性，總而言之，就是需要有人來控制她們。

在可蘭經中，談論女人的章節編排在談論乳牛的章節之後，女人的作用是顧家，需要嚴格的監督；女人缺乏判斷能力而且不值得信賴。在伊斯蘭的法典中，兩個女人的證詞才等同於一個男人的證詞。此外，女人具有危險的性吸引力。「當女人往你的方向走來，」穆罕默德說，「其實是撒旦正在靠近。當你們看見女人，被她所吸引，你必須趕緊回去找你的妻子。」他這麼警告：女人是「菲特納」[2]的源頭，會造成人們的不和與分裂。

無論聖經或可蘭經，都沒有倡導女陰殘割的行為，但能推論其意——女人是次等的，她們的性慾是一種威脅。感受不到性歡愉的女人比較忠誠、順從。這種想法等於是說，女人身上只有三個「V」重要：陰道（vagina）、童貞（virginity）、美德（virtue）。女人應以陰道、童貞和美德來完成一個生育者的任務，這是維持社會秩序不可或缺的一環。從這樣的信仰，我們便能了解ＦＧＭ的出現是為了讓女性在性行為上處於被動的一方，確保她們婚前的童貞和婚後的忠誠。因此，陰蒂完全是多餘的。

關於陰蒂，我最喜歡《紐約時報》記者暨作家娜坦莉・昂吉兒（Natalie Angier）的描述：「陰蒂是無瑕的存在，是身體上唯一單純為了歡愉而生的器官。陰蒂純粹是一個神經叢，精確而言，共有八千條神經纖維聚集，其密度比身體上任一部位都高，包括指尖、嘴唇和舌頭，數量更是陰莖的二倍。有了半自動步槍，誰還需要手槍呢？」難怪女性的敵人會認為陰蒂很危險。

世界衛生組織對ＦＧＭ的定義是「部分或整體切除女性外生殖器官的所有行為，以及任何出於非醫療目的傷害女性生殖器官的行為。」並具體指出四種類型。類型一為陰蒂切除（clitoridectomy），去除部分或整體陰蒂；類型二的切除（excision）為去除部分或整體的

2 菲特納（fitna）意指伊斯蘭教內部的紛爭。

陰蒂和小陰唇，大陰唇的切除並非必然；類型三稱為鎖陰術（infibulation）：縫合窄縮陰道開口的大小。縫合位置位於切除的內外陰唇，陰蒂不必然切除；類型四為所有出於非醫療目的對女性生殖器官造成傷害的行為，包括對性器部位的刺入、穿孔、切割、刮除與燒灼。

麥穆娜的媽媽執行的是第三種類型，去除陰蒂縫合陰唇，只留下一個小孔洞以便排放尿液和經血。村莊的割禮執行者會在洞房當夜打開縫合的部位，讓新郎得以行房。有時候因為孔洞過小，女性可能得忍受長達六個月的劇痛才有辦法行房，也因此有一些女人曾經跟我說：性行為比生小孩還要折磨人。他們相信女人天生具有享受非法性愛的傾向，此方法能夠藉由疼痛有效地抑制這種天性。

「一旦遭受FGM，」麥穆娜說，「代表疼痛永遠跟著你，而且會有三次非常、非常可怕的疼痛。他們對你下手之後，你所感覺到的痛會延續二到三個月。當你即將結婚，為了讓你可以和丈夫做愛，他們會把傷口打開。當你要臨盆時，他們會為了小孩再將你打開一次。非常可怕。我們經歷了非常多的痛苦。」

證據顯示最早的FGM約發生在四千年前的埃及，這個以此自豪的國家在今天仍是殘割執行率最高的地方。埃及約有九千萬人口，根據聯合國兒童基金會在二〇一三年所提供的數據，當地女性受割的數量居世界之冠，將近三千萬人，等同於九一%的女性人口。而在上尼羅州，河流切過沙漠高原，畫出又深又廣的水道，駱駝和驢子拉著車行經塵土飛揚的小路，白鷺趾高氣昂地走在泥濘的河岸上，戴勝鳥一邊遨翔於棕櫚樹之上，一邊「霧、霧」地發出獨特的叫聲；在這裡，女性遭受殘割的比例更是接近百分之一百。

此處沒有甘比亞村落那種喧鬧和奔忙，甘比亞的女人可以穿著豔麗的彩服，搭配頭飾在街上自由走動，眼睛也無需遮蔽。然而在尼羅州的村落，女人身處泥磚搭蓋而成的屋內，生活只存在於緊閉的門房後方。男人去工作或採購，女人都不得參與。假如她們需要離開房子，就得遮蓋住頭部。我發現在我所到訪的那座村落中，伊斯蘭教徒和基督徒比鄰而居，而兩個社區都有實行ＦＧＭ。

我的嚮導，是一個對抗ＦＧＭ的非政府組織的成員，他首先帶我去一位信仰基督教的女人的家中，這個女人邀請我與她和她青春期的女兒一起坐在床上，正好就在一幅聖母與聖子畫像的下方。娜娃拉向我提起割禮對她帶來的困擾時，沒有一點窘迫，她很感謝幾年前有反ＦＧＭ的運動分子來到她家門口，告訴她埃及已經立法禁止ＦＧＭ。「我不會讓我的女兒受割，」她微笑著說，「她們不會遭受我身上的這些疼痛和麻煩。」

我們接著拜訪她家隔壁的伊斯蘭教徒鄰居。這個家的母親向我介紹她的家人，包括四個兒子和五個女兒。她指著十一歲的艾夏，她是年紀最小，唯一尚未受割的人。「我會去除我女兒身上的那個部位，」她說，「否則她會自慰，或者讓男孩碰那個地方，然後享受那種感覺，有可能是某個陌生人或她的男性表親。割除她是為了保護她，當她感覺到痛，她就會對這個部位更加謹慎。」艾夏對於我們的談話露出不解之情，我焦慮地看著她，暗自希望她是隔壁那位母親的女兒。

村中的產婆，即將在幾週後對艾夏執行割禮，她聽到有記者在村子裡詢問FGM的事時相當開心，並渴望與我會面。她是一個高大魁梧的女子，身上穿著一件綠黑色的飄逸長袍。她把臉靠近到我的臉前方幾吋的近處，在對我表明她的看法的同時一邊搖動著手指。「我告訴你，淨化之後的女孩長得高，才有人會來求婚。沒有淨化的女孩始終很矮小並且單身！」她接著爆出一陣笑聲，並高興地拍打我的膝蓋，我嚇得往後退，但仍再多問了一個問題。我問她是否享受自己的工作。「我愛這個工作，我愛它勝過於我自己的雙眼。我因為這個工作變得這麼有錢，我怎麼能不愛它？」

那些在各個村落傳播訊息，也已經獲得不少成功的反FGM運動人士跟我說，相較於伊瑪目，基督教會的領導人對他們的宣導較有共鳴。雅各布・伊雅德（Yacoub Eyad）牧師帶著我在阿卡卡村的神召會教堂參觀時提醒我，亞伯拉罕曾對兒子執行割禮，但在聖經中找不到女性割禮的案例。「我們祈禱上帝能幫助我們，讓我們教導人們真理。」他情感滿溢地說道。

在週五的祈禱儀式舉行之前，我在村落的清真寺外頭等待伊瑪目到場。我謹慎地穿著寬鬆的褲子與長袖襯衫，但頭部沒有遮蓋起來，伊瑪目與隨行人員抵達時，他拒絕看我。我請我的翻譯去問他，將如何禁止FGM，他說：「這是先知所為，主內平安，因此在伊斯蘭法律中，這是合法的。」

他的話顯然在漠視先知穆罕默德以及可蘭經，因為在已知的歷史中，他們並沒有提過

FGM。此外，這還與埃及的前任大穆夫提[3]阿里．格瑪（Ali Gomaa）所言相牴觸，他曾在二〇〇七年宣布FGM有違伊斯蘭教思想。埃及政府隨後也禁止了這項習俗。這位伊瑪目沒有和我打招呼便拂袖而去，群眾一面鞠躬，一面匆忙急奔讓開空間；顯然他是個備受敬畏的男人。

開羅政府頒布的FGM禁令有作用嗎，尤其對遠在尼羅河畔的小村落而言效果如何？埃及小說家，同時也是反FGM運動分子的娜瓦勒．薩達維（Nawal El Saadawi）說：效果非常有限。薩達維在一九七〇年代因為公開反對FGM被迫離開她在衛生署的公務員職位。她勉強認為從那之後，狀況已經有所改善，但「單是藉由法律，你不可能根除這個歷史悠久的習俗，我們必須教育孩子的父母親。有太多錯誤資訊表明割禮對女孩是有益的，但那全是謊言。」假如一般伊斯蘭教家庭的主要資訊，都來自類似阿卡卡村的伊瑪目這樣的人，那麼產生真正改變的希望就很渺茫。」

薩達維說，FGM可解釋為對於處女膜的執念。「阿拉伯社會仍然認為覆蓋著外生殖器官的那道完好的薄膜，是女體最珍貴也最重要的部分，比起她的一隻眼睛、一隻手臂或一隻腿都更有價值。在阿拉伯家庭中，假如一個女孩意外失去童貞，她家人傷心的程度會比她失去眼睛更高。事實上，就算女孩失去生命，在家人眼中也不如失去處女膜那般嚴重。」

3 大穆夫提（grand mufti）為伊斯蘭國家的法律權威，宗教法律闡釋官。

世界衛生組織估計，在全世界三十個不同的國家中，共約有一億三千萬名女性曾經遭受FGM，她們大多都是伊斯蘭教徒。反對FGM的運動分子正竭盡所能地阻止這件事，但這個挑戰非常巨大。FGM發生在歐洲、中東，以及非洲二十個國家：從西非的塞內加爾延伸至東海岸衣索比亞，從北方的埃及直到南邊的坦尚尼亞。幾內亞、索馬利亞與獅子山共和國的發生率，與埃及相近，都超過九〇%的女性人口。

我在二〇一二年到二〇一三年間為BBC製作的影片，首次把FGM的議題帶到了英國的電視螢幕上，報導的地區包含埃及、法國、英國與甘比亞。在拍攝於巴黎的那一段影片中，我讓大家知道隨著非洲移民人數增加，FGM的問題持續高漲，法國政府也已經採取務實的作為來面對這個嚴肅的議題。一九八三年FGM禁令頒布，共有一百名割禮執行與共謀的家長因罪入獄。法國政府的態度非常明確：對孩童施以殘割的行為絕對不被容忍，施暴者將遭受嚴厲的懲處。

「英國的問題在於，你們非常尊重每個移民者都擁有不同的生活和文化傳統。」致力於對抗性別暴力的非政府組織GAMS（女陰殘割廢除團體，Group for the Abolition of Female Genital Mutilation）的主席伊莎貝爾・吉列—費伊（Isabelle Gillette-Faye）如此說道，「我的國家就全然不同，我們期望移居者融入並遵守我們的律法和傳統。」我與她在歐洲之星列車的終點站巴黎北站碰面，她對英國相當憤怒，因為GAMS才剛攔截了兩個差點被送往倫敦受割的女孩。

「我們竭盡所能讓這些審判得到關注，就是為了把ＦＧＭ掃出法國，」吉列—費伊說道，「然後我們發現，那些家長只要把孩子帶到海峽對岸的英國就能執行殘割。我們的組織收到密報，表示社區內有一個家庭購買了歐洲之星的車票，意圖把兩個六歲大的女孩送往倫敦受割。那通電話在星期五打進來，而他們預定搭乘星期六的列車，因此我們得立刻行動。」那對父母生活富裕也受過教育，吉列—費伊認為他們已經與倫敦的私人診所完成接洽了。

法國的做法較具強制性。每個在法國出生的小孩自出生起直到六歲，都可以到特別設立的「母嬰診所」接受免費的健康檢查與治療。無論原生族裔為何，每個法國小孩在這個年齡都必須做生殖器官的檢驗。六歲過後，醫生、老師和學校的保健人員都會特別留意那些出身背景較具風險的孩子。如有家長意圖把孩子帶離學校，前往割禮盛行的國家，他們會被警告；而假使回來的孩子失去任何身體部位，他們就會被起訴。「法國已經好一陣子沒有發生殘割的事件了。」吉列—費伊說道。

在英國，我們傾向尊重各地不同的習俗而不堅持整合。我們包容並接納文化差異，但這使虐待事件得以在緊閉的門後發生。就職於國民保署（ＮＨＳ）的迦納移民者伊富亞．多肯奴（Efua Dorkenoo）創辦了社運團體「先鋒」（Forward，Foundation for women's Health Reaserch and Development），她促使英國在一九八五年通過女性割禮禁止法案（Female Circumcision Act）。伊富亞曾獲頒大英帝國勳章，奮力不懈地為這項運動付出，直到她於二〇一四年十月英年早逝。對於FGM案件的起訴數量不足，她相當失望，她經常這麼說道：「我沒有時間可以休息，因為孩子們正在受虐。」

法國和英國之間只隔了一道二十英里左右的海峽，為什麼兩國的人民在許多議題上，立場如此不同？這個問題引領出無盡的推測和猜想。在英國，要求醫生定期檢查小孩的生殖器官，必定會使大眾震怒並引發議論。人們仍不斷地在辯論個人自由與社會大義抵觸時的取捨方式，而此處的社會大義，便是保護千萬名英國女童免於受割；這件事沒有希望——倫敦警察廳的一名高階兒童保護警官如此跟我說：「在我們的觀點看來，檢驗本身就會被認為是一種虐待。」

與法國相同的是，來自世界各個實行FGM國家的移民者進入英國後，英國女性遭受生殖器殘割的數量不斷上升。由倫敦大學城市學院與埃富阿．多肯奴去世前整理出來的數據顯示，英格蘭和威爾斯已經有超過十萬名女性曾受FGM之苦，每年更有二萬名小孩暴露於受割的風險之中。無庸置疑的是，非法的割刑正於英國持續發生。記得有一次，我和一名迦納籍的女人站在「紅路」公寓大廈的十六樓——「紅路」位在格拉斯哥，是數百位難民的家。當時風雨鞭打著窗戶，二十三歲的年輕媽媽阿耶娜說，為了保護六個月大的女嬰免於割禮，也為了逃離家暴的丈夫，她在一年前離開迦納到英國尋求庇護。「我的丈夫非常堅持，」她解釋道，「我們社群內的所有女人都要受割。」

看著外頭蕭瑟的市容，她說道：「我很開心自己來到英國，但心裡還是害怕。」她竭力避免與非洲的社群接觸。「他們都說我的女兒必須受割，在這裡就可以完成。」她說著用手指向窗外另一棟紅路社區內部的高層建築物。「由那些年長的女人執行，也就是祖母們。」她解釋道，「我知道上週剛有一位三歲的孩子和一位二週大的嬰兒受割。」用什麼割？我問她。「剃刀和剪刀。」她回答。

那些檢察機關到哪裡去了？相較於法國的一百起有罪判決，我們怎麼失敗得如此可悲？唯一一起呈上英國法庭的ＦＧＭ案件，看起來只是因為皇家檢控署擔心名譽受損的形式之舉。就在檢察總長艾莉森・桑德斯（Alison Saunders）即將到下議院內政事務委員會回答「為什麼沒有任何成功的起訴案件？」此一問題的前幾天，一名三十二歲的婦產科醫生達努森・達馬塞納（Dhanuson Dharmasena）受指控於倫敦北部的惠廷頓醫院執行ＦＧＭ手術。有高階警官表示這項針對醫生的指控是個「好消息」，它能傳達強烈的訊息：「實行ＦＧＭ的人將被逮捕並起訴。」

陪審團只花三十分鐘便撤銷對達馬塞納醫生的控訴。審判過程中，事實顯示醫院員工沒有提醒醫生這位病人小時候在索馬利亞就已經受割，她的陰唇被緊緊縫合。達馬塞納快速切開該部位，救出嬰兒，接著為防止血液湧出傷口，他再次將她縫合。醫院團隊的一名成員指控他對病人執行鎖陰手術。達馬塞森反駁該一點五公分的「8」字形縫合線是止血的必要之舉。他向支持他的同事們道謝，並對陪審團說：「我始終認為ＦＧＭ是個無可容忍、沒有正當醫療理由的行為。」在英國備受注目的第一場ＦＧＭ審判，便如此落幕。

第一次有曾經遭受割禮的女人在分娩前被送進急診室時，英國的婦產科醫生全都驚駭不已。他們必須在產房內學習新的緊急處理程序。有時候產道縫合得太緊密，嬰兒無法出生，整個生產流程便因受阻而必須拖得更長。剖腹產也提升了產後大出血的發生率，假如醫療照護的經驗不足，這些產婦死於生產過程的死亡率相當高。

來自非洲的女人常因膿腫和生殖器潰瘍而到婦科醫學部門就診。聖托瑪斯醫院的資深助產士康弗特·莫莫（Comfort Momoh）給我看了一些囊腫的照片，那些生長於外陰部邊緣的囊腫有將近一顆嬰兒的頭那麼大，類似這種危及生命的案例，她已經看過了很多次，這些都是FGM造成的影響；而那些來到醫院抱怨自己的背和骨盆長期不適，或者罹患腎炎的女人，通常也是FGM的受害者。莫莫展示著一張張患者的投影片，我們兩人都看得膽戰心驚。這些照片都是證據，顯示一個毫無根據的習俗，借以傳統為名製造了這麼多沒有必要的傷痛。

我們必須去挑戰那些仍效忠此一可怕習俗的英國社區。在格拉斯哥，我向人問路探尋一家索馬利亞人經常光顧的工人咖啡館，並請教當地的男人對於FGM的看法。「那是女人的事，」有個男人對我說，「母親和祖母會這麼做，因為那是傳統。」「由女人自己決定，」另一位說，「有些人想要受割，另一些人不想。」他們給我的感覺是，無論狀況如何，他們都不是非常在乎。然而，跟我碰面的女人都說，她們擔心女兒如果沒有受割會結不了婚。顯然該是時候找來男女兩方，讓他們坐下好好談談這個問題了。

在英國調查ＦＧＭ的過程中，我看到的唯一一絲希望曙光，來自布里斯托一地。任教於布里斯托城市學院六年級的麗莎・齊默曼（Lisa Zimmerman）是個開明的老師，她的學生有些來自受ＦＧＭ影響的社區，她鼓勵他們主動採取行動。他們製作了一部名叫《無聲的尖叫》（*The Silent Scream*）的影片，內容描述一位姊姊勸說父母親別讓妹妹受割的過程，整體呈現出移民家庭中的緊繃氛圍。他們也製作了音樂錄影帶，並到英國各地參與許多公開活動。在那之後，齊默曼和十八歲的法赫瑪・穆罕默德（Fahma Mohamed）受邀與聯合國祕書長潘基文會面。潘基文對法赫瑪說：「你就是我們未來的希望。」

我幾乎沒看過如此活躍、博識而且意志堅定的青少年，介於十四到十七歲的年紀。阿米娜冷冷地談起布里斯托的那些「割禮宴會」：「他們會把所有的女孩聚集在一起，因為這樣做比較省錢。通常由一個老女人，一個祖母來執行。」你們覺得首相該怎麼處理ＦＧＭ的問題？我向他們遞出問題。「我想問他，假如今天受威脅的是金髮藍眼睛的小女孩，他會怎麼做？」穆娜・海珊回答。「我想告訴大衛・卡麥隆[4]，叫他拿出一點骨氣，為ＦＧＭ做點事。假如他辦不到，那他根本沒資格做這份工作。」

這些女孩需要有人保護她們，不被自己的父母所害。在《無聲的尖叫》影片中，他們以極具技巧並觸動人心的方式，呈現一個孩子試圖挑戰那些堅守信仰的大人是一件多麼艱難的

4 二〇一〇—二〇一六，時任英國首相。

事，那些人甚至還是他們最愛與信任的人。英國有許多起訴失敗的案例，都是因為孩子不願意對父母提告。他們希望FGM的相關教育能夠納入學校的必修課程。「我們需要有人來幫忙說服我們的父母，」法赫瑪說，「如果所有的女孩都了解FGM的危險性，了解它沒有所謂的信仰基礎，那對我們而言，事情會容易得多。」

二〇一四年，英國政府與聯合國兒童基金會聯合舉辦了女性高峰會，這是英國首度舉辦這一類型的聚會。首相大衛・卡麥隆對上百位女性與對抗FGM的非政府組織代表說道：「我們要達成的目標很明確，簡單而神聖，我們決心剷除女陰割損（FGM）與幼童迫婚等行為，這些事必須在我們這個世代消失。這就是我們的目標，我們的決心。」首相的話說得鏗鏘有力，但他們從未以真正的行動支持此一決心。移居這個國家的上千名移民者仍堅守著擁有數百年歷史的信仰，他們認為對女兒執行割禮是他們的權利，必須要有真正的政治決心並投入大量資源才有可能做出改變。

社運團體「先鋒」的新任執行董事娜娜・奧圖・歐由塔（Naana Otoo-Oyortey）認為出席高峰會的宗教領袖人數不夠多。關於FGM被誤釋為信仰這件事，這些男人應該出來接受質疑；但對他們而言，讓大眾對傳統和文化保持敬重，顯然比正面衝突來得理想。高峰會過後，英國政府立刻撥出一千四百萬英鎊的資金給杜絕FGM的計畫，但奧圖・歐由塔拒絕了：「這是侮辱……政府顯然不認為這個議題有足夠的重要性。」

往好的一面看，現在有條新頒布的法令強制醫療界、教育界以及社福機構的工作人員，在碰上FGM事件時必須呈報給警察機關，這將帶動更多的上訴案件出現。政府也承諾設立邊境管制站，防止女孩在學校休假期間被帶回祖籍國受割。二〇〇三年，女陰殘割法案重新修正，在英國之外對英國人民執行殘割也屬犯法。但同樣的，這條法案之下尚未有任何上訴記錄。

在甘比亞，我和一位名叫阿扎的割禮執行者見面，她承認自己曾經替家族中搬到英國定居的年輕女孩實行割禮。阿扎的女兒會在暑假期間把這些待割的女孩帶回甘比亞，這件事一點都不困難。「我有一個女兒嫁給英國人，她的女兒沒有受割。不過另外三個嫁給甘比亞人的女兒，就有把女兒從英國帶回來這裡受割。」

英國的國際發展部門（DFID）資助了三千五百萬英鎊，用以對抗發生於國境之外的FGM事件，也間接地免除了英國女孩被帶回父母原生國受割的危險。不過，在我花費三年研究英國境內與境外的FGM事件之後，英國政府給我一種更傾向於對抗境外問題的印象。相較於法國，英國境內的起訴數量仍低得令人費解。定期檢查孩童的性器官是個不切實際的構想，但另一個容易執行的選項——將FGM相關教育融入學校課程——也沒有引起認真的討論。

還有麥穆娜，她逃離甘比亞是為了避免傷害她村落中的女孩。為什麼她的庇護申請會被拒絕？如今她已經在英國居住了五年，曾被拘留在亞爾斯伍德六個月，卻只有舉行過一場司法聽證會：她的申訴被當場駁回。非政府組織GAMCOTRAP團隊至今也尚未取得與她的家鄉村民開會的許可。假如她被強行遣返，就會被迫執行割禮。

麥穆娜坐在她豪士羅公寓的床上對我說：「如果我拒絕執行，他們會殺掉我。我會被家族親戚毒打，我會死。」二週後在甘比亞，我和她的姊姊康貝坐在一張金屬床框上，這張床是為了這次的會面才從她的家中拖進庭院裡的。康貝幾近全盲，這也是她們的媽媽選擇麥穆娜接手割禮工作的原因。我問康貝，假如麥穆娜回來後，拒絕當村落的割禮執行者，會發生什麼事？

她用那充滿黏液的雙眼看著我，以威嚇的語氣說道：「我們黑人族群自有傳統，你不遵守傳統規範，就會有不好的事發生。她是村落的割禮執行者，就必須執行割禮。她沒有能力對抗詛咒。我告訴你，任何事都可能在她身上發生。」

我去探訪麥穆娜的五個孩子，他們住在離家幾英里的地方，受一位鄰居所照顧，因為留在村子裡很危險。他們的父親再婚了，跟他們已經毫無瓜葛。沒有人跟我說，養育這五個孩子的資金來自何處，這位鄰居擁有一大片農場，但五個青少年顯然居住在主屋外的一間暗室裡頭。

我跟他們說，不久前我曾和他們的母親見面，他們的母親很想念他們，唯有這一刻，他們的眼中出現了光芒，其他時候都顯得悲傷而渺小。那位鄰居向我解釋他們無精打采的原因：「他們真的受了很多苦，他們總是很悲傷。我試圖說一些，他們的母親有一天會回來之類的話來安慰他們。那個女孩，失去母親對她的打擊很大；她沒辦法做任何事，尤其是在學校的時候。因為她總是想著她的媽媽。」

我看著亞米，想像五歲的她痛苦地扭動翻滾的模樣。她呼喊媽媽，但她的媽媽麥穆娜正固定著她的雙腿，讓祖母執行割禮。正是那個瞬間使麥穆娜選擇離開她的孩子。我回想起麥穆娜對我談及她的孩子時，眼淚流滿了雙頰。「我好想念我的小孩，」她對我說，「我知道他們也想念我，但假如我回去照顧他們，我就是不忠於自己的心，我相信那是錯的。」

不可思議的是，整個村莊都還在等候麥穆娜。她的姊姊告訴我，自從她們的母親過世、麥穆娜逃跑之後，還沒有人執行過割禮。村落的長者堅持只有特定的家族才能執行這件事。「只有我們家的人可以做這件事，」康貝說，「麥穆娜必須回來。」不過，因為她的缺席，已經有好幾十個小孩免於遭受割禮。

英國內政部承認，公家機關不曾派人到麥穆娜的家鄉，去確認她說的話是否為真。一位發言人告訴我，拒絕庇護的理由是因為他們相信「她回國會很安全」。所有的法官都斷定她綁頭巾的方式證明她是富裕且受過教育的人，她有能力在甘比亞任何地區重建自己的人生，並能「與知識分子交際往來」。

距離首次採訪的兩年之後，我再次登門拜訪麥穆娜，我們就在她豪士羅公寓的床頭對談。她仍住在同一個房間，但現在只有她一個人。她整天都在看電視，或者打電話給甘比亞的孩子們，然後每個月到當地的內政部庇護機構領取食物券；每次去那裡，都有人警告她：隨時可能被遣返。政府不允許她工作，她沒有錢，只能仰賴哥哥偶爾寄來的幾張十元英鎊零鈔來跟她的孩子們說話。

申訴失敗讓她相當絕望。「如果他們把我送回去，我無可避免地必須在割禮日執行我的工作。假如我拒絕，他們會殺了我，而我根本無處可躲。」淚水自她的臉上滑下。「這是我唯一能和孩子重逢的方法。這場仗我打輸了，我想我應該回去執行割禮。」

第二章

五月廣場的祖母

——阿根廷骯髒戰爭中的女人

那天是我兒子的二十四歲生日，我們去他家慶生吃晚飯。我們吃蛋糕，唱生日快樂歌，接著玩起紙牌遊戲。約是剛過午夜的時候，三個穿著與一般人沒兩樣的男人前來敲門。他們進到屋子裡，問我們在做什麼。我解釋說我們在慶祝兒子的生日。他們說想要看看屋裡有什麼書，我的女兒打開他們用來放書的那只碗櫥。

他們瀏覽過那些書，其中有些主題與政治相關，然後他們就把我的兒子和媳婦捆進了警車。他們說有些問題必須問問他們兩人，幾個小時後就會把他們送回來。我尖叫哭喊著，我的丈夫問我怎麼了，他說他們很快就會回來了。他根本不知道阿根廷當時的狀況，我說我們再也看不到安德烈斯和莉莉安娜了。我說對了。

我和拉寇兒（Raquel Radío de Marizcurrena）相約在「五月廣場祖母」的辦公室碰面，辦公室地點位於布宜諾斯艾利斯市中心近鄰猶太區的一條雅致的街道上。從門上的黃銅匾牌可以知道同一棟樓裡頭，還有律師事務所、建築事務所與會計事務所。推開厚重的木門，一位年長的門房身穿制服引導我們前往一台舊式的貨梯，他拉開鐵門，謙和有禮地按下四樓的按鈕。

這個辦公室簡直就是一家忙碌的律師事務所。接待人員正在講電話，有些人抱著一堆資料來回奔忙；走過敞開的大門，我看見人們或在開會，或埋首於電腦螢幕前，或正在煮一杯茶——隨處可見的辦公室日常。不過，這裡的特別之處在於每個人都是白髮蒼蒼、高齡七、八十歲的女士。

我邀請三位祖母與我會面：拉寇兒、迪莉婭（Delia Giovanola de Califano）以及蘿莎（Rosa Tarlovsky de Roisinblit）。來到這個地方必須恪遵規矩——她們希望賓客到訪時能帶來分量充足的阿根廷蛋糕。我沒讓她們失望，我帶了滿滿好幾袋當地的甜杏仁蛋糕、甜甜圈與里科達塔，而咖啡和茶則由她們提供。我們坐在辦公室中，身後的牆上貼滿照片，照片上的年輕夫妻都保持著微笑。

拉寇兒的兒子失蹤當天，是一九七六年四月廿四日，就在政變發生的一個月後；政變之後，軍事獨裁政權掌握阿根廷，造就了後人所熟知的「骯髒戰爭」（Dirty War）。當時伊莎貝爾．裴隆（Isabel Perón）的社會主義政府被魏德拉將軍（Jorge Rafael Videla）領導的軍隊推翻，所有效忠前朝政府的人都被視為社會主義分子和顛覆分子，在右翼、軍國主義、信仰基督家庭價值的新時代，這些人沒有存活的空間。

這些將領或許虔誠信仰天主教，卻也深具仇恨心，殺人不眨眼。圍捕顛覆分子的最佳時機是午夜，軍人封鎖街道，附近的鄰居全都瑟縮在棉被底下，沒人敢出面挑戰那些持槍在街上逡巡的便衣警員。所有裴隆主義與社會主義的支持者對敲門聲都相當敏感。

迪莉婭說道：

他們帶走我兒子赫黑與媳婦艾斯特拉的那天，是一九七六年十月十六日。當時是凌晨二點，他們在半夜抓走兩人，留下我三歲的孫女獨自睡在小床上。離開後，他們敲了鄰居的門，然後說：「我們是軍方，別開門。隔壁的屋子裡有一個嬰兒。」鄰居從鑰匙的孔縫看見上著手銬，頭被矇住的兩人被帶走。艾斯特拉當時已經很接近預產期了，她因被迫拋棄女兒顯得非常悲痛。

他們離開公寓大樓之後，這位鄰居走進隔壁屋內。當時門還開著，因此她可以直接進去，她抱起我的孫女維吉妮婭，將她帶回她的住處。

迪莉婭在小學當老師。當這位鄰居隔天早上打電話給她，請她過去認領孫女時，她正在學校工作。「我完全不知道出了什麼事。我問她，你說他們帶走赫黑和艾斯特拉是什麼意思？為什麼？誰帶走了他們？帶去哪裡？」

似乎沒人有能力回答這個問題。當這些母親聚集到軍營和警局的大門前詢問小孩的行蹤時，她們才發現這顯然不是單一事件。不止布宜諾斯艾利斯，在全國各地都發生了類似的綁架事件，母親們開始交換意見、聚會。當時她們的行動在阿根廷幾乎可說是一場社會革命，因為男人在做決定或問問題時，女人理應乖乖待在幕後。「母愛使他們團結在一起，在沒有男人參與的狀況下發起一場運動。」麗塔．阿狄提（Rita Arditti）在她的著作《尋找倖存者》（*Searching for Life*）中寫道。

最初她們採取謹慎的做法，請求神父和記者幫助她們尋找小孩。不過，當時天主教會支持當權者，而大多記者都噤若寒蟬。阿根廷法西斯主義者透過媒體來固化女人身為母親與持家主婦的形象，這正類似納粹德國理想中的女人，必須將自身奉獻給「kinder, kuche, kirche」——孩子、廚房和教堂。當時的婦女雜誌還警告她們務必讓小孩遠離那些「顛覆分子」。

唯有英文報紙《布宜諾斯艾利斯先鋒報》（*Bueno Aires Herald*）願意報導她們的故事。在軍政府的統治下，審查制度非常嚴格而廣泛，但因為先鋒報只以英文發行，將領們便不費心壓制他們。當這些不安又悲傷的女人抵達報社大門，尋求一位願意聽她們陳述的人時，身為編輯室菜鳥的年輕記者，烏基·戈尼（Uki Goni）被主管派下去接待她們。報社編輯很快就意識到他們獲得了一個重要的故事，因此「失蹤者」的消息開始登上新聞頭版。

我與戈尼在他位於布宜諾斯艾利斯的雅致的公寓碰面時，他說：

> 為先鋒報報導這個事件的那段時間，有件事引起了我的關注。我發現爬上報社階梯來訴說綁架事件的，通常都是女人，我很少看到男人。每次有男人從階梯下走上來，都是被妻子硬拖著上樓的。當他們坐下來談論這件事時，男人會說：「閉嘴！別說這個。我會因此丟掉工作，這很危險。說到底他們應該還是會回來的。」
>
> 我認為這就是母愛或母性的展現。當時我只有二十三、四歲，但她們回應丈夫的話使我印象深刻。她們說：「閉嘴！我不在乎他們是否會殺了我，或你，我想知道我的孩子

人在哪裡。」這些母親在報社或警局的外頭相遇，就這麼團結在一起。

這是一項非凡的成就。這些家庭主婦大多沒有完成中等教育，也鮮少與外界接觸。只有很少的人認識害他們的孩子在半夜從家中被拖走的那些理想主義式的左翼政治思想與信念。這些女人身處的一九七〇年代父權傳統的南美洲，與她們所承擔、面對的風險是身在二十一世紀的我們所難以體會的。

恐懼的氛圍逐漸擴散。假如一對夫婦的孩子遭到監禁，那就連他們最親近的家人也會因為擔心受到牽連而避免往來。拉寇兒回憶道：「在我兒子和他的妻子消失之後，我的六個兄弟姊妹全都與我切斷聯繫。他們擔心相同的事會發生在他們身上。」儘管如此，憤怒和團結賦予了她們膽識，祖母團體收集好十二起案件的故事，與《先鋒報》以及世界各地的人權團體展開聯繫。迪莉婭說道：

> 我們即刻奮戰。赫黑是我的兒子，我唯一的寶貝兒子。身為一個母親，我無法不尋找他，我無法拋棄他。我們在痛苦中尋找勇氣。回首一切，我也不曉得這是怎麼辦到的，畢竟在我們國家從未有女人做過類似的事情。我們組織得很突然，但成立之後一切都相當有條理。
>
> 對我而言，這是責任，我得為我的兒子、媳婦，以及現在和我一起生活的孫女維吉妮

婭去做這件事。我在媳婦艾斯特拉還小的時候就認識她了，她是我的學生，我教她讀書寫字。她十五歲開始和我的兒子約會，從她小的時候我就了解她，也愛她。最後一次見面時，就在他們被抓走的一週之前，她對我說「我們很幸福」。

坐在我面前的這三個女人的心中，還有另一層的恐慌。迪莉婭的媳婦艾斯特拉被帶走時懷有八個月的身孕，拉寇兒的媳婦五個月，而蘿莎的女兒在消失時已經懷孕三個月。最初，她們掛心的事與任何有女兒或媳婦即將生產的母親的顧慮都相同——她們能否獲得充足的食物、休息和醫療照護？她們能夠在生產前回家嗎？

政變後一年，兒女依然毫無音訊。這些女人決定走向公眾，她們在每週四下午碰面，在總統府前的廣場四周繞行。因為軍政府禁止一群人聚在一起集會，她們必須一直保持走動，才不會被以「非法集會」的罪名逮捕。愈來愈多母親加入每週的遊行活動，她們綁上白頭巾，手上舉著貼有小孩相片的標語，人們將她們稱做「五月廣場的母親」。

政府當局使盡手段來阻止她們。「警察非常可怕。」拉寇兒回憶道，「他們把我們摔到地上，用長兵器打我們，用催淚瓦斯攻擊我們。我們會把檸檬含在嘴中以紓緩催淚瓦斯的影響。最惡劣的是騎馬的警察，他們什麼都不在乎，直接朝著我們奔馳過來。我們發瘋似地逃跑。」

當時政府將領為了備戰福克蘭戰爭，試圖激發阿根廷人民進入民族主義式的瘋狂，因此攻擊行動不斷加劇。顛覆分子的家人等同於叛徒，他們也成為攻擊的對象。「當加爾鐵里將軍（General Galtieri）宣布投入馬爾維納斯群島戰鬥的前一週，最為慘烈。」拉寇兒繼續說道，「那天是禮拜四，侵占前的那個禮拜四。他們變得非常兇狠，什麼都用上了，相當可怕。他們用警棍毆打我們，對我們發射橡膠彈。他們用盡一切方法要將我們趕出廣場，不過我們仍堅守著陣地。」

一九八二年，英國軍隊擊敗阿根廷軍隊，結束了加爾鐵里的軍事政權。這場戰鬥中共有六百五十名阿根廷士兵和二百五十五名英國軍人喪生，之後阿根廷宣布投降，軍政府瓦解。軍隊將領離開了，但失蹤的小孩並沒有回來；被視為「顛覆分子」因而被殺害、或被消失而行蹤不明的人數介於一萬到三萬之間。約此同時，《布宜諾斯艾利斯先鋒報》的編輯告知五月廣場的母親們一項令人心碎的消息。

「葛雷摩．庫克（Guillermo Cook）告訴我，那些懷孕的女子在綁架的當天就被囚禁起來了。」迪莉婭說到，「她們從未回來。我們發現每個部隊都有一份名單，有許多夫妻在等著我們的孫子孫女出生。」那些年輕女人在生產後會即刻遭到殺害，她們的孩子則交給那些等待的夫妻。五月廣場的母親，從此變成五月廣場的祖母——她們的孩子死了，但她們開始尋找孫子和孫女。

黃昏漸至，陽光穿透辦公室的窗戶，照射在三位年長女人銀白的頭髮和她們疲倦的臉上。房間內瀰漫著一股不自然的沉默。拉寇兒和迪莉婭看向蘿莎，三十年來，她是唯一找到孫女的人。她們看向她，讓她接手講述這個故事。

他們是在一九七八年十月的一個午夜，帶走了她的女兒派翠西亞和女婿。派翠西亞當時懷有八個月身孕。「她是個理想主義者。」她的母親蘿莎如此說道，「她希望她的小孩與即將到來的新世代能擁有一個最好的國家。她與殘酷的獨裁政權對抗，也為此奉獻出自己的生命。」同於拉寇兒的狀況，士兵逮捕了派翠西亞和她的丈夫，把二歲的幼兒瑪雅留在她的小床上。

二十二年過後，某天下午蘿莎請瑪雅到祖母團體的辦公室幫忙。蘿莎說：

> 有天下午，我的孫女來這裡幫忙當志工。她接到一通匿名電話，對方提到一個出生在海軍軍械學校（ESMA）的嬰兒，當時那裡是一座監獄。來電者表示，嬰兒出生在一九七八年十一月十五日，差不多就是我女兒的預產期，而嬰兒的母親是一位廿六歲的醫學院學生，這也和我女兒的背景相符。
>
> 我們這些祖母接到電話都會相當小心，但瑪雅年輕氣盛，她沒有告知任何人就自己前往匿名者告訴她的地址——我的孫子可能就在那裡工作。她到了那裡，對那個男人自我介紹。「妳有什麼事嗎？」男子問道。「我認為我們可能是姊弟。」她對他回答道。

事實證明她是對的。

類似的匿名電話與信件，成功尋獲了一定數量的孫子和孫女，祖母團體猜測或許是過去曾經待在軍中的人漸漸老了，心中的愧疚使他們嘗試彌補罪過。不過處理此類密報必須相當謹慎，祖母們需要證據。幸運的是，在她們尋找小孩和孫子的這段期間，分子生物學界出現了或許可稱為歷史上最卓越的進展——DNA的發現，並實用於人類身分的驗證。

所有的祖母都將血液樣本送至位於西雅圖的血庫儲存。蘿莎說：「那天下午，葛雷摩來到我們的辦公室，他伸出手臂要讓我們採樣，因為他想知道那個女孩是否就是他的姊姊。瑪雅已經給他看過他父母親的照片，她聲稱是他父親的那個男人與他的外表極為相似。我的血液樣本已經存放在西雅圖實驗室中好一段時間了，等的就是這一刻。」

蘿莎不確定需要多久時間才能知道配對結果，因此她答應了一個邀約前往美國。「當時我人在波士頓，」她回憶道，「因為麻薩諸塞大學想要頒給我一個榮譽學位。然後他們說有一通我的電話，我接起電話，是一個遺傳學學者，他說：『蘿莎，他是你的孫子！』」她講述故事的同時，回憶起當天的慶祝情景，那一對雙眼閃閃發亮著。那些根本不太認識她的美國學者們也感染了喜悅之情。「我們跳舞、唱歌、大哭大笑，興奮地蹦蹦跳跳。」

她陷入回憶之中，那是自女兒失蹤後，她人生最快樂的一天。她笑了，然後有點內疚地看向迪莉婭和拉寇兒，她們沒有這樣的故事可以訴說。這些祖母們就算找到自己的孫子孫女，仍然會為了其他人，繼續參與辦公室的輪班工作。畢竟她們是一個共同體，她們都在過去的那場災難中失去孩子，悲劇使她們團結在一起。

除非國家願意說明當時到底發生了什麼事，否則蘿莎拒絕承認女兒派翠西亞已經死亡。「我想知道是誰抓走她，為什麼抓走她，由誰審判，由誰定罪？除非他們跟我說我的女兒究竟發生了什麼事，否則我絕不會承認她已經死了。我為她感到非常驕傲，沒錯，她是個好鬥的人，但她對抗的是國家恐怖主義。」

蘿莎不願意去布宜諾斯艾利斯郊外那所聲名狼藉的海軍軍械學校，那裡就是派翠西亞生下孩子的地方。因此我請她的孫子，也就是派翠西亞的兒子葛雷摩帶我去。那是個清朗的春日午後，我們和十幾名遊客一起排隊等候在戒備森嚴的金屬大門之外。此處已經變成熱門的觀光景點，想深入了解國家歷史的阿根廷人，會來參訪那些往昔的勞動營、拷問室與囚犯的產房。」

過去用於監禁囚犯的牢房禁止一般大眾進入，但葛雷摩是此處的倖存者，因此他受准進入，並帶著我到各處參訪。我們走上混凝土階梯，來到監禁年輕囚犯的頂樓，頭頂上是傾斜的屋頂。窗戶很小，地板由木頭鋪成，夏日的酷暑想必相當難以忍受。葛雷摩帶我進到一間小小的牢房中，他說當年有一名獄友奉命協助生產，他從那個人身上得知了自己出生時的事情。

「我是在這裡出生的，」他對我說，「我的母親被綁在一張桌子上分娩，只是張普通桌子，不是醫院的那種。一名軍醫負責執行，二名有經驗的女囚在旁協助。她當時還問醫生能不能抱抱我，她把我取名為葛雷摩・費爾南多（Guillermo Fernando），她跟我說話，說她是我的媽媽。」之後醫生便把嬰兒從她身邊帶走，他們從此沒再見過彼此。他被交到一個軍官和他的妻子手上。

軍權獨裁那段期間，有上千名年輕女性遭到逮捕，其中的數百人懷有身孕。天主教教會雖然支持軍政府，但也阻止政府批准殺死懷孕女性與嬰兒的命令，因此軍方擬定了一份有意願收養小孩的名單。女人一旦生下孩子便沒有利用價值，她們會被殺害。那些嬰兒就送給軍人夫妻或者是政治表現優良的人。

儘管蘿莎拒絕猜測女兒可能的死亡方式，葛雷摩卻已經做過研究，他證實母親就是那些「被下藥後，從那惡名昭彰的『死亡班機』丟下」的其中一人。我們沿著那條他母親過去熟知的黑暗長廊走到盡頭，他氣憤地說：「她們因為對抗獨裁政權而被治罪。她們要求改變、平等、自由與民主。大多數在這裡生下小孩的女人在生產後便消失無蹤。我們認為她們都被帶上了那些死亡班機。」

當年「死亡班機」是一種慣用的屠殺手法。飛機會從現址為紀念公園附近的軍用機場起飛，飛行到拉普拉塔河的河口——就在城市的外圍，接著飛行員奉命將飛機上的「人體貨品」往外丟進海中。最初那些屍體會被沖上拉普拉塔河位於布宜諾斯艾利斯一側的沙灘上，人們漸漸開始懷疑那些「失蹤者」的真正下落，因此飛行員受命把屍體載至更遠的海上傾倒。

我採訪三位祖母的那一天，葛雷摩剛好到辦公室接他的祖母蘿莎；她要去他家和他的妻子與二個小孩共進晚餐。他們深情擁抱著彼此。兩人一同走在阿根廷街上的那幅景象如此珍貴而奇特——身材高大，面貌姣好，約近四十歲的男子擁有一頭黑髮和曬得黝黑的皮膚，正深深彎下腰與另一位嬌小、紅髮、膚色蒼白的女人談話。她抬頭看著他，露出開朗的笑容，這個笑容展露了她對他的愛、驕傲、喜悅與寬慰之情。

我回到辦公室繼續和拉寇兒與迪莉婭談話。蘿莎和葛雷摩的團聚是一個相對單純的案例，一通匿名電話就搞定了一切。其他人沒有這麼幸運，但不代表她們沒有努力嘗試。迪莉婭解釋，一九八〇年代中期，剛獲知孫子可能還活著的時候，所有人都陷入急迫的恐慌之中。「時間不斷流逝，我們的孫子不在我們身邊，卻在陌生人的身邊長大。」她們每個人各自負責不同的任務，有些人去類似海軍軍械學校的地方懇求警衛提供資訊，其他人純粹就是緊握著孩子們的相片，上街頭尋找外貌相似的小孩。

「我在布宜諾斯艾利斯的北區，找到了拉露西亞。」拉寇兒說，「那是我負責的區域。某次我們找到一個孫女，我把她的祖母也帶過去，我們兩個人就站在街角，看著小女孩白天去上學，傍晚再從學校回家。她的祖母一天花好幾個小時純粹只是看著她，她對此感到滿足，直到我們有機會抽血做檢查。」不過血液檢測必須獲得法庭許可，並不是每次都做得到。

迪莉婭回憶起祕密搜索的往事。「我按照打電話到辦公室來的那個人提供的地址去找人，甚至直接按門鈴。房子的主人一開門，我就跟他說，他的兒子可能是我的孫子。他直接把我轟走，但我還是繼續調查。」後來她發現，孩子出生證明上面的資訊是錯誤的，因此法庭批准了血液檢測。結果那個孩子真的是一個失蹤的孫子，只不過不是迪莉婭的孫子，他後來也回歸到他真正的家庭。「因為我投入了整場行動，我感覺他就像自己的孫子。我們和所有尋獲的孫子孫女都很親，他們待我們就像親生的祖母。」

我問迪莉婭尋找孫子的最初契機為何。「失去兒子之後，我把孫女維吉妮婭當作自己的女兒養大。我和她之間未曾出現任何問題。她以前常到五月廣場來陪我，當時我還在尋找她的父母和弟弟。那時她還小，什麼都不懂。她很喜歡與廣場上的鴿子一起玩。」

維吉妮婭十八歲時，省際銀行給了她一個職位。實際上，她在銀行做的就是她父親以前的工作。阿根廷有些比較開明進步的公司，例如省際銀行，會為「失蹤者」的兒女做這件事。她在二年後結婚，「這個時候，她開始尋找自己的弟弟。」迪莉婭繼續說道，「她去上一個名叫『我在找你』的電視節目，銀行很支持她做這件事。因為她有一位同事也在找人，就是那對後來成功被尋獲的托洛薩雙胞胎，但我的孫子仍然下落不明。搜索的費用都由銀行出資贊助。

「二年後，我的孫女狀況變得不太好，她開始接受心理治療。後來她離開銀行，八月時她自殺了。」原本我正為這個有關祖孫共同承擔責任，以及充滿手足之愛的故事感到欣慰，直到「她自殺了」這幾個字出現。眼前擺滿了茶杯和蛋糕盤，我簡直無法相信自己聽見的事。她以平實的語氣說出這件事，而我發自內心感到震撼。我開始哭，伸手從手提包裡找出紙巾擦眼淚。我自問，一個女人究竟得承擔多少事？

迪莉婭安撫似地握住我的手，讓我感到相當羞愧，原本應該是我要安慰她才對。「我懂，我懂，」她搖著頭說，「我的人生就是一連串的打擊。維吉妮婭留下的二個孩子已經是受此事件影響的第四代了。那次政變影響了我的世代，也就是母親的世代；我們的小孩那一代，也就是失蹤的那些人；孫子孫女的世代，那些失蹤者的孩子們；而現在，以我的情況而言，我的曾孫已經成了沒有母親的孩子。」她跟我說，維吉妮婭的丈夫將老婆的死怪罪在她身上，他不允許她與曾孫見面。

我轉向拉寇兒——拉寇兒的兒子在他們為他慶祝二十四歲生日的當晚失蹤。她也在哭，二位年邁的女士握著彼此的手。「我仍懷抱希望，」拉寇兒說，「我希望這件事盡快完結，因為我已經很老了。我已經八十一歲了，但我想和我的孫子見面。我很想認識他，我乞求上帝幫助我盡早找到他。」

當她們需要支持的時候，上帝在地面上的僕人又在哪裡？祖母團體對於教會遭受軍事政權掌控感到極度失望。「教會總是忽視我們，」迪莉婭說，「我不再上教堂了，那裡沒有我尋求的慰藉。我從未再踏入教堂一步。」有一位祖母曾因神父不願意聽她傾訴關於失蹤女兒的事而大怒，她抓著他的手大聲喊叫。「女士，請冷靜。」她記得神父告訴她：「別大叫了，否則同樣的事也可能發生在你身上。」

這些祖母曾多次遠赴羅馬向教宗保祿六世請願。希卡・馬里亞妮（Chika Mariani）——

她的兒子與媳婦都遭到殺害，孫女也被綁架——如此描述她們尋求教宗接見的過程：「他們叫我們坐在第一排，教宗就會看到我們。為了讓教宗看見，我們的海報印有組織的名字。教宗出場時，他身後的黑衣男子對他說了一些話，接著他對我們前方的人致意，也跟我們後面的人握手，卻直接忽略我們。那次的打擊相當沉重。」她說，她們把相關的資料都留給梵蒂岡的官員了，但「他（教宗）什麼事都沒做，他從來沒有代表這些孩子發表公開演說，非常令人失望。」

天主教會冷落了五月廣場的母親運動者，這項醜聞甚至也在羅馬教廷的現職者身上留下傷疤。現任的方濟各教宗在軍人掌權時期還是一個耶穌會的神父——豪爾赫．馬里奧．貝爾格里奧神父（Father Jorge Mario Bergoglio）。一九七七年十月，有位父親向神父求助，這位父親的女兒伊蓮娜．德拉夸拉（Elaena de la Cuadra）在當年稍早失蹤了，當時已有五個月身孕。貝爾格里奧神父在不得已之下，寫了一封信寄給拉普拉塔的大主教，他寫道：「容我介紹一位羅貝多．路易斯．德拉夸拉先生給你認識，我和他有過一次會談……他會向你說明詳細狀況。」

伊蓮娜的姊妹，艾斯特拉在「骯髒戰爭」中總共失去五個家人，她說她記得母親當時力勸父親去見貝爾格里奧神父，向他陳述伊蓮娜的失蹤經過，以及他們的焦急之情，因為伊蓮娜已經懷有五個月身孕。她的母親擔心如果由她去說，神父根本不會想聽。後來拉普拉塔大主教告訴來求助的父親羅貝多．德拉夸拉說：「有個家庭把那個孩子照顧得很好。」他們從未找到這個孩子，只聽說她在受洗之後被取名為安娜・利伯塔德。

二〇一〇年，貝爾格里奧以證人身分，被傳喚到一個與軍政府暴行相關的法庭，神父坦承自己知道伊蓮娜被綁架的事，但對她懷有身孕一事並不知情。問及他是否知道監禁者所生的小孩的行蹤時，他說直到一九八〇年代中期，軍政府首次受審時他才知道這些事。這種說法實在讓人難以接受。

五月廣場的母親，在布宜諾斯艾利斯市中心為他們失蹤的小孩抗爭了非常多年，她們所遭受警察的粗暴攻擊，及她們付出的努力與承受的痛苦，國際媒體早都有所報導。對於一位國際性的天主教會成員、受過教育的神父，說他對這些失蹤的孩子卻完全不知情，簡直虛偽之極致。

二〇一三年三月，針對阿根廷祖母團體所製作的報導在《新聞之夜》（*Newsnight*）節目播出後，我在演播室裡接受傑瑞米・派克斯曼（Jeremy Paxman）的採訪。他問我貝爾格里奧神父在這起「失蹤者」的故事中究竟扮演何種角色。當時這位紅衣主教才剛被推選為教宗。我把他寫給大主教的那封信的副本從布宜諾斯艾利斯帶了回來，並拿它與他在法庭上拒絕承認自己知悉孩子下落的證詞做對照。隔天我就收到來自英國天主教會的控訴，他們憤怒地指控我是不誠實的記者，說我對羅馬教廷有所偏見。

九〇年代時，阿根廷的教會曾「秉著良心」承諾他們在獨裁政府的統治下仍會扮演好教會的角色，但他們幾乎沒有表現出任何實現諾言的決心。貝爾格里奧獲選為方濟各教宗時獲得許多支持，他們認為他的上任為天主教會注入一股清流，而他對窮困者與受驅逐者所做的承諾也值得讚賞。然而，他永遠無法擺脫一項爭議：在阿根廷的骯髒戰爭期間，他是否做了什麼？或者說，有什麼事他該做而沒做？

後來有超過一百多位「失蹤者」的孩子被尋獲，全都要歸功於祖母團體獨立奮戰的決心和勇氣。我在阿根廷時曾與這些「孩子」碰面，他們顯然都繼承了父母在四十年前對抗軍政府的那份膽識。他們被軍官或所謂「政治思想正確」的人養大，在異常的環境中存活下來。在某些案例中，這些領養者對他們父母的死負有直接的責任。他們被教導要接受領養者的價值觀與信念，而這正好與他們親生父母的價值觀與信念相牴觸。

他們已經習慣特權與富裕的世界，因此，有些人在獲知自己的真實身分時顯得非常憤怒，抑或拒絕接受。我和薇多莉亞．蒙特內哥羅（Victoria Montenegro）相約於「國家恐怖主義受害者紀念碑」見面，紀念碑就在布宜諾斯艾利斯市區之外的拉普拉塔河的沙灘上。以花崗岩砌成的牆面大約刻有三萬多個名字，他們都是被軍政府謀殺的受害者。我們找到她父母的名字——羅克．奧蘭多．蒙特內哥羅與希兒達．羅瑪娜．托雷斯。羅瑪娜當時十八歲，生下女兒的十天後便消失無蹤。

我和薇多莉亞一起站在紀念碑前，她承認祖母團體剛找到她時，她非常憤怒：

我真的不知道什麼才是真相，我對我真正的家一無所知。我對那些母親和祖母非常生氣，我深深憎恨她們。當時我確信自己是養父母的親生女兒。對我來說，那是政治操作，我認為她們只是要利用我來對上校復仇——那個我深信是我的父親的男人。

從小的教育讓我相信國家曾經經歷一場戰爭，我的父親，也就是上校，參與了這場戰爭，而這就是她們想要對他報復的原因。我是在軍營裡長大的孩子，思想受到很大的支配與影響。

說這些話時，她仍然帶著防備心。我們往海灘走去，花了幾分鐘在那邊看著在紀念公園閒度禮拜天的人，有老年人，有手牽手散步的情侶，還有一些孩子穿梭在那些刻有受害者姓名的花崗岩石板之間。現在的阿根廷已經做好面對過去的準備。高階軍官或甚至神職人員都已經上法庭受審，也入監服刑。「Nunca más」，絕不重蹈覆轍——這句口號獲得一致認同。

不過，類似薇多莉亞這種恐怖統治下的受害者仍然迷失其中。祖母團體與她聯繫之後，她同意接受血液檢查。她發現自己真的是薇多莉亞．蒙特內哥羅，她是兩個因為堅持信念而死的左翼社運分子之女，而不是那個享受特權、嬌生慣養的上校之女——瑪麗亞．索爾．特茨拉夫。「我覺得自己跟親生的叔叔、表親和祖父母有很大的隔閡。我在成長過程中被灌輸了很強的信念，很難完全擺脫。」

祖母團體與她取得聯繫的當時，她非常憎恨她們，而現在她對欺騙她的養父母也懷著同樣的怒火。「我現在終於知道將我和他們綁在一起的並不是愛，對他們而言，我就像個戰利品。現在我了解自己必須從過去中拯救出真正的人生，而只有回歸真實身分能做到這件事。」隨著更多的實情浮現，薇多莉亞發現她的養父不止綁架小孩，也是下令逮捕，最終殺害她雙親的那個人。

薇多莉亞的丈夫與三個孩子在紀念公園的入口處對著她揮手，他們每週都會來紀念公園。我們事前就已經約好要在這裡碰面。「我必須想辦法讓他們了解這件事，」她說，「發現外祖父是個騙子，對他們而言也相當震撼。」我問她能不能讓我和他的兒子說話，她拒絕了。「不行，我得保護他們。」她非常堅決，「這需要時間慢慢來。」

祖母團體相信仍有數百名小孩尚未尋獲。現在，電視和廣播節目定期報導祖母團體的運動現況，在案件送法庭審判前也會報導細節。廣播電台的節目主持人很多都是「失蹤者」的家族成員，他們會在節目上力勸對身分有疑慮的人，立即與他們聯繫。

「看見電視上的廣告時，宛如有道晴天霹靂擊中了我。」卡塔莉娜·德桑克提斯（Catalina de Sanctis）說，「我一生都在迷惘，我總是懷疑自己的身分。七歲或八歲時，我對著鏡子中的自己說，我長得跟我認識的每個人都不像。我問母親，為什麼我長得跟你或爸爸都不像？她說我跟她的一個叔叔很像，但我不相信。我長得不一樣，我無法融入他們送我去就讀的那所教會學校。我也從來無法與養父達成共識，他是個軍人，我們的思考方式全然不同。」

看見電視廣告之後，她再次勇敢正視她的父母。「我鼓起勇氣對那個綁架我的女人說：『我是那些失蹤者的女兒，對不對？』她立即流下眼淚向我坦承事實，但她告訴我，那些人（恐怖分子）的家人想要的東西根本與小孩無關。她說祖母團體都在說謊，她們其實只是想要將小孩從深愛著他們的家庭中奪走。」

卡塔莉娜的心，跟薇多莉亞一樣被兩種對立的情感撕裂。剛開始，她曾試圖保護他的綁架者，她說：「我覺得我的心中存在著和他們一樣的罪惡感，我不想看到他們因為我被逮捕。」她也跟薇多莉亞一樣被灌輸了某些價值觀：「說起來真是無知，但他們讓我相信那些祖母都是壞人。我很害怕她們，甚至憎恨她們。」因為迷惘，她決定與男朋友飛到巴拉圭休息幾個月。回國後，她的綁架者變得很惡劣，並且開始威脅她。她所謂的父親是個酒鬼，開始暴力相向，她那個「母親」變得憂鬱消沉。

此時，一位與這個家庭相識，也跟卡塔莉娜一樣有所懷疑的鄰居連絡了祖母團體。祖母團體為卡塔莉娜提供了血液檢測的機會，她接受檢測，發現自己就是米莉昂・奧凡多（Myriam Ovando）與勞爾・雷內・德桑克提斯（Raúl René de Sanctis）的女兒，他們也很歡迎她重回家族。他們跟她說，一九七七年時，她的母親正在研讀心理學，而她的父親勞爾是人類學系的學生。他們都是「裴隆青年」的成員。米莉昂當年二十一歲，懷有五個月身孕，二人消失於該年的四月。

一九七七年，約略就是卡塔莉娜的父母消失的同一時間，綁架者聯繫了基督家庭進步會

（Christian Family Movement）——這個組織肩負重責，他們會從「顛覆分子」所生的孩子裡，挑出合適的人送給品行端正、效忠獨裁政府的家庭。這位後來假冒為卡塔莉娜母親的女人，是瑪麗亞．法蘭西斯卡．莫瑞拉（Mariá Francisca Morilla），當時她連續多年試圖懷孕都以失敗收場。一九七七年四月，她向基督家庭進步會求助，同時興奮地寫了一封信給當時在外地服役的軍人丈夫，向丈夫表示自己已經與負責分派嬰兒的機構見過面。「那人告訴我，」她寫道，「她已經為該組織工作多年，從未看過有健康疑慮或是畸形的孩子，他們都非常健康，生產過程都很正常。」

然而，根據醫院留下的記錄，嬰兒的生產並不正常。布宜諾斯艾利斯的五月營軍事醫院的記錄顯示，瑪麗亞．法蘭西斯卡．莫瑞拉在一九七七年八月十七日的下午五點生下一名女嬰；距此前六天，醫生在八月十一日早上十點時，從米莉昂．奧凡多——也就是卡塔莉娜真正的母親的子宮中移除了一具死胎。為了替奪嬰者製造合理的證明，醫院的記錄顯然遭人刻意竄改。

這些細節在為期十四天的庭審全數揭發，瑪麗亞．法蘭西斯卡．莫瑞拉與卡洛斯．伊達爾戈．加爾佐（Carlos Hidalgo Garzón）以綁架罪名遭到起訴。加爾佐還以自己飽受精神崩潰之苦，無法出庭受審為理由試圖遊說檢察官。不過法官自有定奪。卡塔莉娜每天都到場，她的座位距離自己曾稱呼為父親和母親的二人，只有幾公尺遠。

我和卡塔莉娜見面於二度開庭的前一週，此次開庭就是要宣判二位綁架者的刑期。她不希望我去她家，也臨時取消二次安排好的會面，最後才同意在她的午休時間到祖母團體的辦公室，跟我見面一小時。她是個很有魅力的女人，但看起來很緊張、焦躁不安，她經歷的這些事顯然為她帶來許多創傷。她表示參加審判對她而言壓力相當大，因為每天都會揭露更多令人心痛的內情。

從法庭的信件與證詞中，她得知受洗後母親將自己取名為蘿拉・卡塔莉娜。嬰兒被抱走之後，她一直相信女兒是被自己的家人妥善照顧著。知道自己即將被殺害的時候，她寫了一封信給她的母親，她請求母親「別忘了我，藉由愛我的女兒來愛我。」她寫道，「儘管她不知道，但我的血確實流在她小小的血管之中。」二十一歲的米莉昂・奧凡多從此下落不明。

宣布判決當天，我們受准進入法庭拍攝影片。那是二〇一三年三月十二日，身材高大的莫瑞拉板著臉，整個過程都苛刻而不露感情地盯著法官看，她的丈夫加爾佐則只是低頭坐著。宣讀刑期時，二人都沒有任何反應——莫瑞拉十二年，加爾佐十五年。審判室爆出一陣掌聲喝采。

卡塔莉娜興奮地舉臂歡呼，擁抱她的男朋友，然後站起身惡狠狠看著那對夫婦被帶去服刑。法庭外，人權運動分子與記者早已聚集等候著結果公布。卡塔莉娜微笑著跟我說她非常快樂，她已經沒有任何疑慮。

「他們二個直接促成了我雙親的死，對我來說這是最嚴重的事，得知這件事後，我對他們的態度就改變了。唯有殺死米莉昂和勞爾，他們才能夠擁有我，我的養父母就是害死我親生父母的共犯。」

當天有一群祖母在法庭外面等待結果。我驚訝地發現迪莉婭也在人群之中，阿根廷的「骯髒戰爭」已經讓八十一歲的迪莉婭失去了女兒、孫子、孫女和曾孫。她與其他的祖母們以及卡塔莉娜手勾著手大笑，歡慶勝利的到來。我和她視線相交，她對著我微笑，似乎在說：「看吧？我還沒放棄希望。」

第三章

愛爾蘭的墮落天使

——一個宗教迫害的故事

我們在清晨六點起床去望彌撒。他們會分配托盤給你，上面有一條麵包和半磅奶油。那是你一整週的早餐。假如你沒去望彌撒，他們就會沒收你的托盤。早餐過後，你直接到洗衣廠去工作。那是非常、非常沉重的勞動。中午十二點休息用餐，馬鈴薯、甘藍和魚肉，接著回去工作直到六點。吃一點麥片粥之後，再回去洗衣廠工作到八點半。

有天晚上，廿四歲的瑪麗・梅里特（Mary Merritt）再也無法忍受了。她被囚禁在都柏林的抹大拉高園洗衣廠（Magdalene High Park Laundry）已有八年，工作完全沒有支薪。在走回那間二十個年輕女子共享的宿舍途中，她注意到一樓的窗戶沒有關上。她一直等待，直到室友和修女都睡著之後，悄悄下樓爬出窗外。

「我這輩子從沒到過外面的世界。我的世界裡只有修女和神父。」她站在夜晚的馬路中央，向人詢問神父的家該往哪裡走。她敲了門，他邀請她進到屋裡坐下。她向他坦誠一切。

當時我已經逃出高園洗衣廠，我需要幫助。他朝我走過來，坐在我身邊的椅子上搓揉我的膝蓋，接著他脫下他的長褲，強暴了我。

我無法理解那是怎麼一回事，當時我完全不懂這些事。我痛哭著對他說：「你弄痛我了。」他完事過後對我說：「好了，這是我們之間的祕密，我會給你六便士銀幣，別告訴任何人。」他給了我六便士，然後打開門讓我離開。有一輛警車等在外頭，接著我就被載回了洗衣廠。

瑪麗一生被囚禁三十年，遭受性侵，與外界完全隔絕，她受這些罪只因為她是個非婚生的小孩。她在一九三一年出生於「母親與嬰兒之家」，單身的懷孕女子會被憤怒的家長或苛刻的村莊神父送到這個地方。生產後，小孩會和母親相處幾個月，接著被送到認養家庭或孤兒院。他們對瑪麗的母親說她是有罪的，而瑪麗就是那個罪果，因此她們不得重聚。

瑪麗出生於愛爾蘭獨立建國的九年之後，當時資金緊絀的政府，相當樂於將社福事務委任給宗教組織負責。他們創設學校、醫院、孤兒院以及母親與嬰兒之家。還有誰比修女與神父更適合處置那些藐視神聖婚姻價值，耽溺於非法性行為的女人呢？教會接收這些未婚生子的母親與她們不幸的後代，人們也認為他們是最適合執行監督與懲罰的人。

按照法律規定，瑪麗在十六歲前都將由修女照顧。孤兒院在當時巧妙地被稱為「實業學校」，儘管政府有支付這些孩子的撫養費用，教會仍會讓她們去工作。官方檢查以抽檢為主，而且來訪次數不多，因此修女們得以用一些造假的藉口，讓女孩們往來於孤兒院與洗衣廠之間，讓她們無薪做工。

最初的六年，瑪麗受准到地區學校上學。「我記得她們總是晚我們十分鐘來，晚我們十分鐘走，因此我們與她們不會有任何交流。」一名哥爾威的歷史學者回憶道，「她們被隔離到教室的最後面。到現在我還記得她們兩兩並肩進出學校時，腳上釘靴發出的聲音，還沒看見人影就聽得很清楚了。當時市民們都叫她們『妓女的遺種』。」

瑪麗記得她都在十一點被帶離學校，「每天早上要清洗三條長廊，接著再到修女的農場工作。」些許的過失或有任何反叛意圖，都會遭受粗暴的懲罰。「某一天，有個修女不知道說了什麼，我頂嘴回去，她就解開厚實的皮帶抽打我的背部和臀部。她們不幫我包紮傷口，我流血流了二週，到現在屁股上還留有疤痕。」

「十六歲的某天，農場的工作結束後 我肚子非常餓，我在果園裡摘了一些蘋果來吃。她們把我丟到都柏林的德拉姆科德拉的高園修道院，跟我說，直到學會不要偷竊以前，我都得留在那邊。」你沒問為什麼只是偷了幾顆蘋果，就要被送去洗衣廠工作十四年嗎？「有，我有問，我問她們我還能離開這裡嗎？我會死在這裡嗎？我沒有家人，沒有半個人，這個世界上沒有人能幫我逃出那裡。」

洗衣廠的管理相當嚴厲，那是專門設計讓新進人員失去自我性格的地方。瑪麗回想起剛抵達洗衣廠時，她被帶到一間堆放衣物的倉房。「『穿上那些衣服，』一位修女對我說。那是一件寬大、下襬很長的白圍裙，再加上一頂帽子。接著她又說：『從現在開始，你的名字不再是瑪麗．歐康納。你是璦達，有人叫到這個名字時你必須回應。』最初的三個禮拜，我拒絕回應這個名字。我告訴他們，我的名字是瑪麗，事實就是如此。」然而，在被關禁閉一段時間之後，她沒有選擇只得順從。

我打了許多通電話才說服瑪麗．梅里特離開她位於肯特郡的家，回到愛爾蘭受訪，談論她的經歷。她說她恨這個國家，但她決定讓大眾聽見自己的故事，因此同意橫跨愛爾蘭海回來。我們在都柏林的格拉斯涅文墓園見面，該地是愛爾蘭國家英雄麥可・柯林斯（Michael Collins）與伊蒙・德瓦萊拉（Éamon de Valera）的安息之地，還有數百位沒有機會了解自身潛能的女孩和女人也葬在這裡。瑪麗為了影片剪了一顆鮑伯頭，髮色新染成深棕色；她還特地購買新的黑漆皮鞋，我們在墓園散步時她似乎還不太適應穿這雙鞋走路。

瑪麗將夾克緊緊裹在身上以抵擋九月的狂風，她神情肅穆地帶著我走到一座大型墳墓前，彎下腰將花束擺在墓前。巨大的墓碑上刻有一百六十個名字，全部都是過去抹大拉高園洗衣廠的員工。「我負責的其中一項工作就是有人死掉的時候，將她們安葬在這裡。」她說，「我很樂意做這件事，我會跟自己說：『至少她們現在脫離了修女的掌控，她們的痛苦已經結束了。』」她伸手觸摸刻在木石上的瑪莉・布里哈尼這個名字，然後轉頭跟我說：「蘇，這是我的朋友。她被囚禁在洗衣廠五十六年，假如沒有她的陪伴，我想我沒辦法活到現在。」

這個大型墳墓位在都柏林的德拉姆科德拉，它並非前高園洗衣廠工人的第一個安息地。瑪麗與我開車來到路的盡頭，我們步行穿越大門，進入廣闊的修道院舊址。

「小貨車會停在這裡。」她指著前院說道，後頭的灰石建築就是她過去被迫工作的洗衣廠。「洗好的衣物會用棕色的紙裹緊，再由修女分送出去。我們不能靠近來取貨的那些人。」她指向建築物角落一扇磚砌式的窗戶。「我們都把那裡叫做『黑洞』，類似禁閉室，受處罰的人會關到裡面去。」

我們繞行往洗衣廠的後部，途中看見起重機與挖土機正在施工，該處現在是都柏林一個主要發展地區，最後我們來到一個飯店停車場。一九九〇年代早期，善牧修女會為了籌措資金賣掉一部分的土地，正是現在整整齊齊停滿遊客與業務員的車子的這個停車場。在一九九三年，這裡是一片綠地，葬滿了洗衣廠前工人的屍體。

我把瑪麗留在下榻的飯店休息，重訪舊地讓八十三歲的她耗盡了精神。我和攝影師伊恩・歐萊禮開了一小時的車，到基爾戴爾郡與巴尼・庫蘭（Barney Curran）見面，他是受僱於修女，負責挖掘那些女人屍體的掘墓人。他現在已經退休，獨自居住在一整排外牆都刷成白色的連棟住宅之中。他前來應門，雙腿不太方便，聽到我是來打聽二十年前發生於此地的事件時，沒有露出絲毫訝異之情。他說，在他一輩子的掘墓生涯中，就屬這件事最令他感到不安。

我們坐在廚房的餐桌上，他從一堆舊報紙中間清出擺放兩個馬克杯的空間。「說起來，就是修女們想賣掉那塊地，那可是好大一筆錢。」他開始說，「所以，她們不想讓任何人知道那裡發生了什麼事，她們想封鎖消息。工作前，我們會先架起一大片布幕擋住現場，當然我們也不能跟任何人討論這件事。」

修女告訴他總共有一百三十三具屍體，埋在那片沒有做記號的土地上。「我很快就發現數量比她們說的還要多，但當我跟她們講這件事時，她們說：『不，只有一百三十三具。』

我們繼續挖，多找到了廿二具她們也不知道為什麼會在那裡的屍體。」巴尼在亂葬崗裡還發現了其他東西。「有非常多熟石膏，打在她們的手腕、大腿、小腿和腳踝上。她們的手腳都斷了。在我看來，這些女人太過幼小而且虛弱，她們根本應付不來那些工作。」

聖母瑪麗亞為我們的性行為設下一道不可能達成的高標準，自此，男人便著迷於「墮落的女人」的概念。「女人是邪惡的根源。」天主教的其中一位聖者聖傑羅姆（St Jerome）在西元四世紀時曾如此寫道。頒布於十三世紀的天主教教會法（Canon laws）合理化監禁行為：「這些背棄婚姻的女人，因為背負肉體的罪惡而墮落。看在上帝的份上……應該讓她們和修女一起待在修道院，使她們能夠進行永恆的懺悔。」這個觀念在十九世紀的愛爾蘭逐漸普及，多數大型洗衣廠都建立於此時。

同樣的事也發生在海峽對岸的英國，維多利亞女王時代的人對所謂的墮落女子也抱持偏見。「格萊斯頓在日記裡談論妓女的次數，比談論他在政壇上的女友還要多。」安・伊斯巴（Anne Isba）在《格萊斯頓與他的女人》一書裡寫道，「在記錄中，他去拜訪倫敦街頭墮落女子的次數，比參加維多利亞時代上流社會的那些貴婦舉行的舞會、晚宴還要多。」

藐視自己的妻子，在外頭養情婦的查爾斯・狄更斯（Charles Dickens）就曾經營過一個機構來照顧這些女人。狄更斯將它稱做：為了讓女人贖罪所建立的烏拉尼亞小屋（Urania Cottage）。他說，我們應該維護「秩序、守時、潔淨」的美德，「妥善執行日常家事——洗衣、織補、烹飪。」如此一來，才確保能夠走向贖罪一途。無論是愛爾蘭或英國，幾近瘋狂的洗滌工作顯然被視作淨化靈魂的道路。然而，沒有人會去揭發或懲罰那些參與禁忌性行為的男人。

在愛爾蘭，「墮落的女人」這個標籤非常好用，任何表露出一點挑戰愛爾蘭傳統道德觀念的女人都會被貼上標籤。不止妓女，任何未婚生子的母親都被視為同類，不管她們是因為近親相姦、強暴，或者因意外而懷孕都一樣。有些女人甚至因為預防性的理由被送到洗衣廠。長得太漂亮的女生會被學校的修女老師送去洗衣廠，以預防她們以後「墮落」。瑪麗・梅里特被定罪並送往洗衣廠，就是因為她太有想法，這可能會導致她往後的毀滅。

洗衣廠存在的正當性，建構於二種慾望的醜陋結合，其一是當下那個嚴厲的父權社會需要維持其道德規範，而宗教組織則渴望從免費的勞動力中獲利。詹姆斯・史密斯（James Smith）在他談論洗衣廠歷史的著作中曾指出，「最主要的共同特徵是生活規範，包括禱告、靜默、到洗衣廠工作，他們都偏好永久拘禁這些囚犯。」而這種行為與「宗教人士所宣稱的使命——也就是保護、感化、重建正常生活——相互牴觸。」

關於洗衣廠的內部狀況，愛爾蘭詩人、劇作家派翠西亞・伯克・布羅根（Patricia Burke Brogan）做了很適切的描述，她在一九六三年曾是見習修女。當時她受命到哥爾威一間由慈善修女會經營的洗衣廠擔任監督人。「這是教團中最富有的一個分會。」在她上班第一天，陪伴她的修女這樣告訴她。

> 她打開一扇上有兩道鎖的厚重的門，震耳欲聾的噪音襲向我們。房間內有許多正嘶嘶地噴發蒸氣的巨大機器，屋頂上的窗戶由監獄那種鐵條柵欄製成，灰色牆面到處滲水。空氣中瀰漫髒衣服的惡臭，漂白水的氣味刺痛我的喉嚨，使我透不過氣。逐漸我看出房間裡滿滿都是女人，老年、中年和年輕的女人，她們和那些洗衣機似乎都已經與那灰黑的空間融為一體。我墜入但丁的地獄了嗎？

「這些女人為什麼在這裡？」這位不安的見習修女問道。她得到的回答是：「這些女人是悔罪者。她們很脆弱，不受控制。她們打破第六和第九條戒律。沒有人會想要這些女人，我們保護她們，避免她們受自己的情慾所害。我們提供食物、住所和衣物。我們關照她們靈魂的需求。」幾週過後，伯克・布羅根認定自己對這項職業已不再嚮往，便離開了修女會，她後來將洗衣廠的故事寫成舞台劇《蝕》（*Eclipsed*）。

在現今僅存的幾張照片中，可以看見洗衣廠內成排的女人和女孩穿著制服，在修女的監督下洗衣、熨燙。房間裡還有許多巨型軋布機，那正是掘墓人巴尼・庫蘭口中造成女工受傷的禍首。庫蘭提及某次他偷偷溜進高園洗衣廠，也就是瑪麗工作的場所，他發現一台軋布機需有五、六個營養不良的囚犯才能掌握。照片中有些女人剃成光頭，這是一種常見的羞辱與懲罰，瑪麗・梅里特就被剃光了頭。

她被神父強暴了，但修女根本不相信她說的話，她們用逃脫的罪名將她關入禁閉室。

「後來有一個修女跑來『黑洞』，將我的頭髮剪得一絲不剩。我被帶上樓，跪在一個房間中（房間中的其他女人也都跪著）親吻地板，然後道歉，承諾自己再也不會做那種事。當然，我才不承諾任何事。『不，我才不要承諾任何事，』我說，『因為我想要離開這裡。』我會再次嘗試。」

幾個月之後，瑪麗真的再次逃脫。她因為前一次的強暴而懷孕，修女送她到都柏林的「母親與嬰兒之家」生產。她跟母親碰上同樣的狀況，歷史再度重演。瑪麗將小女嬰取名為法蘭西絲．克莉絲蒂娜，但她不能參加受洗典禮，所以她不知道修女後來將孩子命名為卡梅兒。

她受准親自為孩子哺乳一年，「然後她們說：『你必須回去高園洗衣廠，因為你是從那裡來的。』我非常痛苦，我不想離開我的女兒。『她是我生命唯一的擁有了』，我這樣告訴她們。不過修女說，她們會好好照顧小孩，要我別嘗試尋找她。」瑪麗闔上眼睛，淚水沿著她的睫毛滴落臉頰。以八十三歲的女人而言，她擁有驚人的記憶力和體力，但今天的採訪已經讓她耗盡全部的精力。

拍攝影片的過程中，我與多名倖存者碰面，令我驚訝的是，她們在所有這些經歷之後，竟然還能表現得如此沉穩堅強。她們無比堅毅，似乎擁有用不完的體力來配合媒體採訪、糾纏政府或甚至聯合國以傾聽她們的故事，並請求賠償。她們每個人都說，憤怒與長期的不公待遇是驅使她們前進的動力。

然而，與她們更深入交流之後，那些不安、高敏感與自卑便慢慢顯露出來。有些人會妒忌、恐懼別人的故事比自己獲得更多重視。假如我們答應讓瑪麗在拍攝期間住到飯店二個晚上，其他人也會要求相同或是更好的待遇。假如他們覺得自己被輕視，彼此之間可能會起爭執，或者是在感受到剝削時聯合起來對付我。心理學家認為此種行為是遭受忽視與拋棄的典型後遺症。

我和六十四歲的伊莉莎白．柯賓（Elizabeth Coppin）在她過去遭受監禁的洗衣廠碰面，地點位於愛爾蘭東南方的羊峽灣。過去的修道院現在變成一所成人教育學院，但鋪滿磁磚的長廊仍然掛著許多宗教繪畫。伊莉莎白顫抖著推開教堂的厚重大門時，她發現耶穌受難的十字架雕像也還擺在那裡。「我們每天早上都要來這裡望彌撒，」她說，「洗衣廠工人一側，實業學校的孩子在另一側，修女在中間。」經過告解室時，她的表情變得猙獰。「我們每週日早上都要告解，但有什麼好告解的呢？她們才是罪人，不是我們。」

伊莉莎白跟瑪麗一樣，也是從實業學校被轉送至洗衣廠。她的頭髮也被剃光，穿上制服，抵達時換了一個新名字。「我的身分認同馬上被剝奪，名字換了，頭髮剪了，穿的也不再是自己的衣服。」她說，「我十四歲就受困在那裡，我被迫使用『恩達』這個名字，恩達在愛爾蘭是男人的名字。在那個年紀，你如何承受得了這些事？」我問伊莉莎白，對他們這種作為有何想法。「他們就是在去除人性，」她說道，「讓我對外面的事不再有任何感覺。」

每個女人都跟我說，修女說她們是毫無價值的人，而這種話聽久了你就會信以為真。瑪麗與伊莉莎白逃到英國，遠離恥辱重塑人生，但兩人仍飽受童年的身心虐待所苦。她們非常努力重建自己的生活，卻還是受惡夢所侵擾。瑪麗和伊莉莎白的丈夫都是英國人，他們說，儘管妻子脫離修女的照顧已經幾十年之久，作噩夢時仍會尖聲大叫。

這些修女的心中究竟在想什麼？她們強迫小孩做十四年的苦工，只因為她偷一顆蘋果，只因為她被神父強暴，然後她們又偷走她的小嬰兒。我們在愛爾蘭這裡看見的是一場「針對女人的戰爭」，發動者也是女人；將囚犯頭髮剃光的是女人，因為輕微錯誤就將她們關入「黑洞」的也是女人。如今，善牧修女會的入會網站上寫著，女人必須立誓遵從三聖願：神貧、貞潔、服從。她們的工作規範中沒有「關懷」或「憐憫」等詞彙；她們提到將生命奉獻給靈性生活與上帝，但沒有任何與社區服務相關的內容。

不過，這二百年來，修女在某種程度上對愛爾蘭仍有所貢獻，她們將弱勢者與被社會屏棄的人收到門下「照顧」。其中有些人或許還保有一點同理心，但許多修女著實辜負了人民的信任。傳統的愛爾蘭天主教家庭都是大家庭，通常家中的第五或第六個女兒會加入教會組織——少一張吃飯的嘴，還能為家族贏得社區的尊重，但它同時也意味著教會中有許多非自願加入的修女。這些非自願加入的修女被隔絕於修道院內，與牆外的世界再也無關，她們因而產生強烈的受騙感。我認為這種混雜道德優越感、妒忌、憤怒與挫折的心態，正是修女如此對待瑪麗和伊莉莎白的緣由。

羅馬天主教的教會是絕對的父權體制：教宗設立規定後，主教上講壇宣達規定，再由神父實際執行。女性擔任神父職位這個想法，從未被羅馬當局審慎考慮。將懷孕少女帶進修道院大門的必然是神父，修女從各方面看來只能算是獄卒，她們都得服從掌權的男人。伯克．布羅根如此描述修女如何討求神父歡心，而備受敬重的地區主教幾乎篡奪了上帝的寶座。

修道院院長把我叫到她的辦公室，她坐在王座般的椅子上。桌上擺著一個華麗的銀製相框，裡頭是教宗的相片——教宗戴著紅寶石戒指的手自蕾絲鑲邊的緋紅長袍內伸了出來，高舉著為人們降福。

「修女，跪下。」見習修女進入室內後，修道院院長命令道。「記住，目光永遠收斂低垂！」電話響了，院長提起話筒。她腳上時髦的鞋在花梨木桌下迅速移位。「是，是，神父，我會等待。噢早安，閣下。」與主教對話時，她的語氣瞬即柔和下來。「是的，閣下，我正在處理那些帳目。我會在明天完成，閣下。是的，我會把支票寄過去。謝謝您，閣下。」她態度的轉變令我吃驚。

伯克．布羅根描述修道院院長奉承主教的這個段落，使我想起我在伊朗曾經碰過的一些處境類似的女人。當時接受採訪的是澤納布修女會的主事者，她受控在示威期間強迫女人遵守嚴厲的伊朗道德規範，行徑宛如殘暴的軍人。然而，儘管她已經年過六旬而且非常強悍，她仍然竭盡全力遵守官方的服儀規定，包括厚實的皮革靴與長手套，只為確保我的攝影師伊恩沒有任何瞥見她誘人肉體的機會。

當時在德黑蘭一次名為「美國去死！以色列去死！」的示威活動發生在即，她接獲阿赫瑪迪內賈德總統的來電。講電話時，她變得異常熱切奉承，她向總統許諾她會命令上百名女性身穿黑長袍去參與遊行。這是怎麼回事？一個在私生活中顯然反對男人親近的女人，卻又如此拚命尋求男人的認同？她們貫徹命令，遵守男人設下的宗教規範，並強迫其他女人帶著無條件的熱忱服從。她們放棄真正的權力，虐待受她們控制的女人，拚了命只為贏得那些反過來控制她們的男人的讚賞。

為什麼這些「墮落女子」不起身對抗神父？她們怎能如例行公事般拱手交出孩子？我到琳西・厄奈—拜恩（Lindsay Earner-Bryne）位於都柏林大學歷史學院的辦公室拜訪她時，她提醒我：這些女人心中的無力感，我們難以理解。

> 這裡的文化對她們充滿敵意，多數女人認為自己無從選擇。她們先是被送入收容之家，接著被要求做各種工作。假如她們必須離開自己的孩子，不再見面，她們覺得那全然是無可奈何。

我聽過許多口頭證詞，這些女人告訴我，她們知道自己簽下送養小孩的相關文件，但她們對此毫無記憶——因為傷心欲絕，也因為她們沒有選擇的權利。在一九七二年以前（當時是一九五〇和六〇年代），非婚生子的女人不會獲得財務上的支援，因為在社會上這被認為是一種罪。非婚生有一個小孩的稱為「初犯」，二個以上就叫「累犯」，這類罪行化的用語直到一九七〇年代還有人在使用。

就在我和厄奈—拜恩見面的幾週之前，有一篇報導揭露了在一九二五年到一九六〇年間，共有約八百名嬰兒與幼童，死於圖爾姆（Tuam）的「母親與嬰兒之家」，地點位於西愛爾蘭的哥爾威。這些孩子的屍體被埋在無名的大型亂葬崗，有些甚至堆放於過往的糞坑之中。來自世界各地的記者與電視台工作人員紛紛湧入圖爾姆鎮，踩踏在從前修道院的土地上，而此地，據信就是報導中埋藏嬰兒屍體的地點，也是屠殺發生之處。

「我會覺得驚訝是因為這些事在過去都會被忽視。」厄奈—拜恩說道。圖爾姆死者的相關新聞躍上頭條讓她相當震驚。據她研究，出生在「母親與嬰兒之家」的新生兒死亡率，長期以來都高過出生在修道院之外的嬰兒五倍。這些嬰兒被放置在一排排的小床上，她解釋，有時候一張床睡兩個嬰兒；他們死於傳染病、營養不良，或者照護上的疏失。「我們能從中了解什麼？」厄奈—拜恩說，「大概就是愛爾蘭社會為了維持道德優越的幻覺，願意付出這樣的代價。」

厄奈—拜恩說，嬰兒去世時，她們會叫母親別太難過，畢竟他們是去了一個更好的地方。「慣常的說法是，這些可憐的小孩身上背負著父母的罪。假如他們受洗之後才死亡，會直接上天堂，至少不用再背負那些罪。這個概念為小孩的死亡提供了很好的說辭。接納高死亡率也屬於那個道德理想的一部分。」

當時新生兒死亡是件稀鬆平常的事。蘿拉・曼恩（Laura Mann）於一九四〇和五〇年代在都柏林擔任助產士，她記得「有的家庭非常、非常貧困，十個孩子住在兩個房間內，掙扎著求生存。」避孕是違法的，更不可能結紮。小孩去世，母親愈漸虛弱，她們懇求神父讓她們休息，讓她們不要再與丈夫睡覺。「但神父說，假如她們不做該做的事，她們的罪就無法赦免。」曼恩說道。這意味著要服從丈夫，生下更多、更多的小孩，即便生下他們等同於殺害他們。「重點就是要生小孩，就算你會因此而殘廢或猝死也一樣。」曼恩說，「確實有許多類似案例。」一九三一年，教宗發布訓諭，頌令死於生產的女人可譽為殉道者。

我將這部探討抹大拉洗衣廠倖存者的影片取名為《藏於愛爾蘭的屍體與祕密》（*Ireland's Hidden Bodies, Hidden Secrets*），取材的過程中，我在愛爾蘭看見太多女性與她們的小孩承受著不同面向的虐待和蔑視，我根本不可能將所有人收入到一個半小時的紀錄片之中。

當時死於「母親與嬰兒之家」的嬰兒，屍體會交給醫學院學生做解剖練習，而許多孩子和伊莉莎白・柯賓一樣曾接受藥物實驗，只不過該時期的病歷現在都已經被重新編寫過了。然而，在所有我知道的事情中，最駭人聽聞，也最令人費解的就是恥骨聯合切開術（symphysiotomy）。

一九四四年，愛爾蘭醫生在宗教領袖施加的壓力下發展出此項技術。當時的教會不樂見醫生執行剖腹產，因為多數醫生基於健康考量，在婦女接受過三次剖腹產後就會建議她們結紮。然而，結紮意味著女人無法做「她該做的事」。信仰虔誠的醫生擔心這會成為變向的避孕方式。

因此，愛爾蘭的醫生想出了一個異想天開的方法。假如女性因骨盆過小無法自然產，那解決方法就是切開骨盆。「我看到醫生走到另一頭拿起一把鋼鋸。」諾拉・克拉克回憶道。「我知道那是鋼鋸，我看過屠夫用它來處理動物。他切開我的骨頭，血一下子如噴泉般迸出，灑得到處都是。護士們出現噁心不適的狀況，醫生也相當生氣，因為鮮血噴上了他的護目鏡。」

直到一九八三年為止，愛爾蘭共有數百位女性動過這項手術。一九六八年，教宗保祿六世發表《人類生命通諭》（*Humanae Vitae*），他在內容中強調天主教會反對任何形式的避孕與絕育。倡導反恥骨聯合切開術運動的當代作家瑪麗・奧康娜（Marie O'Connor）如此指控天主教會：「那些縱慾、把節育視為罪行的高階神職人員，在控制欲、野心和信仰的驅使下，推行了這種中世紀黑暗時代的醫療方式。」

二〇一二年，約有一百位恥骨聯合切開術的倖存者自愛爾蘭各地抵達都柏林，她們聚集在史密斯菲爾德區的燈塔戲院，陳述自身經歷並索取賠償。來自凱瑞郡，高齡八十六歲的瑞瑞塔・麥肯（Rita McCann）對都柏林不太熟悉，她找不到集合地點。「後來我看到兩個跛行的女人，我告訴自己：『她們一定也是要去參加活動的人。』看到瘸子我就明白了。」許多女人坐輪椅到達會場，她們互相抱怨著不良於行、長期背痛和失禁等問題。一位倖存者克萊兒・卡瓦納（Claire Kavanagh）說：「從我們之中隨便挑五十個人，你會得到不同的故事內容，但都有同樣的結局。我們都是殘廢。」

恥骨聯合切開術的倖存者團體，自稱SOS（survivors of symphysiotomy），成員中沒有任何一人曾同意接受這項屠宰手術。我想起在都柏林大學時，厄奈—拜恩提醒過我們：「你必須理解女人在社會中的地位。她們沒有發言權，她們不斷被要求履行義務與責任。她們在社會上沒有任何權利，因為這個社會受信仰影響非常深。」一個已婚女子無論發生任何事，直到死去前，都被期待要持續生育，而沒有在神聖的婚姻制度下生育的女人則會受罰——她們的嬰兒會被帶走。

多虧了電影工業，這個已然制度化的虐待問題，才能從倖存者口中的故事與學院裡的研究發展成登上國家論壇的主題，迫使愛爾蘭大眾面對過去發生在他們身上的事件。由安・德利（Anne Daly）與羅南・泰南（Ronan Tynan）共同製作，探討恥骨聯合切開術的《克服萬難的母親》（*Mothers Against the Odds*），帶動愛爾蘭國會的辯論，吸引包含律師在內的數個新的支持團體，並向政府索賠。

另一部以抹大拉洗衣廠為背景的故事長片《抹大拉的修女》（*The Magdalene Sisters*）

改編自派翠西亞・伯克・布羅根的劇作《蝕》，在二〇〇二年由彼得・穆蘭製作播出。這部影片震懾了每一位觀眾。多年來，大眾都認為洗衣廠是個幫助那些沒有其他出路的女人與女孩的重要社福機構。我的嫂嫂成長於科克郡，她記得小時候曾經和母親一起把待洗衣物送到當地的抹大拉洗衣廠。她的母親告訴她，這麼做是在幫助修女照顧那些無家可歸、窮途末路的女人。

穆蘭的影片描述四位女性在一九六〇年代遭囚於都柏林一家洗衣廠的故事，喧騰一時，也招來爭議與質疑。許多倖存者（包含瑪麗・梅里特）受到這部影片的鼓舞而向聯合國禁止酷刑公約委員會（UNCAT，The United Nations Convention Against Torture）說出自己的故事，愛爾蘭政府也因此被迫展開調查。二〇一一年，政府確實做出回應，但令人吃驚的是當時的總理恩達・肯尼（Enda Kenny）竟然找來一個虔誠的羅馬天主教徒——參議員馬丁・麥卡利斯（Martin McAleese）來負責調查此項議題。

這份關於抹大拉洗衣廠的報告在二〇一三年二月公布，只有忠於天主教會以及與宗教組織相投合的人被寫入介紹內容之中。「負責營運機構的是四個教區內的眾多修女……近年來，抹大拉洗衣廠的相關爭辯日益增加，她們因而承受著深沉的痛苦。長久以來，她們竭盡所能地用最實際的方式表達立場……當遊走社會邊緣的女人與女孩被送到她們身邊時，她們提供住所、食物與工作給這些人。」

麥卡利斯的報告在二〇一三年年初公佈，恰好與史戴芬・佛瑞爾斯的電影《遲來的守護者》（*Philomena*）碰在一起——茱蒂．丹契在劇中的演出榮獲奧斯卡獎提名。這部電影描述的是菲洛梅娜．李（Philomena Lee）的故事，她花費五十五年尋找當年被帶到美國送養的兒子，但菲洛梅娜到美國後發現兒子已在前一年去世。那些修女曾對她的兒子說，他的母親是自願拋棄他的。

愛爾蘭有太多女人在羅馬天主教會的控制下，承受許多不必要的痛苦，《遲來的守護者》重新點燃了這股怒火。後來，菲洛梅娜受邀與方濟各教宗見面，她說那次會面對她而言，是一種宣洩。「那些修女現在大概對我很眼紅了。」她在離開梵蒂岡前如此說道。在同一時間，議員麥卡利斯則持續為修女辯護。他在報告中寫道：「不當對待、體罰和虐待……並沒有出現在抹大拉洗衣廠。」

麥卡利斯的報告在愛爾蘭受到媒體廣泛的抨擊。《愛爾蘭獨立報》表示這份報告「極度可恥」，並指控政府涉及包庇真相。國際特赦組織稱之為「卑劣的行為，藉由不確實的調查來為過往的人權侵害事件做辯解。」聯合國反酷刑委員會認為這份報告「缺乏一份即時、獨立、詳盡的調查所該具備的多項要素」，並提問：「難道倖存者的證詞比國家和教會留下的記錄更次等、更不重要？」

我帶著震驚之情讀完麥卡利斯那份超過一千頁的報告書，我向議員提出採訪要求，不過他拒絕了。他現居羅馬，而他的女性發言人跟我說，他堅守該調查報告的立場。我想問他，為什麼略過那些被囚禁在洗衣廠內的故事？為什麼要輕視那數千個在圍牆內受苦的人？這份報告巧妙利用統計學來誤導真相。舉例來說，他在概述部分（在如此大篇幅的報告中，一般人經常只閱讀這個部分）提到，女人留置洗衣廠的時間中位數為廿七．六週，換算起來約七個月。然而，在第一百五十頁之後的「統計分析」則顯示平均留置時間為三年半。有許多記錄早已遺失，或者教會根本沒有記錄，因此我們無從得知真正的數據。

瑪麗．梅里特在洗衣廠內度過十四年，她說，他們應該要給她一個暢所欲言的機會。回想起與麥卡利斯議員的訪談過程，她的眼中充滿怒火。麥卡利斯為了調查報告，採訪超過一百名婦女，也收到大量的自白書。壓力團體「為抹大拉伸張正義」（Justice for Magdalenes）的律師團收集了許多倖存者描述自身受虐經歷的證詞，但麥卡利斯並沒有將這些陳述寫進報告中。瑪麗說他也忽視了她的證詞。

「我告訴他，我被關禁閉室和被強暴的事情。他完全忽略強暴的部分，試圖轉移話題，但我對他說：『我現在說的是一件非常嚴肅的事，你竟然把它當作從未發生一般的忽視它，你根本不相信我！』」結束與麥卡利斯那場令人心灰意冷的交談後，她找上愛爾蘭警察講述這些受虐的經歷，但因為事情已經過去太多年，他們也沒有任何作為。瑪麗自己也承認那只是在浪費時間，她一九五五年受暴時，神父已經中年，如今應該去世了。

這份調查抹大拉洗衣廠的官方報告，除了掩飾掉虐待的部分，更令所有倖存者、律師，以及研究愛爾蘭宗教機構的歷史學者震驚的是，它總結洗衣廠並無任何獲利。修女為了此項調查上繳的商業交易帳目，是由她們內部的會計師所準備的，從未向大眾公開；而針對洗衣廠的營運模式，會計師出身的麥卡利斯如此總結：「以維持生計，達成損益平衡為基礎，非以營商獲利為目標。」

之後，我跟另一位抹大拉洗衣廠的倖存者嘉柏麗・諾斯（Gabrielle North）見面。當年嘉柏麗的母親發現她想與男朋友私奔到英國的計畫，便跑去向神父求助。神父履行職責，將嘉柏麗送入位於利默里克的抹大拉洗衣廠。我們在前身為修道院的建築物入口處見面。「這就是我試圖翻逃的牆。」她說著指向那道環繞著修道院腹地而建的三米高牆。「以前牆頂插著鋸齒狀的玻璃，所以儘管我嘗試逃跑，最終仍然無法翻越。」她解釋道。「我當時摔了下來，現在腿上還留有傷疤可以證明這件事。」

我們漫步走過以前拘禁嘉柏麗的建築物，自庭院凝望那些鐵門。「這裡是運動場，我們可以在這裡走動。我們唯一可以做的運動，就是在這裡走走路，我忘記運動時間多長了。這裡簡直就是監獄，我記得我大多時候都是在『處罰桌』上獨自用餐，我常因為講太多話而被送去那裡。」

嘉柏麗並沒有在洗衣廠內部工作。她的工作是製作風靡一時的利默里克蕾絲花邊，她還記得訂製電話從華盛頓的白宮打來時當天的狀況。「我們受託為甘迺迪總統的第三個兒子製作受洗服裝。」嘉柏麗回憶道，「就是那個死去的小派屈克。有很多美國遊客會來修道院的工作坊，看我們工作，然後下訂單。我們販售蕾絲衣領和手帕等類似的產品。修女們絕對賺了錢。她們說沒有商業行為，但確實是有的，她們總是避談這些事。」

修女的帳目非常神祕是件眾所皆知的事。然而，某天她們的舊帳本卻出現在一個非常奇怪的地點。當時我接獲密報：四大冊以皮革裝訂，可追溯至一九五〇年代的帳本出現在利默里克的白屋酒館。當年洗衣廠關廠時，酒館老闆向洗衣廠買進大量家具，帳冊就藏於那些家具之中，他現在把它們擺在酒館的架子上做為裝飾品。

老闆相當和善，他還爬上梯子幫我拿下帳本。「想看這個的人沒幾個」，他說，「我想多數人只是樂見修女與洗衣廠的消逝。」帳冊中寫滿條目，筆跡相當整齊。客戶列表中包含個人、幾十所學院和修道院、各家餐館與飯店、火車站，還有利默里克草地網球俱樂部定期採購的紀錄。利默里克從未發生什麼嚴重的大事，因為當地的修女根本無需藉由洗衣服務賺錢。

在酒館吃過午飯後，嘉柏麗和我走到舊洗衣廠旁邊的住宅區，這些現代住宅的產權歸修女所有。草坪上有一座巨大的「基督善牧」雕像，附近鄰居指出有些老邁的前洗衣廠工人仍與修女一起住在平房裡頭。那些房屋的外面架設著監控攝影機，在我們按下門鈴時，窗戶都還是打開的。但接著窗簾猛然拉上，窗戶也嚴實關了起來，沒有人前來應門。「我知道有些認識我的修女還在這裡。」嘉柏麗說道。「十七歲的時候，我曾問過她們為什麼要監禁我，現在我還想再問一次，但她們什麼都不會說。」

這些修女拒絕談論任何事，也無需償付任何代價。愛爾蘭政府為過去洗衣廠的工人，發起一項金額達數千萬歐元的賠償計畫，以往這些修女利用倖存者賺錢，但如今最受關注的四個分支教會卻全部拒絕捐款。她們對於過去可能造成的傷害感到「後悔」，但並不打算出錢。對此，愛爾蘭政府感到「失望」，並表示與修女的協商「正持續進行」，但沒有人懷抱太大希望。

我到科克郡的《愛爾蘭觀察家報》（*Irish Examiner*）拜訪克萊兒・奧蘇利文（Claire O'Sullivan），觀察家報是愛爾蘭少數幾家曾利用資訊自由法調查修女財務的報社。克萊兒怒不可遏。「這些修女是非常狡詐的商人，她們處理錢的手段很高明。這四個分支教會富有的程度令人難以置信。」她說，「愛爾蘭經濟起飛那段期間，她們賣掉價值三億歐元的地產。二〇一二年，他們的資產約有十五億歐元。她們把錢交給信託公司，並直截了當拒絕將任何一個子兒投入抹大拉洗衣廠的（賠償）計畫當中[1]。」

現今的愛爾蘭有意營造一種現代、非宗教國家的形象，但其政府菁英顯然仍受羅馬天主教廷的束縛。奧蘇利文指出，麥卡利斯那份報告總結修女未曾自洗衣廠獲利，這意味著即便她們不參與賠償計畫，也不會承受太多壓力。「自從愛爾蘭自由邦建立以來，天主教會與政府始終串聯在一起。」她說，「兩者從未分開過，而且政府內部也沒有任何機構能有效制衡教會。」

相反地，愛爾蘭人民正在遠離教會。二〇一五年五月的公投顯示，愛爾蘭共有六二%的人民支持同志婚姻。都柏林總主教迪爾姆德・馬汀（Diarmuid Martin）坦承他對此結果深感困惑。「這些投贊成票的年輕人大多都是從我們十二年制的天主教學校系統出身的。我必須說，教會在傳遞理念上遭遇了巨大挑戰。」已經太遲了。近幾年爆發的諸多醜聞都有愛爾蘭天主教會牽涉其中，不僅只有未婚女子與小孩遭受不當對待，還有可怕的神父性侵幼童事件，以及教會當局後續的包庇和隱瞞。現在，只有不到二〇%的人會上教堂望彌撒。

一九二二年，愛爾蘭政府把社會問題移交給教會處置，當時有九三%的人口積極參與天主教事務。愛爾蘭只花費一個世代多一點的時間，便掙脫政教合一的枷鎖，但在這個尊重民意的時代，想完成法律改革勢必得花更多時間；最近在一九八三年，有三分之二的人民投票反對墮胎合法化。愛爾蘭共和國的女人仍然無法擁有安全的墮胎管道，因此每年有將近四千名愛爾蘭女人到英國去行使身體的自主權。在全民投票支持離婚與同志婚姻合法化之後，墮胎是她們的下一道關卡。

瑪麗・梅里特受困十四年，她在二十七歲那年離開洗衣廠。「工作量愈來愈少，他們開始讓一些人離開洗衣廠。」她和其他上千名洗衣廠的前員工一樣，離開愛爾蘭逃到英國。她在西倫敦的乾洗店工作，直到與丈夫比爾相遇之後才開始經營自己的事業。

瑪麗有從政府的計畫中獲得賠償，但她仍然相當憤怒。「她們奪走我的人生，奪走我的人權，奪走我的頭髮，奪走我的衣服，奪走我的名字，最糟的是她們也奪走了我的女兒。」她多次回到那家迫使她放棄女兒的「母親與嬰兒之家」，懇求她們告訴她女兒的行蹤，她們

1　其中兩個分支教會聲稱他們沒有資金可以參與賠償計畫。

都拒絕了。

一九九九年，瑪麗在英國收到一封社工寄來的信。她的卡梅兒找到了她，希望可以跟她見面。「這到底是怎麼回事？」瑪麗說，「我一次次跑去請修女告訴我女兒在哪裡，她們都拒絕回答，跟我說她們也不知道。然後英國的社福機構只是寄一封信，她們就把所有知道的訊息都告知對方了！」瑪麗飛回愛爾蘭與女兒見面，她帶女兒去高園洗衣廠以及她出生的那所「母親與嬰兒之家」，並向她說明她的身世故事。

與我們一起停留愛爾蘭時，瑪麗和卡梅兒約在格拉斯涅文的一家咖啡館見面，這僅僅是兩人的第二次碰面。瑪麗找到了一張兩人的合影，那是她被迫拋棄女兒之前，即將回洗衣廠工作時，機構裡一位好心的護士幫她們拍下的照片。畫面中的瑪麗，還只是一個二十五歲的年輕媽媽，臂彎裡抱著卡梅兒。「你是個可愛的寶寶，」瑪麗說，「聽著，我可是很嫉妒你有一頭金髮！」卡梅兒情緒非常激動。「我一定會好好珍藏這張照片，」她說，「一回到家就要馬上裱框起來。」鄰桌的客人傾身聽著這兩個女人——一個八十多歲，另一個六十多歲，一邊談話，一邊啜泣。

「你不會怪我吧？會嗎？」瑪麗不安地問卡梅兒。「當然不，當然不。」卡梅兒淚流滿面地說。卡梅兒目前處於第二段婚姻之中，她在都柏林經營一家商店，某次意外發現自己是個被收養的孩子後，便開始尋找母親，接著，她又發現自己也是愛爾蘭那段悲劇歷史的受害者。「這些事真的很難放下。」與母親道別時，她這麼對我說。

臨別之前，瑪麗與我回到墓園，她想跟她的朋友瑪莉・布里哈尼再次道別。走近墓地時，我們聽見挖土機施工的聲音。他們正在整理一處新墓地，因為隔天將有洗衣廠的前工人安葬於此，就在埋葬布里哈尼那座大型墳墓的旁邊。儘管高園洗衣廠已於一九九一年關閉，但許多女工早已被體制化，她們在洗衣廠關閉後仍無法脫離修女的「照顧」。墓碑記錄著每個人的埋葬時間——瓊恩・歐萊禮葬於二〇一二年、瑪麗・萊恩葬於二〇一三年、莎莉・多爾蒂葬於二〇一四年。沒有人知道究竟有多少人從未自修女手中逃離。

瑪麗離開墓園後便前往機場，準備飛回英國。「還是太遲了！」她爬進計程車時如此說道。除了與女兒見面之外，她痛恨回愛爾蘭。「我要的只是一個道歉，」她說，「修女、神父、政府、教宗，任何人都行。在我死前我要得到一個道歉。」

第四章

沙烏地阿拉伯

——世界上最大的女子監獄

「跟我來，你不會相信這種事。」黎姆．阿薩德（Reem Asaad）說道。她近來剛停止為女兒哺乳，想買一件新內衣但不確定自己的尺寸。她帶我到利雅德（Riyadh）市中心一家販賣婦女貼身衣物的商店，在內衣貨架前皺眉說道：「你看。」開口的同時，一名巴基斯坦籍男店員上前詢問我們是否需要幫助。「我需要女性店員。」她對男人說，「因為我要測量胸圍。」「很抱歉，女士。」店員說，「我們沒有女性店員。」她買下三件內衣，帶著它們搭乘手扶梯往上四層樓到公共廁所試穿。三件都不合身。她退還那些內衣，又再買三件，重複這個流程四次之後終於找到合身的內衣。

就她的觀點，買內衣遭遇的困難，體現了沙烏地阿拉伯對待女性的荒謬，此為世界上唯一一個禁止女性開車的國家。除非有親戚關係，否則男人和女人不准交際往來。女人不能在商店裡工作，因此貼身衣物專賣店的櫃檯人員是男人。「要我們怎麼買內衣褲呢？這些身體上的細節和尺寸對朋友都不太會提了，何況是對陌生的男子。」

黎姆承認買內衣確實只是小事，並非重大的人權議題，但是做為一位女性主義者、社運人士，在沙烏地阿拉伯這個女性處處受限的國度，「你必須從某個地方著手。」她說道。她是投資分析師、經濟專欄作家，也在吉達（Jeddah）的達錫克瑪大學擔任財金學和管理學講師。已婚，育有兩個女兒。她穿著強制性的黑色「阿芭雅」長袍，沿賣場長廊快速朝我走來，我從她唯一露出的臉上看出她是一個相當自信，也非常美麗的人。

那些激進的穆拉[1]的工作是確保女性遠離非家族成員的沙烏地男人，在他們心中，這比女人在商店被陌生男人測量胸圍更加重要，也或許因為這些男服務員都來自東南亞，根本不能算是真正的男人；事實上，他們看起來跟女顧客一樣不自在。歡迎來到荒誕的沙烏地阿拉伯王國！

我與黎姆的這場購物歷險記發生於二〇一一年，她投入社會運動的第三年。「事情必須有所改變。女性內衣褲由女性販售是再自然不過的事，其他可能都不成立。」她說，「這個想法是最完美的」她組織臉書社團、經營部落格，並號召請願找來消費者共同抵制沙烏地的貼身衣物商店，也獲得生產貼身衣物的國際廠商金援。」

數千名沙烏地女人響應此項運動，同時獲得外商公司以及社運分子的大力支持。伊斯蘭教神職人員反對，他們警告：讓女人到外面的商店工作等同於鼓勵她們違抗丈夫，最終將損及國家道德良知。最終由理性的一方勝出，阿布杜拉國王對七千三百名在貼身衣物商店工作的男性發布禁令，為沙烏地的女人創造超過四萬個工作機會。

我喜歡黎姆，不喜歡大賣場。如果是在正常的國家，拍攝工作結束後我們會到咖啡店或小餐館閒話家常。然而沙烏地阿拉伯是個不正常的國家，兩個女人單獨走在街上或上餐館吃飯，會招來不友善的目光。對女人而言，出門等同於到賣場購物，司機就在賣場外面等候；女人只能在往返途中，透過深色的車窗理解外面的世界。

1 譯注：穆拉（mullah），伊斯蘭世界對受過神學和法學教育等學者的敬稱。

我們和黎姆的坐車與司機會合後，她邀請我跟她一起回家。她的家是附有電梯的兩層樓樓房，就沙烏地標準而言，算是相當低調。她丈夫身材高大，態度親切，父親是沙烏地人，母親黎巴嫩籍，這或許正是他能對女性持有開明態度的原因。他顯然以妻子為榮，在沙烏地男人中相當罕見；進行採訪時，他也樂於照顧兩個女兒。

「如你所見，我們並不富有。」她說道。做為學者，她的薪資並不優渥，丈夫則是會計師；他們有能力各自發展職涯，只是她必須僱用司機，這筆費用占去薪資很大一部分。「沒有大眾運輸系統，是這裡的女人無法工作的另一原因。而且女人不被允許開車。」事實上，若非有私人司機，她在丈夫外出工作時，根本無法離開家門。

黎姆坦承，她雖然成功為女性爭取到貼身衣物商店的工作權，但只要那些窮困的女性沒能得到這些機會，其實並沒有實質幫助。國王或許為女性創造了四萬個工作機會，但除非國家的基礎建設能有所突破，否則女性根本沒能力申請這些工作。接下來，她要爭取的是安全的大眾運輸系統，讓女人不需再依賴私人司機。之後，她還要再為有孩子，但仍想工作的女性爭取日托中心。黎姆肯定，唯有工作，能自家庭中解放出數百萬女性，對多數人而言，家等同於監獄。

一般沙烏地男人如此辯解：女人在奢華的家中「養尊處優」，有菲律賓女傭服侍，還有巴基斯坦籍司機載她去賣場購物。「為什麼女人想要工作？」他們問道。唯有工作能激發智力，增強自我認同，伴隨個體與財務的獨立——這些特質在沙烏地男人眼中是場夢魘，因為他們的職責是控制家中的女性成員。黎姆說的沒錯，沙烏地阿拉伯需要基礎建設以送女性外出工作，但前提是她得先掙脫傳統教育的束縛。

每一位母親都是女兒的示範。我跟我的女兒講過無數次相同的話，女人和男人是平等的，沒有任何事能限制一個女人的成就。沙烏地女孩看見母親服從家中男性成員的命令，像個小孩那樣，做任何事都備受限制，她們的自尊心和自我價值從出生那一刻就受損了。也因此，黎姆．阿薩德和其他沙烏地女權運動分子突破傳統禁錮的勇氣，才更令人欽佩。然而，其他幾百萬名的女性不敢這麼做，更令人難過的是，她們的女兒會仿效她們的行為。

在沙烏地阿拉伯，性別隔離的擁護者宣稱此運作體系奠基於可蘭經的釋義及先知的教導，也就是伊斯蘭教教規。反對者反駁此為錯誤詮釋，並以穆罕默德的生平支持他們的論點——穆罕默德的第一任妻子海提撤（Khadija）是年長的權威女士，她是穆罕默德的雇主，要求穆罕默德與她結婚；而他另一任妻子阿伊莎，曾在西元六五六年的駱駝之戰中指揮軍隊作戰——並引述先知所言：「你可以對你的女人行使你的權利，你的女人也可以對你行駛她的權利。」

然而，神職人員將先知穆罕默德的口諭導向仇恨女性的論點，使得沙烏地阿拉伯女性喪失許多基本權利。沙烏地阿拉伯極具勢力的少數派——瓦哈比教派宣稱，他們的任務是復興穆斯林最原初、最純潔的信仰，在那樣的信仰中，女人是罪惡的化身。這些極端保守的瓦哈比教神職人員，對統治國家的紹德王室握有一定程度的影響力，沙烏地阿拉伯女人遂成其受害者。

兩者間的淵源要回溯到十八世紀的協議。當時紹德王朝的建立者紹德（Muhammad ibn Suad）正欲征服阿拉伯地區，教士瓦哈比（Muhammad ibn Abd al-Wahhab）承諾提供援助，但要求紹德確保他那刻苦的嚴謹信仰得以流傳。二百五十多年來，此協議從此為生活於這片土地上的女性招致災難。二十世紀後，這個地區改稱沙烏地阿拉伯。

瓦哈比主義將女性視為未成年人，或心智不健全的人。女性做任何事——包括出門、接受醫學治療、開銀行帳戶、報名進修教育和旅行，都需獲得男性監護人的許可。監護人可在任何年齡嫁掉她們，假如女人離婚但家中沒有父親或兄弟，在行使上述權利時，就得向仍是青少年的兒子請求許可。

正是這種排斥和從屬性致使女人處於異常脆弱甚至受虐的處境。沙烏地政府近來頒布一項嚴禁家暴的改革法案，但沒有指導女人如何使用這條法令。她們無法獨自前往警察局。一個受丈夫虐待的婦女，必須要求丈夫開車載她到警察局才能舉發他。這種事不可能發生。

高階瓦哈比教士表示，嚴厲執行性別隔離政策的基本動機有二：保護女人免於潛在性的墮落，另一原因則為「女人缺乏行為能力」。意指假如讓女人自生自滅，這個淫慾物種必然會出現不良行為。美德推廣與邪惡預防委員會（The Committee for the Promotion of Virtue and the Prevention of Vice），或稱道德警察（Mutaween）負責監督執行隔離政策，教育女性服裝儀容，與保守分際之禮。他們對自我使命非常狂熱，因而在執行任務時可能引發致命性的後果。

二〇〇二年，一群道德警察阻止十五名女學生逃離火場，只因她們衣著不整。當時火焰和濃煙已擴散迫近女生宿舍窗戶，她們只得即刻逃跑，根本沒時間換穿長袍。然而道德警察卻以沒有遵守服儀規定，迫使她們回去，最後女學生全數被燒死。之於道德警察，一個女孩的端莊比之於她的生命來得重要。儘管如此，阿布杜拉國王在一年後，仍提高道德警察預算至每年四億美元。

女性開車禁令也由道德警察負責執行。事實上，沙烏地阿拉伯法規並無禁止女性開車，它純粹是一道宗教命令。世俗法規與宗教命令之間的界線並不明確，一九九一年的六月，五十位女性為了試水溫將車子開進利雅德市區。隨後全數遭到逮捕。為了澄清此項爭議，前任大穆夫提[2]阿布杜拉齊亞（Sheikh Abdulazia）發布裁決禁止女性開車，他的說法是，女性開車將使兩性更容易結合，進一步造成社會動亂。

沙烏地教士羅海登（Sheikh Saleh Al-Lohaiden）在二〇一三年進一步補充另一理由，他說女性開車會對生理造成負面影響，「功能性醫學與生理醫學研究顯示，開車會影響卵巢功能並推擠骨盆前傾。我們發現定期開車的女性生育時出現各種不同程度的臨床症狀。」假如這不是蠢話，也可算是極其可笑了。此一狀況與我在甘比亞面對的伊瑪目相同，這些男人要

2 譯注：穆夫提（Mufti）在伊斯蘭教意指精通伊斯蘭法的「宗教學者」，大穆夫提（Grand Mufti）是一個官方職位，可視為國家的宗教領袖。

是只專研在他們擅長的事——研讀經文——會是不錯的主意。

將沙烏地阿拉伯貼上「世界上最大的女子監獄」名稱的人是記者瓦吉哈．胡艾德（Wajeha al-Huwaider），她同時也是為女性爭取工作權和開車權的社運人士。她拿女性在阿拉伯國家的處境與關達納摩監獄（Guantánammo）的囚犯相比。她說，後者至少能見到陽光，且有獲釋機會，沙烏地阿拉伯女人「沒有加入恐怖組織，沒有傷害任何人，卻終身如囚犯般遭受拘禁。」二〇〇八年，她於Youtube張貼自己開車的影片。當年稍早，她寫信向阿布杜拉國王陳情，希望國王撤銷限制女性工作與開車權等規定。此後，她便不斷受到政府當局騷擾。

二〇一一年，一名女子傳簡訊給胡艾德，表示自己與小孩被丈夫鎖於房間之中而且沒有食物。胡艾德與一名社運夥伴開車前往女子被監禁的房屋，卻於半途遭警方攔截逮捕——她才醒悟簡訊只是一場騙局。她被指控「在沒有男人的認可下提供妻子幫助，破壞婚姻。」二〇一三年，此案開庭審理，胡艾德遭判處十個月徒刑。

自從讀到胡艾德將沙烏地阿拉伯比喻為一座巨大女子監獄的評述，我便決定採訪這個國家。準備報導一個國家駭人聽聞的人權侵害事件時，我一般會祕密進行——他們通常對媒體懷有敵意。我曾以「居住於倫敦北部，兩個小孩的母親」的遊客身分造訪許多凶惡政權：前蘇維埃聯邦、希奧塞古政權下的羅馬尼亞、軍事政權統治的緬甸、被中國占領的西藏，以及近期內戰中的敘利亞。

女性身分對採訪有極大助益。對那些認為女性主義者作風應該更加強硬的人，我要說聲抱歉，面對到配槍的男人時，我會毫無顧忌地運用情感攻勢，一面崩潰大哭，一面拿出小孩的照片——碰上生命威脅或難以脫身的狀況時我就這麼做，至今每一次都成功。

然而，除非跟數百萬名朝聖者一樣每年到麥加或麥地那朝聖，否則你沒辦法以遊客身分進入沙烏地阿拉伯。沙烏地阿拉伯沒有適合非伊斯蘭教徒的旅遊產業。畢竟，誰會想去一個交通壅塞，只有大賣場和沙漠的地方旅行？就算是在紅海的白沙灘，女人仍被隔離，而且還得緊裹著黑色長袍。

為了取得官方入境許可，我多次造訪位於倫敦梅費爾（Mayfair）的沙烏地阿拉伯王國大使館；當局新聞官指示我聯絡負責女性事務的大使達尼許・伊勒姆博士（Dr. Danish Elham）。我的造訪令她非常吃驚，因為從來沒有記者要求進入沙烏地王國報導女權議題。

女性事務代表需要負責處理哪些工作？我問她。她透露，阿布杜拉國王親自將她調至倫敦，是為讓她處理多起駐外大使妻子的自殺事件；這些大使的妻子遭囚於奢豪的住所之中，她們語言不通，無法工作，也不能陪同丈夫到英國各地旅行或參與公開活動。這些女人選擇從騎士橋公寓頂樓往下跳的心情不難理解，她們尋求的是解脫。「國王非常關心這件事。」她向我保證。

我說，我想要拍一部影片記錄沙烏地王國近期最令人振奮的女性解放進展。阿布杜拉國王最近指派一名女性諾拉・賓・阿布杜拉・法耶茲（Norah bint Abdullah al-Fayez）為教育部副部長，負責掌理女子教育相關事務的新部門。我向伊勒姆博士表達採訪意願，並發現她主持會議時須坐在一道簾幕之後，因為與會的都是男同事。假如法耶茲同意採訪，我和攝影師大概也必須坐到簾幕另一端才行。我想，這幅畫面將帶給電視機觀眾無法抗拒的魅力。

儘管辦公時有所限制，但指派女性擔任部長這個舉動，在二十一世紀的沙烏地阿拉伯已經是很大的進展，阿布杜拉國王也被人民讚頌為改革者。然而，高階神職人員批評這項做法，他們認為增進女性教育程度等同國王鼓勵她們「拋棄持家、育兒等基本義務」而去做「妝點外表和放縱的事」。沙烏地教士對女性的歧視顯然毫無理性，而且沒有極限。

遍尋所有擔任公職的沙烏地女人後，我發現這類人通常在國外受過教育，並且和王室家族有所連結——例如費薩爾公主（Princess Loulwa Al-Faisal）。費薩爾公主是阿布杜拉國王的表親，她被讚譽為爭取女權的勇者。不過，正當我以為自己找到能一起討論沙烏地阿拉伯女權運動的對象時，我失望地讀到費薩爾公主曾這麼說道：「穆斯林女人應獲得『公平的待遇，但不需要擁有和男人完全相同的權利。』」

我列出採訪名單交給伊勒姆博士。她看起來相當困惑，態度冷漠，我懷疑這項請求自始至終都沒有轉達到我想要訪問的那些女士身上。伊勒姆博士一再取消會面安排，她的助理寄來大量電子郵件表示她身體不適，要不就是臨時有緊急會議。（倫敦真的有這麼多大使自殺的事件？）不過，我最終還是把他們累慘了。三個月的期間，我每週拜訪大使館，到後來，我的出現和堅持變成令人討厭又為難的存在。我相信他們把簽證發給我和攝影師，只是為了盡快擺脫我。

歷經這番折騰，我終於搭上前往沙烏地航空的班機，自倫敦希斯洛機場飛往吉達。飛機上有些歐洲人，主要是油商，還有倫敦常見的那種阿拉伯人——商人與包裹長袍的妻子，手上提著會大量堆在哈洛德百貨以及瑪莎百貨貼身衣物販賣區走道的購物袋。

飛機上還有一些年輕女人，身穿亞曼尼牛仔褲與周仰傑設計的細高跟鞋。就她們而言，倫敦的求學生活是一生中最自由的日子。她們大多擁有國際駕照，回到家鄉卻不能開車。她們即將回到「世界上最大的女子監獄」接受安排好的婚姻與居家監禁的人生。

令我訝異的是，許多沙烏地領導階層的家庭，會讓女兒到國外受教育，例如「世界上最大的女子監獄」這個詞彙的發明者胡艾德就曾在美國念書。這必然會引發麻煩並衍生革命性思想。胡艾德說，去美國之前，她知道自己是一個人類。「然而，到了美國才有真實感，我終於得到人一般的對待。我領悟到人生沒有自由便毫無意義，因此下定決心成為真正的女權運動者。我要為我國家的女人爭取自由，讓她們體會活著的感覺。」

最近我剛讀完作家拉婭・奧薩尼亞（Rajaa Alsanea）的新書《利雅德女孩》（*Girls of Riyadh*），內容描述的便是這些年輕女人的故事。這本書的書封文案寫著「愛與慾，男人與金錢，一部破除禁忌，深入慾望城市的暢銷作品」。聽起來像是一本尋歡作樂的記錄，關於藥物、性愛，以及這座世界上最不真實的城市中的放蕩生活。實際上，它是我讀過最令人難過的一本書。

本書改編自真實故事，內容描述甘菈、拉蜜斯、蜜雪兒和薩蒂姆等四名年輕女人在利雅德的生命故事。這些女人以及她們的男朋友大多曾經出國留學，他們知道外面世界的模樣；在那裡男性和女性是平等的，所有年輕成年人的獨立意志都能獲得尊重。然而，他們發現自己必須在世界上最食古不化，最厭惡女性的國家戀愛、結婚、生育小孩。

其中，薩蒂姆的故事最令我感傷。薩蒂姆和瓦里德在雙方家長的安排下訂婚，所幸初次見面兩人對彼此就有了好感。他們到官方機構填寫正式的訂婚文件。薩蒂姆是大學畢業生，她對於自己無權簽署文件表示抗議。「乖女孩，」她的阿姨說道，「趕快蓋上手印就算完成了。酋長說蓋手印就好不用簽名，只有男人才需要簽他們的名字。」

情侶訂婚後，直到真正的婚禮舉行之前的階段稱作「米爾卡」（milkah）。這段期間他們可以一起上餐廳，在家看電影，一個親在臉頰上的貞潔之吻可以進展到熱情的親嘴。不過瓦里德一直顯得迫不及待，因此有天晚上，薩蒂姆容許他跨越那條「她為兩人畫下的界線」。

原本一天打十幾通電話的瓦里德突然一聲不響。薩蒂姆為此擔憂不已。出了什麼錯？意圖跨越界線的人不是他嗎？還沒舉辦真正的婚禮，缺少「舞會、賓客、現場演唱的歌手和晚宴」，因此他還不算她的丈夫？男方的親友捎來訊息，瓦里德表示她已經不適合做他的新娘，因為她打破沙烏地嚴格的道德準則。後來瓦里德娶另一個人為妻，但薩蒂姆受創的名譽已經無可挽回。

太殘酷了！薩蒂姆一生都被教導服從家族男性成員。她和即將成為丈夫的男人交往，也服從這個男人的要求；瓦里德是握有權力的男性，而薩蒂姆只能順從他的引導。然而，性行為因他的挑逗而發生過後，他卻認定女方不值得信任，不是一個忠誠順從的妻子，沒辦法將他們的孩子教養成好的沙烏地阿拉伯人。她像個妓女般被他棄而不顧。

擴音器傳來機長的聲音，提醒我們飛機即將於十分鐘後降落吉達。我正是在這個時間點想起了薩蒂姆的故事，同時飛機上的年輕女人全站了起來。她們一面伸手拿取貨架上裝有長袍的行李袋，一面盡情展示身上的緊身牛仔褲與喀什米爾羊毛衣。幾分鐘後，她們從講究時髦的現代女性變成一大團黑色的暗影，美與個性全數隱藏起來。

我穿上長袍，暗讚自己的智慧。我沒有安排任何官方採訪，因此抵達沙烏地阿拉伯之後不會有政府的監督員看管我們。最後我發現自己失算了。攝影師東尼・喬里夫（Tony Jolliffe）與我帶著全套攝影器材降落機場，移民局和海關人員都不知道該怎麼應付我們。

他們看起來相當困惑，因為我們兩人持有官方記者簽證，卻沒有新聞局指派的監督員到機場確認身分、陪同並監視。我們被帶到等候區，他們同時致電利雅德，問題是凌晨兩點鐘根本沒有人接電話。看似我們即將度過一個漫長又不適的夜晚。

說起來對東尼很抱歉，因為我做了一件獨自前往類似國家時會做的事：坐在機場地板大哭。我一面抽泣流淚，一面表達我的驚愕之情。我說我在倫敦沙烏地大使館受到親切溫暖的歡迎，現任大使，王室成員之一的納瓦夫王子（Price Mohammed bin Nawwaf bin Abdulaziz

Al Saud）甚至親自接待我。「善良的王子給我簽證，祝福我到你們國家一切順心。」我對一臉不可置信的官員撒謊，「然而，你們卻這樣對待我？」接著我們立即獲釋。

據我所知，我們是史上第一組沒有監督員陪同進入沙烏地阿拉伯的拍攝團隊，我立刻善用此項優勢。當務之急是購買新的長袍，原本的長袍是向一位BBC朋友借的，只是為求順利降落在吉達機場。

我在商店內的長袍展示區到處翻找，最終視線止於一件惹眼的粉紅長袍之上。「不！」孟加拉籍男店員警告我。「那件是臥房專用的！」他拿給我大眾較能接受的黑色長袍，但我仍找到其他較具魅力的款式：淘氣的海軍藍，以及魅惑的棕色。後續發生的事，使我想起黎姆正積極對抗的荒謬政策。我穿上長袍，那位男店員開始指導我如何調整領巾與頭部周圍多出來的部分，他小心翼翼地將它們收攏到我的下巴下方、環繞著包住我的肩膀，同時將我披散在外的頭髮藏得服服貼貼。

在這個禁止異性彼此接觸的國家，他與我之間的距離與碰觸令人感到相當矛盾。當然，他是一個孟加拉人，以沙烏地的標準而言不能算是真正的男人。基於同樣的理由，即便女人經常由亞裔司機接送，也不會引起丈夫太多猜疑。那些激進的穆拉顯然認為只有沙烏地男人需要遠離女人的淫慾和「低能」。我在接下來的旅途中發現自己也不能算是真正的女人。

我聯繫上一位前電視台主播法德娃·塔雅芙（Fadwa Al Tayaf），她現在是一名社工、社運分子。我請她帶我到城市中外國人較少涉足的區域，也就這個世界上最富有的國家的貧民窟。走在貧民窟狹窄而塵土飛揚的街道上，身著白色索布[3]的男人晃蕩於巷弄，女人則包裹黑長袍，宛如無名鬼魂般在背景中來去。

彎身穿越一道拱門，我們進到一座由泥造房屋圍成的迷宮之中。法德娃想介紹給我認識的許多人都在這裡——沒有身分的女人，沒有男人的女人。沙烏地的女人在男人的掌握下受苦，她解釋道，但沒了男人，她們的處境更加危險。

我遇見了寡婦法蒂瑪，她因糖尿病臥床不起，病況需要藥物治療才控制得住，但她求助無門。她的生命中沒有男人，因此無法到醫院或相關單位尋求協助。她是囚禁於自家的犯人。法達娃給她食物，但缺少那「不存在的男人」的允許，法蒂瑪不能接受。她即將因為缺少男人而死亡。

接著我們到鄰房與擁有四個女兒、四十多歲的離婚婦女娃里法見面，娃里法來自葉門，沙烏地籍丈夫為了另一個女人離開她。身為移民者，她沒有父親、丈夫或兒子可以求助，只能仰賴鄰居的施捨過生活。娃里法自屋內喚來四名女兒與我致意，她們的年紀介於十四到二十歲之間。

女孩們身裹長袍，掩住羞澀臉龐，只露出一對悲傷的眼睛。她們全是囚犯。若無男人允許，她們不得出門、上學或工作。「我每天都在祈禱，」娃里法說，「祈禱能有好男人來跟

3　譯注：索布（thobe），阿拉伯男人穿的傳統長袍。

她們其中一人結婚。」然而，怎麼可能？我自問，男人如何能找到囚禁於這座無形監獄中的她們？自生於沙烏地阿拉伯的一刻起，她們已然遭到命運所遺棄。

她們的處境令我震驚。這類事件沒有被廣泛報導，初抵沙烏地王國時，我的採訪拍攝清單也不包含這些沒有男人的女人。更令我吃驚的是，仇恨女性的男教士訂下這些規矩用以掌控女人的生命，竟然還有女性表態支持。蘿達・尤瑟福（Rawda al-Yousef）創辦了一個名字相當荒謬的運動組織「我的監護人知道什麼對我最好」。她激起我的好奇，我因此誠摯地提出見面的邀請。

尤瑟福的公寓，位於利雅德一處時尚的富人社區。菲籍女傭帶領我們走進漆黑的客廳，客廳內擺放大型皮革家具與大量玻璃與黃金飾品。原先我預期自己即將看見的是妝濃、髮型誇張、講究穿著並擅於賣弄風情的女人——在我偏狹的想像中，以被男人溺愛、控制為樂的女性，大概就是那個模樣。

令我吃驚的是，尤瑟福是個身材矮胖的中年婦女，她平凡的外貌與那非比尋常的想法形成強烈對比。她主張沙烏地阿拉伯是「理想純淨的伊斯蘭國家」，儘管受到西方價值觀威脅，她認為女人仍應謹守傳統賦予她們的角色。此一理念為她贏得王室家族與高級神職人員的青睞。

她請我喝茶，接著播放她相當引以為豪的自製影片。影片中的女人身穿飄逸的絲綢長袍，謙敬地四處漫步；她們以崇敬而無助的眼神看向那些肌肉發達、充滿英雄氣概的監護人。畫面宛如一部完美的史詩故事：大理石皇宮、火炬熊熊燃燒，手持武器、胸肌鼓脹的男人成排站立。

這部十分鐘的影片定期會在電視上播出，播出前通常會有前導影片——尤瑟福坐在神情肅穆的伊瑪目身旁，進行一段宣揚監護人制度的談話。她為了推廣影片還加上英文字幕。儘管譯文品質令人難以忍受，但影片傳達的訊息相當明確：女人軟弱、愚昧、容易受傷，需要依賴他人。女人想要存活的唯一希望，就是緊緊跟隨監護人，而監護人是誰並不重要。對離婚的尤瑟福而言，她的兄長必須扮演這個角色。

為了抑止自己對這名女性的叛徒發火，我將指甲深深扎入手掌中，盡可能在採訪過程中表現得體。我們以爭論不休的開車議題開場，她認為這是個沒有必要討論的現實狀態。「我們是部落社會，還沒準備好讓女人開車。」她解釋道。「如果開車時出意外怎麼辦？」她問，「沒有監護人陪伴，她如何去醫院或警局？她甚至可能因此被送進監獄。監護人是在保護她免於這種遭遇，這就是不能准許女人開車的原因。」那麼，黎姆・阿薩德想要幫助的那些女人又該怎麼說呢？她們不能工作，只因為她們沒辦法前往工作地點。「假如她們無力負擔私人司機，怎麼會有能力買車？」

法德娃帶我去採訪的女人呢，她也因為無法獨自離家就醫而可能死亡？那些囚禁於「沒有男人的女人」的貧民窟裡的女孩呢，她們因此永遠沒辦法受教育、工作、結婚？尤瑟福以布萊克奈爾夫人[4]式的蔑視草草了結話題，她似乎認定這些人是因自身疏忽才會陷入困境。「沒有監護人的女人本來就無法生存，如果她們沒有監護人，那一定是她們自己有問題。」她把錯誤歸咎在她們身上。

「這個國家大部分的人都支持我的觀點。」她吹噓道。「保守主義者和溫和派的人都支持我，而我認識的自由主義分子只是為別的女人爭取自由，他們自己的妻子還是乖乖待在家裡。」

她的觀點真的受到多數人民的支持嗎？我們難以確定。二〇〇七年，一次蓋洛普民調顯示，有六六％的沙烏地女人與五五％的沙烏地男人認為應該准許女人開車。同一項調查還表明，超過八〇％的沙烏地女人與七五％的沙烏地男人認為女人應該受准任職適合她們的工作。

我認為重點在於詢問的對象。二〇〇六年，沙烏地政府的民調顯示，超過八〇％的女人反對解除女性開車的禁令。更近期的一次調查舉行於二〇一三年，執行者是任職於麥加烏姆古拉大學（Um al-Qura University）中優秀的利斯女子學院（Al-Lith College for Girls）的一名女性講師。她聲稱，約有超過八〇％的年輕學生認同女性行車禁令。這些年輕女人來自享有受教權的階層，報告內容引述其中一人所言，她說女人沒有開車的必要，因為在沙烏地阿拉伯這個國家，「每個女人都像王后，永遠都有人關愛她。女人不需要任何東西，只要有個愛她的男人滿足她的需求就夠了。」

令人難過的是，當我離開女權運動者的聚集地，進入沙烏地一般人民的生活範圍時，我發現他們的想法確實跟這位年輕女性一樣。起初在吉達，我身邊沒有政府監督員，很容易就能接觸到勇於表達異議的女性，例如黎姆．阿薩德、瓦吉哈．胡艾德和法德娃．塔雅芙等人。吉達是一個相對開放自由的城市。然而，前往保守的利雅德後，政府逮到了我們，並指派一名監督員前來陪同。

奧馬無法理解為什麼我如此關注女性事務與非主流理念，因此他除了將蘿達．尤瑟福介紹給我們認識之外，幾乎沒有任何協助意願；而介紹尤瑟福也只因她極端保守，是個能夠傳達官方理念的人。奧瑪跟多數沙烏地人一樣，對辛苦的工作沒有興趣。在沙烏地阿拉伯，三十歲以下的年輕人有三分之一處於失業狀態。政府堅決要求境內的外商公司必須雇用更多沙烏地人，外商老闆則抱怨願意認真工作的本地人難以尋獲；在這個國家，有太多家庭只要仰賴那似乎源源無盡的石油便能毫不費力地致富。

多數擁有職業的男人都為國家工作，奧瑪也不例外。他向我吹噓自己的家族多麼富有，顯然不太喜歡新聞局這份工作。奧瑪每天早上十一點到飯店大廳與我和攝影師碰面，並要求五點下班。這件事正合我意，如此一來，我就能在與奧瑪一起工作的正規時間之外，去拜訪持反對意見的人。

4　譯注：布莱克奈爾夫人（Lady Brcknell），愛爾蘭作家王爾德知名劇作《不可兒戲》（The Importance of Being Earnest）中的角色。

某天傍晚，他提出一項意料之外的想法。為了讓我們了解女人的無足輕重，他決定帶我們去旁觀這個國家的決策過程。不久之後，我發現自己位於一處牆壁漆成白色和金色的巨大房間之中，大型水晶吊燈閃閃發亮，我雙腿交叉坐在厚實的紡織地毯上，倚靠著繡花靠墊，五十五名中年男子環繞在我的身邊。

即便在利雅德，地方政府的組成仍奠基於部落傳統。地區族長每週會在他的家中召開會議，與信得過的男人共同討論地方重要事務。會議從這些穿戴傳統沙烏地索布與頭飾的決策者的祈禱展開，接著商議衛生和教育問題，最後他們指派一位新的伊瑪目到當地清真寺任職。

當然，我是房間內唯一的女人。當晚正式議程結束後，部落族長法伊茲．馬希德朝我的方向點頭，示意他已經準備好回答我的問題。我開門見山問他：「為什麼現場沒有沙烏地女人？」他驚訝地揚起眉毛，態度像在應付一個智能不足的孩子，他回答：「這是我們的習俗，我們的傳統，而且，為什麼女人應該出現在這裡？為什麼她們應該加入我們？」

因為女性占有一半人口，她們應該擁有發言權。我如此回答。「她們有發言權，」馬希德繼續說，「在她們的房子裡，她們的家中，對她們的孩子去說。她們對小孩負有教養和照顧的責任。沙烏地阿拉伯與其他國家不同，男人要撐起整個家庭，女人要知道自己該做什麼事。假如沒有女人在家照顧孩子，我如何能做好我的工作？」

說完，他惱怒地用鄙視的表情瞥我一眼，便起身離開房間。奧瑪看著我，表情似乎在說：「你得到你要的答案了，可以別再煩我了嗎？」他說自己從來沒有工作到這麼晚，隔天他要晚一點才上班。我毫不遲疑答應他的要求，我們直到隔日午餐過後才又碰面。

旅程至此，已近尾聲，我完全沒有和國王邀請進入政府工作的那些女人碰面；另一些成功進入企業董事會的女人也拒絕受訪。此外，當地有一所提供進修教育的女子學院，國王的公關人員總誇耀那是象徵進步的重要指標，然而學院主事者拒絕讓我步入圍牆之內。

這些女人克服重重的困難才在沙烏地阿拉伯獲得成功，她們顯然不願意與一個到此報導她們故事的女記者說話。在這裡，即便成功人士也畏懼公開發表意見；或許她們認為只要默默工作，不引起他人注意，那些令人無可忍受的男人就會忘記她們的存在？

在沙烏地阿拉伯，八〇％處於工作年齡的女性沒有工作或沒有辦法工作。貧窮的女人被囚禁在自己的家中，富裕的女人則出現在營業至半夜的大賣場；她們逃離那個家，燈火通明，充斥亞曼尼、古馳和勞力士等名牌專櫃的賣場，是她們唯一受准前往的地方。除了與東南亞籍的「非男人」店員互動之外，我沒有見到任何異性間的非法接觸。為了避免發生不幸的麻煩事，許多母親和阿姨會陪同在逛街的年輕女人身邊。

當然，男人有更多娛樂機會。在吉達的最後一晚，我們巧遇沙烏地哈雷重機俱樂部地區分會的成員，當時他們一群人正在加油站加油。沙烏地阿拉伯王國中酒吧和夜總會幾稀，騎重機奔馳在沙漠的道路上是最受歡迎的消遣。不過他們當晚的計畫並非沙漠飛馳，而是要到紅海沿岸一條沿峭壁而建，兩旁種滿成排棕櫚樹的道路兜轉。騎士共約十人，我問他們能否帶我一起兜風。

他們同意了，令我大吃一驚。我將長袍胡亂塞進包包內，穿長褲戴安全帽，以一個雌雄同體的中性風格，爬上哈雷重機隊長的後座——這個行為違反所有規範異性不得接觸彼此的法律和習俗。我們快速穿越壅塞的車陣，飛馳經過清真寺與印有阿布杜拉國王肅穆表情的巨型廣告看板，最後抵達一家他們經常造訪，位於吉達海灣北端的酒吧。我們喝新鮮的檸檬和萊姆飲料，也抽了他們稱作「希沙」的水煙。

我們都很享受這場冒險。假如道德警察發現有個女人坐在後座，他們可能會現地實施鞭刑，或者將他關進監獄。脫下安全帽走進酒吧時，我們都笑得合不攏嘴。基於當時的狀況，我心中認為自己終於找到觀念開明，無視法律和習俗的沙烏地男人。因此，他們應該也跟沙烏地阿拉伯文化之外的我們一樣，以正常的態度對待女人吧？

喝完一輪無酒精飲料之後，我開始訪問這些男人。這真的太有趣了，但為什麼你們的妻子沒有一起參與？我的騎乘夥伴不帶絲毫嘲諷或羞愧地回答：「她在家。」為什麼？我問他。難道她沒有享樂的權利嗎？「女人本來就該在家。」他回答，「這不代表我們沒有給她們應有的權利。」

他繼續說道，沒有絲毫的難為情：「她坐在家裡，可以吃東西喝東西，她過得很舒適，什麼都不缺。在我們的信仰中，男人得對女人負責——我要對母親、姊妹和妻子負責。她們待在家，我來照顧她們。如果她想要工作，只要獲得我的同意，但是沒有人可以逼我贊成。」我想起「我的監護人知道什麼對我最好」的尤瑟福提醒我的事：她認識的那些自由主義分子支持的是其他女人的自由，他們自己的妻子仍被囚禁在家。

我轉頭向另一人問了相同的問題。「這個國家的女人和男人是平等的，只是你我之間存在著文化差異。」他說。「女人不騎機車或開車，因為她們有司機接送。我相信在英國若有司機接送，妳應該會很開心吧？」他微笑問我。我起身離開，沒有回應他的笑容。

回想起來，我才領悟邀請我加入對他們而言根本沒有風險。嚴格說來我不是真正的女人，正如同孟加拉籍男店員不算真正的男人。那些規範女性行為的法令，只適用於沙烏地阿拉伯王國內的沙烏地女人身上。年輕女性自洛杉磯與倫敦留學回國後，再也沒機會品嘗自由的滋味。

基於這個原因，胡艾德和她的社運同伴對沙烏地男人刻意稚化女性的行為感到非常絕望。「他們也以相同態度對待身心障礙者與動物，他們的善意出自缺乏尊重的同情。女人宛如物品，所有權在男人之間流轉著。」這是終極的厭女主義——將女性視為亞種來餵養保護，但否認她們的智慧和能力，拒絕把她們當作平等的物種。

胡艾德察覺，這套系統其實是建立在男人的懦弱之上。「歸根究底，我認為他們對女性非常恐懼。相較於其他阿拉伯地區國家的男人，我敢說唯一無法和女性競爭的就是沙烏地男人。」她說愈多女性上大學念書後，男人變得更加害怕，因此他們決心讓女人遠離職場。「假如你不需要面對來自沙烏地女人的競爭……你就擁有整個舞台，所有的職位和工作都為你保留。你被寵壞了，變成任性放縱的男人。」

寫下這些文字的此刻，阿布杜拉國王已然過世。他被讚譽為改革者，因為他成立致力於女性教育的政府部門，指派女性任職該部門的副部長，並讓女孩有更多上大學接受進階教育的機會。

二〇一三年，他在沙烏地協商會議——又稱「舒拉會議」中為女性保留三十個席位。此委員會成員由國王親自指定，委員在會議中能對元首提出建議，同時質詢各部門部長，但沒有建立或否決法案的權利。女性成員必須從另一扇門入場，坐在指定座位與男人分離。阿布杜拉國王還通過一項法案，讓女性擁有市政府選舉的投票權。不過他做的女權改革，也就到此為止。

沙烏地阿拉伯的女性部落客社群當時也曾讚賞國王的政治改革。薩布麗亞・喬沃哈（Sabria Jawhar）在部落格中寫道：「阿布杜拉國王頒布法令，使女性有投票權和進入舒拉會議的權利，將此稱做『歷史一刻』算是相當低調。女性參政權只是政策的其中一部分……國王邁出巨大的一步，但後續還有一段路要走。現在，若是你不在意，我想跳進車子中，開向利雅德去申請成為舒拉委員會的會員。」除非女人獲准開車，或者監護制度廢除，否則她們的處境不會有實質改變，而沙烏地阿拉伯女人擔心她們在外面的世界缺乏盟友。

可恥的是，阿布杜拉國王逝世後，白金漢宮、西敏寺和倫敦其他公家機關都降了半旗；他是一個主持過上千場公開處決的國王，金援恐怖組織，而他解除女性開車禁令的承諾也食言了。英國首相大衛・卡麥隆和威爾斯親王查爾斯都參加了他的葬禮。幾週後，查爾斯王子成為第一位再度飛往沙烏地阿拉伯向新任國王沙爾曼（Salman bin Abdulaziz Al Saud）致意的世界級領袖。只要英國仍向沙烏地購買石油，沙烏地向英國購買武器，溫莎王室與紹德王室便會維持親近關係。

威爾斯王妃黛安娜以及康沃爾郡女爵卡蜜拉幾度造訪王國時，皆是一身「沙烏地標準」裝扮，怯弱地奉承此一殘酷政權。她們著長裙，戴長手套下飛機步入炎熱的沙漠，等於認同了沙烏地女性守貞服從的刻板印象。講究時髦的黛安娜為避免裸露的腳踝觸犯接待主方，甚至在長裙內加上長褲。只要對方願意遵守規定，這個宛如暴發戶的紹德王室，顯然很喜歡和擁有悠久歷史的王室打交道，正好符合條件的英國也熱衷於對他們獻殷勤。

不過，英國女王確實曾勇敢挑戰紹德王室，她後來驕傲地向一名外交官描述一九九八年發生於巴爾莫勒爾的那段插曲，讓我看得相當欣喜。

> 午餐後，女王詢問王室貴賓有無意願到莊園內兜風。文雅的阿布杜拉王子起初有些猶豫，但在外交大臣適時提示後他同意了。皇家路虎車隊很快抵達城堡前方，王子在引導下坐進汽車前座，翻譯就在後方。令他驚訝的是，女王竟然坐進駕駛座，啟動引擎便將車子駛離城堡。沙烏地阿拉伯禁止女性開車，或應該說，她們「還」不能開車，因此阿布杜拉很不習慣坐女人開的車，更別說司機是英國女王。戰時曾經擔任軍隊駕駛的女

王，將路虎車加速行駛在蘇格蘭莊園狹窄的小路上，過程中還不停說話。王儲愈來愈緊張，終於他透過翻譯懇求女王減慢車速，並希望她專心留意前方的路況。

不過，女王這次的示範並不足以對阿布杜拉國王造成影響，似乎也無法引起七十九歲的繼任國王沙爾曼的注意力。沙爾曼政權有個不祥的開場，沙烏地王國內死刑執行數量大幅增加，部落客萊夫・巴達威（Raif Badawi）因在部落格「傳播自由思想」而遭判處一千下鞭刑，儘管引發國際激憤，他仍沒有獲得緩刑；巴達威同時也因為在情人節當天張貼擁護女性運動的文章而被懲處，理由是藐視沙烏地阿拉伯的「道德警察」，或稱「美德推廣與邪惡預防委員會」。

然而，沙爾曼國王至今最具惡兆的舉動必然還是他解雇了任職公職的女性中，位階最高的法耶茲，她被迫離開女性教育部副部長的職位。我在倫敦向沙烏地大使館申請採訪許可時，法耶茲就包含在最初的名單之中，我很遺憾自己始終沒有機會與她見面。當時她試圖為公立學校的女孩加入體育課程，引發極端保守派教士的震怒與反彈，他們堅持她必須下台。

所幸，阿拉伯地區的地緣政治正在改變，這或許能迫使沙烏地阿拉伯做出改變。沙烏地王國境內，目前已經不再有「阿拉伯之春」起義行動，因為統治者用錢買到了人民的默許。二〇一一年三月十一日，我在利雅德，親民主派抗議分子號召一個名為「憤怒之日」的行動，他們一面支持席捲整個阿拉伯世界的抗議運動，一面要在自己的國家爭取民主權利。當時約有三萬人加入此一臉書發起的運動，前一晚我搭乘計程車至利雅德調查事前準備工作。整座城市布滿坦克車與士兵。當我舉起手機試圖拍照時，士兵隨手攔下一輛車，命令司機將我直接載回飯店。

「憤怒之日」毫無成功希望。行動的幾天之前，宗教領袖阿拉謝赫（Sheikh Abdel Aziz Alasheikh）提醒沙烏地人民：「伊斯蘭教嚴格禁止人民在王國內舉行抗議行動，因為我們的統治者是依照神的旨意治理這個國家。」他警告民眾參與行動將被判處鉅額罰款、鞭刑、監禁並取消國籍。不過，最後終結掉這次行動的主因，還是王室的救濟金。示威活動即將展開的前一刻，阿布杜拉國王宣布一項慷慨異常的補助計畫，金額約達三百七十億美元（二百三十億英鎊）；內容包含失業補助、教育補助以及房屋津貼。還有什麼好抱怨的呢？民主、言論自由和女性權益的爭取都可以暫緩了。

當天行動完全失敗，街上的士兵比抗議者的人數還多。「好好報導你看到的事。」我們在尋找值得拍攝的畫面時，一位士兵這麼對我說。有位孤單的示威者走向媒體採訪區——哈利德，他是一個四十歲的教師。「我要自由，我要民主。」他說，「這個國家需要國會和憲法。」政府指派的監督員和軍官都在旁邊聽著。「你敢公開發表這個想法嗎？」我問他。「有什麼好怕的？我會被關到監獄裡，但這整個國家早就是一座監獄。」我陪他走到他的車子旁，向他索取電話號碼以便保持聯繫。接著一輛警車忽然鑽出來尾隨在他後方。果然，他的家人告訴我們他當晚就遭到逮捕、監禁。

紹德王室還能賄賂或監禁人民多久呢？沙烏地阿拉伯或許還擁有全球五分之一的石油儲量，但因為油頁岩革命，沙烏地銷售至美國的油量已然大減。美國，這個沙烏地王國曾經最忠誠的靠山，已經不再依賴沙烏地的石油。令沙烏地領導人更加憤怒的是美國將伊朗重新納入麾下，不僅同意伊朗的核能計畫，並將之視為用以對抗活動於伊拉克與敘利亞的伊斯蘭國（ISIS）軍隊的關鍵角色。兩國重新結盟後，理所當然開始譴責沙烏地阿拉伯對遜尼派恐怖主義的支持。

紹德王室漸漸顯露疲弱的一面；紹德王室目前共要負擔將近八千位不事生產的王子的起居，而國內二十五歲以下的年輕人有四〇%沒有工作。部落客艾曼．納芙姜（Emam al-Nafjan）在「憤怒之日」的臉書頁面上，表示當天沒有人現身表達憤怒讓她感到相當失望，「總有一天它會發生的，或許是十年之後。」她如此寫道。「失業年輕人是一顆倒數中的炸彈，加上女權問題，現狀不可能維持太久……更大、更劇烈的改革即將到來。」

我與黎姆．阿薩德道別時，這位從事女權運動的學者正在她吉達的家中與女兒玩耍，一個二歲，一個五歲。她的心情相當低落。她費盡千辛萬苦為女性爭取到的專屬貼身衣物商店，現在有許多都已經因為找不到女性員工而關門；對她們而言，外出工作的成本實在過高。「這些事會有結束的一天嗎？」她問道。「如果有的話，我有機會活著看見嗎？我當然想看見改變的那一天，至少希望改變能在我女兒的世代出現。」

第五章

埃及——她去那裡做什麼？

埃及的阿拉伯之春給我留下驚豔的回憶，女性在該時期的卓越事蹟使我振奮而且驚嘆。幾乎每個晚上，BBC的新聞畫面裡，那些才智過人的女記者和評論員以有力陳述，站在開羅解放廣場上方臨時搭建的攝影棚，用一口完美英語，微笑著向外界解釋開羅正在發生什麼事。攝影機往廣場的方向俯攝，眼前是多麼罕見的畫面：女人和男人並肩站著，一同呼喊革命口號。十八天當中，群眾奮勇抵抗軍隊的子彈，那麼多條生命犧牲了，直到他們最終達成目的——終結總統胡斯尼．穆巴拉克（Hosni Mubarak）長達三十年的暴政統治。

作家和普立茲獎得獎記者赫達芙．蘇維夫（Ahdaf Soueif）曾在《衛報》的定期專欄上評論此一現象。「隨著革命發生，我們重回了『騎士精神時代』。十八天埃及革命當中，最值得一提的是，街道和廣場上沒有發生任何一起騷擾事件。女人忽然間自由了，一個人自由地走路、與陌生人交談，自由選擇要不要用長袍遮住臉，自由地抽菸、大笑、放聲哭、睡覺；每一位男人當下的工作就是支持她們、保護她們、幫助她們。我們稱之為：廣場倫理。」

這是劃時代的成就。在埃及，女性到公開場合參與示威活動而遭到侵犯，已是眾所皆知的常態。二〇〇五年，群眾走上街頭抗議穆巴拉克操弄選舉結果的粗劣手段，政府派出經特訓的冷血暴徒以不同策略來個別對付示威的男人和女人。據蘇維夫所述：「他們毆打男人，但對女人，就抓住她們撕裂衣物後施暴，同時對她們上下其手；影射『參與街頭遊行的女人就是想被摸』的想法。」

不過，「騎士精神時代」到了二〇一一年還是出現問題。二月十一日，埃及革命的起義第十八天。對三十九歲的美國CBS新聞首席駐外記者蘿拉．羅根（Lara Logan）和她的團隊而言，那天只是在解放廣場報導起義事件的另一個尋常工作日。廣場上群情激奮，因為穆巴拉克前一日宣布將職權交由副總統理，儘管他仍拒絕放棄總統頭銜，但辭職下台顯然已經無可避免。

廣場上的抗議者歡欣鼓舞，勝利似乎已然在望。上百萬名陸續湧入的群眾加入示威癱瘓開羅市中心；群眾與記者都還不知道穆巴拉克將在當天稍晚宣布下台。同時間，CBS團隊正在進行即時報導——拍攝興奮的人群，並探討事件下一步進展。羅根經由翻譯問道：「誰將出線取代總統？需要擔心軍事政變嗎？」

「……忽然間，在我還來不及明白發生什麼事，有手從身後伸過來抓住我的胸部和跨下。我的意思是，並非一個人做完，然後就停了——感覺像是一個人，接著另一個，又再來另一個人。我知道保鑣雷伊就在旁邊，他抓住我大喊『蘿拉，抓緊我，抓緊我！』」但蘿拉接著就被暴民拖離團隊約達半個小時之久。

……我的襯衫、上衣全然碎毀。襯衫拉扯至脖子附近，胸罩被扯下的瞬間我感覺到了。他們扯開金屬釦環，因為我感覺到空氣，風掃過我的胸部、我的皮膚。他們扯下我的衣物，他們真的將整條褲子撕爛，連同我的內褲也脫了。當我即將被剝光時，抬頭一看，他們正用手機對我拍照，我看見手機的閃光燈。

幾週後，羅根回到CBS位於紐約的演播室描述這段經歷。她說「使我真正害怕的是，他們的冷酷。看我受害，他們樂在其中，甚至刺激他們變得更殘暴。」「整段過程中，」大量暴民，約二百到三百人，「他們用手強暴我。」這件事隨後變成世界新聞頭條。我們女記者大多曾遭遇民眾淫猥的言語挑逗，或者不安分的觸碰，有時候還來自外派任務中所雇用的當地司機或幫手。不過，我們多數人不計一切在拚命——這個伊斯蘭世界從來都是男人至上，直到最近才開始有些改變——擔心自己會喪失下一次的外派採訪，因此很少有人開口抱怨。

羅根的受暴事件值得讓世人看見。這麼可怕且令人震驚的暴民攻擊，幾乎已成為解放廣場上的常態。羅根承認，當時她確實不知道女性在埃及或在其他國家，經常得承受如此嚴重的騷擾和虐待。「假如我知道這種事，我必然更加謹慎。」她說，「一旦女人遭受並被迫臣服於這樣的侵犯，她們在社會上的平等地位便受到否定。公共場所不再屬於她們，男人掌控一切。這再次確認了男性的壓迫者角色。」

然而，是什麼因素引發這些攻擊行為？上百名抗議者在民主示威運動的最初幾天喪生，穆巴拉克後來也因預謀殺害和平抗議者而接受審判。有些在革命頭幾天就參與運動的女性跟我說，抗議者的組織與型態到後來出現質變。起初，理想主義領導人非常歡迎女性加入行列，也就是革命早期稱作「騎士精神時代」的階段；不過後來這些年輕人許多都遭到殺害或逮捕，漸漸的由暴民接管一切，而軍隊則挑選容易攻擊的女人做為目標。

我抵達解放廣場，是在羅根遇襲的一年後，我想調查敢於挺身抗議的那些女性後來的遭遇。二〇一二年二月，解放廣場上瀰漫淡淡的淒涼，一年前上萬人群占據的場景已然不再，如今只有幾百人在廣場上閒晃，舉目是餐車，為總統候選人拉票的小攤，與成排成排的罹難者和失蹤者照片。現場女人幾稀，那些在革命開頭幾天，與男人肩併肩抗議的人都消失了，還受到暴民與軍隊的懲罰。

我開車來到灰濛濛的開羅郊區，在軍事法庭外面等待莎米拉．伊布拉辛（Samira Ibrahim）。在一次攻擊事件中，十六位女性在解放廣場上遇襲，她是唯一挺身舉發肇事士兵的人。我看著她穿越重重巨門，通過檢查站，最後走出軍事法院大門。她相當沮喪。「他們不想聽我的故事，」她說，「他們說我是騙子，蕩婦。」

我們所有人擠進一輛小車，展開一段八小時的車程前往開羅參加庭審——司機、翻譯、攝影師東尼、攝影器材、我、莎米拉，以及陪同她的妹妹。最後莎米拉坐在我的腿上，我很少與受訪者如此近距離接觸，不過這是讓她抒發憤怒和失望的好機會。「完全是政治操作，」她說，「他們延期是為了尋找更多證人來幫助士兵。不過，這對我來說或許也是好事。」她說著笑開了嘴。「現在我要將罪名從傷害罪改成性虐待，因為那確實是性虐待。」她補充道，「搞不好當天跟我一起受害的某個女孩也會回來出庭，誰知道呢？」

大夥陸續下車直接返回我的飯店房間。趁著東尼架設照明設備，準備小型演播室讓我採訪莎米拉的空檔，我們點了總匯三明治和可樂坐在床上吃晚餐。因為莎米拉要趕搭巴士回家，我只有一、兩個小時可以使用，時間相當緊迫。為了更深入理解她這個特別的人，我提出請求到她位於上尼羅州的家訪問——二十五歲的女生，怎麼有勇氣與埃及軍方較量？但她拒絕了。「父母儘管支持我，卻也相當難做人。若有記者跑到村落家中，鄰居們可能會找我們麻煩。」

二〇一一年三月九日，國際婦女節這一天，將永遠烙印在莎米拉心中。六週之前，她和朋友爬上一輛不太舒適的巴士，從村子出發前往開羅參加民主示威運動。革命的最初幾天她們都在現場，晚上在學校教室過夜，白天就到解放廣場。三月九日，穆巴拉克成功逃到他位於沙姆沙伊赫的居所，莎米拉和朋友仍舊前往解放廣場，「我們要完成所有的改革目標」。那意味著要將這位前埃及暴君和其內閣部長們一同送上審判臺。

當時羅根事件已經發生，也有相當多的埃及女孩遇襲，只是未被報導出來。有鑒於廣場的危險性，她們決定坐在廣場一端的肯德基餐廳外，倚靠警方設置以隔離主廣場示威活動的鐵柵欄。莎米拉繼續說道：「我們只是坐在肯德基外面，士兵就攻擊我們。一個士兵抓扯我的頭髮，將我沿著圍籬一路拖行至廣場另一頭的博物館。」當時埃及古物博物館被軍隊徵用為行動基地和其酷刑中心。

「他們把我們拖行到博物館大門前，把我們反手銬著，綁在鐵欄杆上，開始毆打、電擊我們，罵我們是蕩婦和妓女。」女孩們被帶入建築物後，受暴程度更加嚴重。「他們持續對我們施以電刑，脫去我們的頭巾，把我們擎起再摔到地上，以厚重軍靴踹踢。到這裡，毆打已經持續七個小時，有些女孩命垂一線，另一些人因此留下永久殘疾。這就是今天沒有人願意出面和我一同作證的原因，她們太害怕了。」

只有大約七個女孩倖存下來，被巴士送往軍事檢察總署，當時莎米拉以為回答幾個問題後，就能獲釋回家。「我無法置信，他們逼迫我們拿起桌上的自製罐裝炸彈和武器，對著我們綠影。幾天後，那些照片公布在埃及報紙上，圖說寫著：『埃及暴民於解放廣場遭到逮捕。』」現在她們不僅是蕩婦和妓女，還成了恐怖份子。

這群人又一次上路，移送軍事監獄再度遭受酷刑。接著一名女性軍醫出現，告知這些女孩她們即將接受貞操檢測。「她要我脫衣服，因為電擊和毆打把我折磨得相當虛弱，只能照她的話做。她在士兵眾目睽睽之下為我檢查，他們一面大笑一面鼓掌，像在欣賞一場公開表演。他們是故意的，故意公開羞辱我們。我到廣場呼求自由，他們卻讓我為此付出代價。」更惡劣的事情才要發生。

「那個女人接著說，軍方長官要親自檢查你。我再度被剝了光。這是性虐待。一個男人強迫你脫去衣物，用手伸入你的私密部位，五分鐘之後才抽離——這是性侵犯。我徹底受辱，非常痛苦。」

莎米拉放聲哭泣，我們暫停訪談。我向她保證，採訪已進入尾聲，只剩最後一個問題。

你認為，他們如此虐待你是想傳達什麼訊息？我問道。「很簡單。」她說，「他們根本無意隱瞞。他們一直說：我們羞辱你，是為了讓你後悔自己參加革命。你若上街頭要求自由和社會正義，我們就玷污你的聲譽。這就是他們要傳達給我們和整個社會的訊息。」

然而，莎米拉拒絕退縮。她將事件上呈民事法庭，民事法庭立刻判定貞操檢測違法。不過勝利贏得相當短暫。軍方拒絕接受民事法庭的判決，莎米拉接著將案件呈上軍事法庭——當時我正是在聽證會結束後，於法院外與她碰面。

毫無意外，軍事法庭最終無罪釋放執行貞操檢測的愛默德．阿黛爾（Ahmed Adel）醫生。軍方辯護律師聲稱，女性被逮捕送往監獄時，貞操檢測是必不可少的程序，而法官也認同此一論點。律師說，女人在解放廣場與幾千名年輕男人廝混，等於自願暴露於強暴風險中，拘留她的士兵必須避免自己被咎責。

回到倫敦後，我和莎米拉又通過電話，電話中她聽來氣憤，但似乎已然放棄。「我對軍事法庭本來就不抱期待，」她說。「顯然，軍方永遠不會起訴自己人，我根本沒有希望。」我接著問起她和她的家人怎麼應對這狀況。「很糟。」她說，她的父母親在村落中遇到許多麻煩，而大多數埃及媒體根本不支持她，甚至質疑：「她去那裡做什麼？」輿論輕易倒向責備女人不該參加民主示威活動這一方，因為這比追究真正的責任歸屬簡單許多。「埃及女性目前遭受兩方人馬的侵犯，一邊是埃及的軍方，一邊是伊斯蘭主義者。」她說道。

任職於阿拉伯「另類論壇」的政治觀察家哈比芭．穆赫辛（Habiba Mohsen）稱之為

「遭到曲解的評價」，並針對埃及女人的處境提出解釋。「在埃及，女性受到的壓力是男性的三倍：首先是軍政府，視她們為示威抗議者；其次是來自社會大眾的壓力，視她們為一般女人；第三則是來自眾目睽睽的每一雙眼睛，把這批女性視為一群力爭公眾事務參與權的人。這些人從傳統、從文化，甚至從信仰等不同觀點提出理由來否定女性。」總之，她說：「一切永遠都是女人的錯，一個『正經』、行為得當的女人不會離家參與抗議，不會靜坐示威。因此，究竟是什麼原因促使這些女人跑去抗議？『她去那裡做什麼？』」

接著，我與革命前期的女性領導人哈迪兒・法魯克（Hadir Farouk）在解放廣場附近的咖啡店見面，我向她提問「她去那裡做什麼？」「我去那裡，是因為我已無法忍受穆巴拉克和他所代表的貪腐政權。我要真正的民主和言論自由。當然，藉由這場革命，我希望能為女性爭取更多權利、尊嚴和重視。」後來，有一名軍官請她代表抗議者到附近大樓內與一位少將會談。她很高興，她心想，至少他們認同女性可以擔任領導人。

如今她承認自己的天真簡直無藥可救，她說：

> 他們推我進一個房間，我後續受到施虐的刑房。房間內有幾名受到毆打與強暴的女孩，我被丟到她們身邊。士兵以棍棒粗暴地虐打我們，他們顯然樂在其中。同時問，被打和被強姦哪個比較痛？他們刻意挑女人下手，他們要讓我們女人感到恐懼，讓在示威的男人由於無力保護我們而感到悔辱與挫敗。

因此，女性抗議者從廣場上逐漸消失。

說明女性冒險上街頭的可能待遇，「藍色胸罩女人」事件或許是最震撼人心的實例——一名明顯失去意識，身穿藍色牛仔褲與運動鞋，有雙細長手臂，胸罩以外裸露身軀的女人，這幅報導畫面驚呆了每一個觀者。兩名士兵將她拖行於街上，她的黑色長袍捲至頭部，露出藍色胸罩；第三位士兵懸在半空的軍靴，距離她的胸部只有幾寸之近，瞬即便要踩踏她的身軀。當時是二〇一一年十二月，穆巴拉克已經下台，政府由軍隊接管。抗議者因不滿軍政府的總理人選，選擇以和平靜坐的方式表達抗議。士兵卻兇暴地攻擊包含女人在內的所有抗議者。

藍色胸罩女人變成國際名人，但其真實身分從未曝光。她或許是跟莎米拉一樣擔心曝光會對家人造成影響，也或者家人不知道她參加了示威運動，又或者，她害怕自己的聲譽將毀於這張在全世界社交媒體和報紙頭條廣為流傳的可怕照片——一個上身僅剩藍色胸罩的女人——畢竟當時的她身穿黑色長袍，大致可以推測她擁有保守的信仰。當然，她也可能已經在莎米拉和哈迪兒口中的酷刑室裡受害。我們永遠無法知道真相。

這座廣場發生過相當多殘暴事件，因此，獲知埃及最著名的女性主義者娜瓦勒・薩達維（Nawal El Saadawi）在二〇一一年曾經夜宿此地時，我真的相當震驚。薩達維是小說家，也是反ＦＧＭ的運動者，她強悍而富有魅力，但高齡八十歲的她大概已經不是那些丟擲催淚瓦斯、揮舞警棍的士兵的對手了。我們坐在她書香滿溢的客廳，一起優閒地喝茶。你當初如何對付廣場上的暴民？我問她。她自座位起身，拿攝影師東尼當示範對象——她忽的弓舉膝蓋，又瞬間停住，與那個可能造成重大傷害的部位只有幾寸的距離。「我攻擊他們的痛處。」她說完哈哈大笑。東尼的臉綠了一半。

當時我計畫在埃及完成兩部影片，一部關於廣場上的女人，另一部則關注當地FGM的盛行情況。我向薩達維問及有關FGM的事，她提到自己小時候即受割。「當時我六歲，」她說道，「達雅（產婆）拿著剃刀走進房間，從我雙腿之間拉出陰蒂，然後割下它。達雅說那是神的旨意，她是神的僕人，必須服從祂的命令。我躺臥血泊之中，不確定自己身上還有哪些部位是她受命要割除的。」

薩達維出生在小村落，家中有九個孩子，聰明而叛逆的她拒絕成為傳統期待的女孩——在她的村子裡，女孩十二歲就要出嫁。她在自傳中回憶道，祖母曾對她說，一個男孩可以擁有十五個女孩，「女孩是不良品。」祖母如此對孫女說道。薩達維相當憤怒，她下定決心要向祖母證明這種觀念是錯的。

所幸，薩達維的父親是思想開明進步的人，他認為女孩子也需要受教育。因此她成功進入醫學院就讀，並在一九五五年取得醫師資格；在那個年代，這種事幾乎不可能發生在埃及女人身上。後來因為對抗FGM的運動收到好的成果，她被指派擔任埃及公共衛生部門首長。然而，她發現自己除了從事反FGM運動之外，仍想為女性爭取更多社會參與和獲取知識的權利。薩達維因此遭到沙德特總統（Muhammad Anwar el-Sadat）解職並入獄服刑，從此再也沒有獲派公職。

她表示為政府工作使她難以忠於自我信念，我們的話題藉此從ＦＧＭ轉移到政治局勢。前總統夫人蘇珊・穆巴拉克（Suzanne Mubarak）相當支持根除ＦＧＭ的運動，因此薩達維擔心此項運動可能又會走上回頭路——她解釋道：因為只要是那個令人厭惡的舊政權所認同的事，繼任者全數反對。過去她付出非常多努力才成功讓埃及在二〇〇八年頒布ＦＧＭ禁令，儘管在現實上無法杜絕ＦＧＭ，至少已經立法禁止，眼看如今這項成果卻可能付諸流水。不過她對於穆巴拉克政權的下台完全沒有遺憾。

對這位頑強的、經驗豐富的社會運動分子而言，一月二十五日那場革命是她從小到大的夢想的實現。

我沒預期會有兩千萬人走上街頭。當時穆巴拉克開始殺害民眾，人群自埃及各地湧入開羅。這是我的夢想，埃及人民覺醒了，他們起身對抗奴隸制、殖民統治，和暴政。我一直都是個反抗者，就讀醫學院時，我對抗法魯克國王，接著是英國的殖民統治。我對抗納瑟（Gamal Abdel Nasser），對抗把我關進監獄的沙達特，也對抗迫使我流亡海外的穆巴拉克。我永遠在革命的路上。

然而最初的歡愉過後，她承認一切都幻滅了。「我很生氣。女人，甚至像我這樣的老女人，我們冒著危險前往廣場參與運動：逼使穆巴拉克下台。第一個目標才剛剛完成，埃及卻又退回過往的舊模式。我們發現重新受到孤立。為了修訂憲法、籌備選舉，他們組織制憲委員會，會員全都是老男人。年輕人因而憤怒不已，我們要求委員會至少要有三十五%的女性成員。」

緊接著革命而來的轉變，使她心灰意冷。當時穆巴拉克躲回沙姆沙伊赫的別墅等待審判，代理的軍政府準備在二〇一二年初舉行選舉。大選結果由穆斯林兄弟會的自由正義黨（Freedom and Justice Party, FJP）贏得最多席位，居次的是代表伊斯蘭強硬派的薩拉菲光明黨（Salafist Al-Nour Party），兩者共組執政聯盟。「結果對女性將相當不利，」薩達維警告，「狀況會比穆巴拉克政權還要更糟。」她對宗教信仰的恨意，不亞於獨裁統治。

接著她把總統穆罕默德．穆爾西（Mohamed Morsi）與穆斯林兄弟會的短命政權稱為「神怪與胡說八道的時代」。她認為信仰應該由個人決定，不該由外部政權來強迫人民接受。「我對所有宗教都抱持批判態度。」她說道，「身為女人的我們一直受到這些宗教迫害。現今阻礙女人解放的最大威脅，就是激進的宗教信仰。」

我與薩達維同一天生日，她深深吸引著我，我也認同她的許多想法。因此，當我隔天與一位穆斯林兄弟會的女性國會議員相處，發現她既親切又聰明時，我確實相當驚喜，留下了深刻印象——四十三歲的荷達．甘妮雅（Hoda Ghaneya）是一位醫生，四個小孩的母親，也是開羅北部蓋盧比尤（Al-Qalyubiya）地區新上任的議員。

她邀請我同她一起到選區散步閒談。由混凝土和水泥磚建造而成的房屋雜布各處，塵土飛揚的狹窄市街上，汽機車和驢子在其間相互爭道，耳中傳來中東地區各類慣常的喧譁——汽車喇叭大鳴、街販叫賣商品、驚慌的母親大聲呼喚兒女——所有人都在吼叫。一片混亂中，著藍色長袍的甘妮雅優雅前行，她的選民衝上前跟她打招呼時，她看起來沉著而自信。「我在這裡出生。」她說，「人們知道這件事，也喜歡我。」

在這裡，即便男性選民對她的態度也幾乎能以恭敬形容。例如，有位屠夫走出店面跨街過來向她致意。你怎麼會把票投給女人？我向他問道。「她有能力，也會做事，過去她所屬的黨一直遭受壓迫，現在應該給他們一個機會。我希望她能讓我們過更好的生活，讓這個國家進步。」

穆斯林兄弟會在穆巴拉克政權下是被查禁的組織，不過他們的政治領袖仍受准以獨立參選人身分在二〇〇五年和二〇一〇年競選總統。他們的口號「伊斯蘭教就是解答」理念非常明確。穆巴拉克曾引入一條能夠獲取基督徒與女人支持的法案進入國會，試圖藉此提升自己在外界不上不下的聲譽，但穆斯林兄弟會支持者隨後離開議場，拒絕投票。

之後，穆巴拉克政權陷入貪腐、無作為、濫用親信等泥淖之中，最終瓦解，廣大埃及人民轉向穆斯林兄弟會尋求實質幫助。兄弟會建立一個非主流但有效率的聯繫網絡，提供各村落與社區社福資源，因此有數百萬人民將手上的選票投給他們。出於這些良善的政策和慈善機構的設置，甘妮雅無論走到何處，蓋盧比尤民眾都會到場歡迎她。

一個女人抓住她的衣袖說道：「謝謝，謝謝你啊，要不是你送我兒子到醫院，他現在可能已經死了。」人們停下腳步對我和翻譯說明，甘妮雅與當地的伊斯蘭兄弟會募資買下一座地方醫院，提供孤兒住所，並供給窮人食物。一個女人說：「我們把票投給醫生，因為她會為我們爭取權利。我們上一個議員也做過承諾，但他什麼事都沒做。」

甘妮雅對女人微笑，給她一個擁抱，接著轉頭對我說：「你應該又熱又累了？我們回家吧。」她的家就在步行可達的近處，我們宛如走入一座蜿蜒的迷宮，到處都是平凡的兩層樓建築與垃圾散布的巷弄——毀損的腳踏車、乾扁的足球零零落落，腐爛食物層層堆疊。「我知道，」她有些難為情地說道，「垃圾收運的部分還有改善空間，但我們首先專注在醫院和孤兒院的問題上。」甘妮雅的家比多數房子都大，顯然整個家族都正等待她回家喝茶，男性成員也不例外。

我與她並排坐於長沙發上，男人全都坐在房間角落的直背椅上。我享用了甘妮雅的母親與女兒們準備的甜紅茶和埃及蛋糕，接著攝影師東尼表示他已經完成採訪前準備。我們完整爬梳穆斯林兄弟會的歷史，包括國家曾經如何查禁他們，他們又如何開始幫助窮人等過程。不過我最想知道的是：恪遵伊斯蘭教義的政黨對埃及女人怎麼會有好處？

「我相信從現在開始會有改變。」她說，「我們將在埃及看到真正的政黨政治和穩固的民主政治，包含女人在內的所有市民都可以參與政治事務，新政治是清廉的，並且奠基在所有的人權之上。因此，我認為接下來的這個議期將會很不一樣，女性會有更多參與空間、更有影響力。」

荷達．甘妮雅毫無疑問是個優秀的地方議員，但她對自己所屬政黨抱持的期待實在太過荒謬，要不就是她對整體局勢的認知相當有限。在穆巴拉克政權之下，總額五〇八席的國會中，女性議員的席位上限為六十四席。穆巴拉克倒台後，憲法經過重新修訂，女性席位縮減得更少。舉例而言，這支宗教政黨在競選期間會在看板上一次為六個候選人打廣告：其中四個男性候選人對民眾展露最具特色和自信的笑容，女性候選人卻只是一道無名的黑色剪影。無怪乎她們的選舉表現並不理想——最終只有九位女性當選議員。

我人在開羅時，即將到來的總統選舉造勢正在進行。我與候選人波泰娜．卡梅爾（Bouthaina Kamel）見面時，她結束一場會議正匆匆趕往另一場「非亮相不可」的社交活動。其實卡梅爾根本無需努力提高曝光率，她過去是名電視主持人，開羅的每個人都認得她那張臉。她的生活相當緊湊，我必須緊纏著她才能把握空檔完成採訪。為了獲取更多談話時間，我甚至隨同鑽入她的坐車，東尼則在後頭跟隨的攝影車裡。後來我發現根本沒必要這麼做，因為她從頭到尾都在講手機。

忽然間，她尖聲要求司機在開羅繁忙的大馬路上停車。車子一停她立刻下車，頭髮一甩，也無視川流不息的車陣，便逕自踏著高跟鞋橫跨馬路，幾輛車同時發出刺耳的剎車聲緊急停止。「嘿，波泰娜！」司機隔著車窗呼喊，「祝你好運！」「是啊，我會的！」我們走向第一個活動地點時，她喃喃地對我說：「剛才那種男人永遠不會把票投給我。」與工作人員開會時，她也對我們承認，在埃及現今的政治生態中，一個沒戴頭巾的女性總統候選人完全沒有希望勝選。

不過她也說，重點不在勝利，「我想讓大家知道，只要女人保有這股能量，或許有天就能成功。」我提出疑問：只有九位女性選上議員，是否代表埃及女人沒有把票投給女性候選人？「女性人口約占埃及總人口的六成。」她說，「她們的識字率約七成，但這沒有幫助，因為很多女人不知道怎麼投票，幾乎都是由男人幫她們填寫選票。」

然而，真正令她擔憂的是伊斯蘭政黨的崛起。「這個政治聯盟帶有伊斯蘭教的偏見，對女性相當不利。舉例來說，他們已經組織好憲政改革委員會，其中沒有任何女性成員。只怕女權狀況會每下愈況。」

一旦埃及改由伊斯蘭政黨上台，最該害怕的就是波泰娜．卡梅爾這類活躍、豔麗、自信且具有野心的女人；這些沒有宗教信仰、受過教育的女人已經無可期待。經過多次懇求和無數通電話，我在埃及的記者友人終於為我爭取到採訪納德爾．貝克（Nader Bakker）的機會，納德爾是強硬派薩拉菲光明黨的發言人，他們也是穆斯林兄弟會國會內部的最佳盟友。我問他，像波泰娜這樣一個世俗派的女人，需要感到恐懼嗎？

他拒絕回答問題，相反地，他表示擁有宗教信仰的女人在穆巴拉克時代承受許多不公對待。「以前穿戴面紗的女人遭受歧視，被禁止進入大學就讀與任教，這又該怎麼說？同樣地，她們也不准上電視！在醫療領域同樣承受體系的迫害。現在，親伊斯蘭教的政黨在國會占有七十五%的席次，我們不會強迫任何人做事，但我們有更多空間商議信仰相關的規定，例如頭巾的佩戴。」

我們永遠不會知道穆斯林兄弟會打算如何治理埃及女人，或許電視上會出現阿拉伯風格的談話節目，由戴著面紗、只露出眼睛的女性，高談女人應該臣服於男性家庭成員等等的美德？學校孩童和醫院病人將會面對全身都裹緊長袍的老師和醫生嗎？我們永遠不會知道，因為穆爾西總統與那個由穆斯林兄弟會組成的政府只有執政一年，就被軍事政變拉下台，而且有大量埃及民眾上街頭支持該場政變。

競選時，穆爾西宣稱他是同時顧及信仰派和世俗派權益的候選人，但執政後的幾個月，他便不再擁護後者。他所制定的憲法過於偏袒伊斯蘭派，同時以高壓獨裁的手段對付反對方的支持者與記者。過去他曾廣受基層人民支持，但如今這些支持者也要求他下台，在他們眼中，這位新總統最嚴重的罪行，就是讓國家的物價飆漲、經濟崩盤。

因此示威活動又在埃及重新展開，確切的時間是在二〇一二年的十二月，當時穆爾西政府試圖藉由暫時凍結憲法來賦予總統無限的職權。此一舉動將數千名真正的抗議者帶回解放廣場——他們看見民主遭受威脅——同時，成群的性掠奪者也回到了廣場。

該月月底，一個全新的挑戰正在等著他們。當時有一個叫做「反性騷擾團體」（Operation Anti Sexiual Harasment）的組織，簡稱「OpAntiSH」，儘管組織名稱並不非常優雅，卻很能明確傳達理念。此團體在網站上說明他們的目標：「組織一支部隊，在示威期間支援並保護身處抗議地點的女性，對抗預謀攻擊她們的性侵團體。」

他們是一群年輕的志工男女，其中也包含性暴力的倖存者；他們意圖讓廣場重回那個為時短暫的騎士精神時代，人們得以和平地抗議和慶祝，無需恐懼潛在的性暴力。為避免在廣場行動時身分曝光，多數志工基於安全考量不願提供姓名。我們只知道幾位坐鎮辦公室的成員的身分，例如其中一名創辦人薩爾瑪．塞得（Salma Said），他直截了當地說：「這是我們的革命、我們的米丹（廣場），沒有人可以將它從我們手上奪走。」

OpAntiSH對施暴者進行策略研究，了解對方大多成群行動，快速孤立被害人，包圍她，接著脫掉衣服開始施暴。他們會邀請周圍的男人參與暴行，藉此為團隊帶來另一層保護。OpAntiSH擁有六個「對抗組」，每組由十四名男人組成，對抗組會滲入準備發動攻擊的施暴者圈子裡；另外一組人稱為「安全組」，負責將受害者安全送往住家或醫院，端視狀況需求而定；第三組人執行統籌協調的工作，確保對抗組能順利到達需要他們的地方。有一組緊急電話號碼流傳在真正的示威群眾之間。

OpAntiSH提供的這項重要服務是穆斯林兄弟會不願執行的工作。隸屬於舒拉會議（埃及兩院制國會的上議會）的人權委員會並不同情參加示威活動的女性。二〇一三年二月，該委員會的成員阿德爾．阿菲菲（Adel Afify）說道：「她們知道自己身處在一群暴民中間，她們應該在要求內政部保護她們之前，先保護好自己。讓自己涉入該環境中的女人，要自負百分之百的責任。」又是「她去那裡做什麼？」的心態。

後來委員會證實政府不願意冒險為示威者部署保安人員。他們的理由是：風險太高了。

在二〇一三年一月廿五日參與反穆爾西示威活動的法蒂瑪因而暴露在危險之中，最後遭受暴民襲擊。

「他們拉圍巾勒住我……我幾乎無法呼吸……我愈尖叫他們就愈殘暴。我的正前方有一個人（我還記得他的長相：不到二十歲，長得不高，看起來極度凶惡），他剪開我的上衣，剪開我的胸罩，然後從我身上扯下來。他一直抓我的胸部，同時有其他人在侵犯我身體的各個部位。我覺得很噁心，很不舒服，幾乎就要昏過去。當時我真的很怕自己會摔到地上。之後推擠愈來愈劇烈，侵犯我的手也愈來愈多。突然我就叫不出來了，我無法呼吸，而且非常暈眩，我好怕自己會摔到地上然後就這樣死掉，我真的覺得我差一點就死了。」

當天總共發生廿五起性暴力事件，數量過多導致OpAntiSH無法全部掌握。志工表示他們難以辨識群眾中哪些人試圖幫忙，哪些人又是準備施暴。「場面非常混亂，」一位志工說道，「我試圖去抓受暴女孩時被人攻擊了，我根本不知道自己回擊的那個人是施暴者還是想要幫忙的人。」有些男人會聲稱自己是受害女子的家人或朋友，要進去救她，一旦距離夠近，他們就開始侵犯被害者。

隨著示威活動持續增溫，性暴力事件也愈演愈烈。到了二〇一三年六月三〇日，紀錄上共有四十六件性暴力事件發生。據OpAntiSH的盈吉・高茲曼（Injy Ghozman）表示，多數被害者需要接受緊急醫療處置；他們在臉書頁面寫道：「OpAntiSH團隊受理的案件中，有位倖存者在經歷暴民可怕的性侵攻擊之後，被送往解放廣場地鐵站的警察局，她在那裡差一點就被一名女醫師實施貞操檢測。」最終他們在檢測發生前即時阻止了這件事。國家的公安部門拒絕保護抗議者，卻已經派駐人員準備執行貞操檢測。

六月三日，總統穆罕默德・穆爾西在執政一年之後下台，當天他在臉書上發布一條評論：「此教訓將清晰響亮地告知整個穆斯林世界：民主不適合穆斯林。」埃及首任民選總統最後因包含謀殺抗議者在內的多項控訴被送上審判臺；二〇一四年三月，共有五百二十九名穆爾西的支持者遭判處死刑。

自此之後，埃及又重新回到軍事獨裁的統治型態。那麼，埃及的阿拉伯之春起義究竟成就了什麼？赫達芙・蘇維夫於《衛報》專欄中寫道：「宛如一隻科幻故事中的怪物，往日的舊政權在摧毀之後，以新面貌再次崛起。」她接著補充，「我們現在的處境是否比二〇一一年一月廿五日前更糟？我們的損失和傷痛無法估量，各項數據皆顯示，這些年來共有數千人遭到殺害或嚴重受傷，另有數萬人因不當監禁至今仍然下落不明。」

據信二〇一一年起義期間，共有八百四十六位抗議者遭到殺害，但只有三名低階公安人員定罪、判刑入獄；接著在二〇一三年七月和八月，公安部隊將槍口轉向穆斯林兄弟會，屠殺將近一千一百五十人，沒有任何士兵遭到起訴。

這些女人的勇氣和犧牲成就了什麼？前往廣場參與行動的女性示威者無不期盼埃及改變：莎米拉．伊布拉辛以及其他遭受「貞操檢測」的女人；因身為示威領導人而遭到虐待與強暴的哈迪兒．法魯克；為了鼓勵年輕人，八十歲的女性主義者、作家娜瓦勒．薩達維仍到廣場夜宿；還有藍胸罩的女人，她們成就了什麼？

我向許多埃及友人與評論者提問，出身於埃及亞歷山大港的BBC記者莎伊瑪．哈利勒（Shaimaa Khalil）的評論或許最接近殘酷的真相。我和莎伊瑪曾在沙烏地阿拉伯、黎巴嫩、敘利亞和埃及共事，報導過埃及所有革命性時刻的她，對自己的國家已然沒有幻想。她表示這個國家的女性或許已經不再真心認為自己能帶來改變。

當今的問題在於需要優先解決的並非女權議題。集體強暴、性騷擾以及FGM問題都持續惡化，女權的討論相當分散。更令人沮喪的是，從埃及目前整體的人權狀況看來，女性權益根本不屬於重點項目。女權與治安、經濟等重要議題全數混雜；假如無需擔心其他議題，單純只要處理女權問題的話，那真是一種奢侈。

埃及必須撐過迫在眉睫的各種治安危機，防範陰謀論以及瀕臨法西斯主義的民族主義。總而言之，無論過去或者當下，女權議題從來都不是優先選項。

公安部隊持續鎖定女性抗議者做為攻擊目標。在我撰寫這篇文章的此刻，Youtube 上出現另一部數千點擊率的影片，正如當年的藍胸罩女人。不過，這次被害者擁有名字——莎伊瑪·薩巴（Shaima al-Sabbagh），一位母親、一位詩人，同時也是政治運動參與者。為了到解放廣場向受害者獻花，她將五歲的兒子留在亞歷山大港附近的家中，搭乘火車至開羅參加紀念二〇一一年一月廿五日那場革命的小型示威活動。

影片中的她嬌小漂亮，擁有一頭褐色捲髮。她身著便褲，搭配藍色丹寧夾克，手拿鮮花和標語，與約計二十人的小群示威者一同沿塔拉哈布大道走向解放廣場；她的身旁是一位年約六十歲的男人，他們看起來完全不具威脅性。

影片中出現四聲槍響。面具槍手在另一位便衣警員的指示下，對著一小群逃跑的抗議者開出第三槍——奪走薩巴性命的就是這一槍，醫療報告說明獵鳥彈自八公尺之外擊中她的背部和頸部。

一位友人將她抱起，橫跨馬路遠離抗議者與警方的射程。薩伊德·阿布·艾拉（Sayyid Abou al-Ela）用左臂抱著她嬌小、如洋娃娃般癱軟的身軀，同時以右手提著的似乎就是她的手提包，他小心翼翼地將她放到人行道上。艾拉向人權觀察組織（Human Rights Watch）表示，當時他擁著躺在地上垂死的薩巴，接著一位警察准將與一位警員抵達現場，他立即遭到逮捕；另一位上前幫忙，後來提供證據給檢察官的目擊者也遭到逮補。

假如這個案件有機會呈上法庭，檢察官毫無疑問將會如此詢問認識薩巴的友人：「她去那裡做什麼？」

第十六章

來自俄羅斯的愛

——性販運

一頭金髮、身材宛如芭蕾舞伶的艾亞，是極具魅力的拉脫維亞人，廿五歲的她，帶著一股狂烈的渴望逃離摧殘拉脫維亞女性生命泰半個二十世紀的苦難。前蘇聯在一九九一年的瓦解並未帶來太多改善。性觀光業是她的家鄉城市里加（Riga）的主要產業，儘管這門生意既有礙身心又充滿危險，一個與她年紀相當的女孩仍面臨遭受產業排擠的威脅。

里加原是一座迷人的古城，鋪滿鵝卵石的街道，漆著繽紛色彩的房子，但現今街頭充斥賣淫組織、按摩坊以及脫衣舞廳。問題肇因於前俄羅斯殖民者所生的女孩滲入了這個地區，她們年輕，願意接受低報酬。因此艾亞唯一的選擇就是往海外發展。

當艾亞路過幾家性愛俱樂部時，來自英國卡地夫、享受著男人週末聚會的一群男人對著她吹口哨，她無視他們，急急鑽入地下室一家夾身於膝上舞酒吧與女僕咖啡廳之間的網咖之中。她搜尋到一個徵求女服務員與舞者到西歐國家工作的網站，鍵入訊息：「我想找工作。廿二歲，外貌姣好，有跳舞經驗。我要怎麼得到工作？」

她瞬即收到回信。來自丹麥的電子郵件。「嘿，艾亞！」自稱亞伯特的人士向她保證：「無需經驗。方便的話，本週即可開始工作。」他要她買一張飛往哥本哈根的機票，以觀光目的應付移民局的提問，接著乘計程車至「八號俱樂部」，便能以舞者身分展開工作。亞伯特自稱是俱樂部老闆，他將補貼所有旅費。

艾亞轉頭問我：「我應該去嗎？」我也在網咖裡，坐在她身邊。當時我正在進行性販運調查，艾亞是名記者，我請她幫我這個忙，她也很樂意，她說：「我把這件事視為使命。那麼多的波羅的海國家女孩們像這樣被劫走，在人生第一次有能力自力營生的願景上受到誘惑，卻自此將自己推上毀滅之路。」

我問她是否願意冒險，她答應了。我致電到BBC相關部門，請他們為艾亞安排完善的保護措施，我們便飛往哥本哈根了。艾亞按照指示從機場搭計程車前往八號俱樂部，我們跟車停到俱樂部之外，看著她走進裡面。事前我們為了是否配裝隱藏式麥克風激辯許久，最後決定不這麼做，因為假如被發現，我們可能來不及在她遭到毆打或處罰前搶入救援。

事後艾亞描述經過：「一個名叫露娜的女人前來招呼我，拿走護照，她說會替我保管。她帶我認識環境，首先是宿舍，我和其他四個女孩共用一個房間，接著是公共區域。『這裡是酒吧。』露娜說，『這裡是桑拿房，隔壁是舉辦性愛派對的房間，之後的所有事都在樓上的其他房間進行。』我對她說：『對不起，你是說我要和客人發生性行為嗎？我是來跳舞的。』『你是來跳舞和從事性交的，今晚就開始。』她回答。」

約在艾亞進屋一小時後，趕在任何顧客上門前，我們聯絡丹麥警方，舉報一樁綁架和恐嚇強暴的事件。警方抵達現場，逮捕俱樂部老闆亞伯特與艾亞的同事——四名匈牙利籍女孩。他們從亞伯特的保險櫃中拿回艾亞的護照後即釋放艾亞。這些匈牙利女孩則在隔日被遣送出境。基本上，警方以移民問題來處理，對於這些人如何進入丹麥，及她們在俱樂部遭受何種待遇，或者是否有過任何非志願的性行為，警方對此沒有任何說明。也沒有人對俱樂部經營者提出控訴。

丹麥律師多芮特·奧岑（Dorit Otzen）對此相當絕望，她一輩子幾乎都在幫助性販運受害者，無數次懇求警方提供證人保護令給這些女孩，讓她們得以上法庭作證，以便成功起訴犯人。「警方毫不在乎性販運問題。在丹麥販賣或進口毒品可能面臨十年徒刑，但進口女人最多只判一年。法官甚至在法庭上表示一年已算重刑，並為此對那個男人道歉。多麼可悲！」

女孩呢？「警方拘留她們廿四小時（圍捕行動過後），然後送她們出境。」奧岑說，「接著人口販子又找來另一批人，每週每月不斷地重複。」幾週後，我撥電話到那家俱樂部，亞伯特果真還在營業。他在語音留言為促銷中的女孩打廣告，提供一位立陶宛人、一位波蘭人、兩位俄羅斯人的胸圍尺寸，並描述她們獨具誘惑力的性徵。

這門危險的性愛生意在政府的默許下運行。有些拉脫維亞女孩死在丹麥，但我們永遠無法得知確切的數量，因為謀殺事件都發生在隱蔽的酒吧或俱樂部，他們能輕易處理掉屍體。一九九六年，娜塔莎·帕芙洛娃（Natasha Pavlova）懷抱著無限希望抵達哥本哈根。我和她母親尤金妮雅·帕芙洛娃（Eugenia Pavlova）在里加的狹小公寓裡見面，她招待我喝茶，我們談話時，她六歲的孫子就在旁邊看卡通節目。「抵達一週後，娜塔莎打電話回來說，她要結婚了。」這簡直是實現了每位拉脫維亞母親的心願。「她說自己剛安頓好，要把兒子小安德烈帶去同住，要我也一起過去。」

我們不知道這位男朋友是否真的存在，不知道他是不是人口販子，也不知道娜塔莎的計畫最終為何終結在那場被丹麥的小報頭條稱為「按摩坊大屠殺」的事件之中。一位工作和生活都在同一條街上的年輕工程師馬格奴斯回憶當天道：「一個亞洲女子從地下室冒出來，沒穿衣服、渾身是血，受傷的她搖搖晃晃顛顛跛跛地走。」後來鄰居報了警。

當一名員警照顧那位女子時，另一位走進地下室的按摩坊後回頭大喊「先別管她了，快下來看，這裡的問題更大！」娜塔莎・帕芙洛娃躺臥血泊中，遭人用刀殘暴刺殺致死。「每當電話響起，」尤金妮雅說道，「小安德烈都以為是媽媽要回來接我們。六個月後我才提起勇氣告訴他真相。」沒有人為此遭到起訴。

儘管事件發生在十年前，現況仍無太大改變。丹麥政府直到二〇一二年才遵照歐盟指令，將性販運的最重刑期提高至十年。二〇一〇年至今，警方每年平均起訴十二名違反性販運法規的犯人，被定罪的人刑期範圍介於九個月到三十個月之間。

丹麥並非唯一不重視這件事的國家，為滿足富裕國家的性奴隸需求，奈及利亞、泰國與東歐各國都有性販運問題。人口販子知道這門生意值得，風險低，但報酬相當高。

為了更深入了解犯罪過程，我回到里加，與廿一歲的思維塔、十九歲的柳芭見面。她們是典型的拉脫維亞年輕人：受過良好教育、有野心而且外表亮眼。她們找不到工作，夢想著到國外求職。她們居住的城市近來出現時髦的精品店與販賣新式智慧型手機的商店。同年紀的女孩中，有些人會配戴名家設計的墨鏡，踏著高跟鞋走出全新的BMW轎車進商店購物；但這些人只占百分之一。只要到公車站附近的破舊街區繞一圈，你就能看見這些國家在蘇聯解體後承受多麼嚴重的苦難，情況一直到他們加入歐盟才有所緩和。老年人睡在巴士站牌的板凳上，對許多人而言，傍晚喝碗來自慈善廚房的燕麥粥是當天唯一的餐食。人們了無生氣、貧窮又絕望，無怪乎年輕人即便冒著巨大危險也想逃離。

在里加一間婦女中心的破舊辦公室中，塔締亞娜・庫若娃以奶球在咖啡上畫出一幅蒼白的圖。「無論如何女人都會出走，因為這裡完全沒飯吃。這裡的生活窮困得令人難以想像。你難以要年輕人停下來思考，看著父母親吃麵包屑過活，他們不想變成那個樣子。他們等不及想要改善生活。」

思維塔和柳芭很清楚，那些年輕有錢的人若非涉入犯罪活動，就是冒險參與某種西方生意。我們在咖啡廳碰面時，她們在求職廣告中找到一家徵人至愛爾蘭幫傭的僱傭公司，她們知道這類工作無法購買上好的精品，但至少是個起步。「我真的好興奮，」柳芭說著甩動黑色長髮。「一切都會變得不一樣。我們認真研究地圖和以前的地理課本，無止盡地討論這趟旅行，甚至已經開始打包行李了！」擁有一頭漂亮金髮的思維塔較為嚴肅，「我想盡快出國賺錢，完成更高的教育。」她的夢想是成為獸醫。

隔天，她們向我表達困惑和不安，因為僱傭公司老闆艾德格要求她們接受愛滋檢測。她們在等待室中碰到另一位進行第二次面談的女孩，她說艾德格要求照片，並詢問胸圍尺寸。這是正常的嗎？她們問道。我向她們保證絕對不正常。艾德格說，她們未來的雇主是康恩・佛萊先生，他在愛爾蘭哥爾威郡的波特姆納商業主街上，經營佛萊飯店和餐館，同時說明該處已有多名拉脫維亞與立陶宛女孩，她們都致電回報自己相當喜歡當地的工作。我建議思維塔和柳芭別輕舉妄動，由我先飛往愛爾蘭調查狀況。

若非此議題相當嚴肅，否則「到波特納姆尋找跨國性販運組織」這件事聽起來真的非常荒唐可笑。「鳥不生蛋」一詞的發明，或許就是為了描繪波特納姆這個位於愛爾蘭西部沿岸的寂靜小鎮，當地遊客中心推廣的行程包括騎馬體驗與教會參訪。「拉脫維亞在哪裡？」遛狗的老人在我向他詢問鎮上是否有拉脫維亞人時，如此回應著我，「是在南斯拉夫的某處嗎？」後來我在郵局得到確認，當地沒有任何拉脫維亞人。「不過，去年有些西班牙人。」女郵政局長補充了這個有用的資訊，她還說，鎮上主街也沒有什麼佛萊飯店或餐館。

不過我仍然找到了康恩．佛萊先生，他在當地一家漢堡攤翻煎著漢堡排。那只是一個擠身於塑膠桌子與自動點唱機之間的小攤販，主要顧客是一家網咖，根本無處容納一群拉脫維亞女服務生。我費了好一番工夫才理解為什麼在里加，他反倒成了從波羅的海國家進口女孩到愛爾蘭的商人。佛萊個性和藹親切，身分被冒用令他感到難為情又惱怒。他打開網路上的職缺說明，他確實想從國外僱請女服務生來工作。這並非異常行為，愛爾蘭經濟蓬勃發展的那幾年，服務業人手非常短缺，政府曾經在一年內簽發一萬份工作簽證，其中就有一千份都是發給拉脫維亞人。最後，佛萊找到一位本地人填補職缺。如果應徵到來自里加的女孩，你會要求她做愛滋檢測嗎？「我的老天，當然不。」他漲紅著臉回答。

我接著前往都柏林，當地記者已經為我安排好與一位曾參與此類背德買賣的玩家見面。

他工作得很晚，因此我們的會面訂在午夜過後的史密斯菲爾德紅燈區。他一坐進車子的後座，便表示只要不公開姓名，他就願意開口。他對波特納姆的身分冒用事件自有一套理論。「人口販子利用善良雇主做為幌子，趁機讓拉脫維亞的女孩在服務業旺季取得工作簽證。這很合理，這是一種新的遊戲方式。政府每個月要處理上千份工作簽證，他們根本沒想到有人會用這種方式濫用機制。」他解釋道，官方內部存在能夠取得簽證申請表的人，「他們可以藉此賺到非常多錢。」

人口販子先安排持有合法工作簽證的女孩飛往都柏林，自己再過去會合——她們永遠不會抵達波特納姆。他繼續說，之後，由於英國與愛爾蘭之間可以自由通行，從事性販運的人口販子藉此「滿足倫敦、伯明罕和曼徹斯特等地區的邪惡需求。我認識都柏林一個大人物，他將女孩送到貝爾法斯特，再從那裡轉送倫敦。」他解釋，此時女孩可能已經取得愛爾蘭的工作簽證，因此更容易被占便宜。「她會發現自己身處英國是違法的，皮條客利用的就是這一點。他們扣下護照，然後告訴女孩，帶她到英國共要花費一萬至兩萬英鎊。他們強迫賣淫，威脅她這是償還旅費的唯一方法；還款期間，她們一天通常要服務二十個客人。事實上，她們等同囚犯，皮條客會竭盡所能榨乾她們。」

我返回里加與思維塔和柳芭見面。我說佛萊先生是無辜的，但與僱傭公司見面的風險太高了，你顯然不知道自己將被送往何處。她們相當失望。「我懷抱那麼大的希望，我想要一個好工作，自己付錢上學。」柳芭說，「我本來有個生涯規畫，但現在我的未來已經破滅。」思維塔也是一副心灰意冷的模樣，她說：「感覺很糟。本來這會是一個開眼界的好機會，現在我才知道那些人只把我們當做獵物。」然而，思維塔和柳芭真的有從這次與艾德格的互動中學到教訓嗎？我感覺她們對我相當生氣，因為是我粉碎了她們的夢想。幾天後，我在同一間咖啡店遇見她們，他們又在研究求職廣告了。

我回到里加的婦女中心與塔蒂亞娜見面，我問她，為什麼政府當局不想辦法掃蕩性販運，尤其是像艾德格這種僱傭公司。「我們的工作量太大了。」她說，「看看我，我也很想去學校警告那些逃學的女孩，讓她們知道逃出去的人會遭遇哪些危險，後來回到這座城市的人狀況又有多麼悲慘。」

她伸手從身後架上的文件堆中取出一個資料夾。「該從何解釋呢？好，你看，這個女孩來到我這裡，她說她之前被關在波蘭的某個集中營，裡頭約有三百個女人。集中營圍牆上架著鐵絲網，周遭有狗看守。這個女人是性奴隸，而且他們不給她吃飯。總共有三人成功逃跑，她們為避開繁忙的道路和入境檢查選在黑夜中行動。我幫助的女孩就是其中之一，她當時真的是以爬行的方式進入我的辦公室。」

她要我當天傍晚再過去一趟，好讓我從她正在照顧的女孩伊里娜口中聽得第一手的故事。這位廿六歲、不停抽菸的女人，原本是里加的性工作者，後來有人說以色列能賺更多錢。「他們說一個月可以賺一千美元。他們帶著我們在以色列到處跑，將我們賣給不同的皮條客。我第一次被賣掉的時候，價格是一萬五千美元，第二次一萬美元，接著一路往下跌，直到沒有人想要我為止。我們一天要接十五個客人，我最多曾一天服務三十三個客人。我想一個月大概能為皮條客賺進二萬到三萬五千美元，但我一毛錢都沒有拿到。」皮條客最愛思維塔和柳芭這種年輕又天真的女孩，她說道，所以人口販子會為皮條客到處找人。「她們很容易威嚇，你懂的。年輕的女孩回覆求職廣告，想到以色列當互惠生，領一個月六百美元的薪水。人口販子會騙她找到了適合的家庭，也安排好所有旅行事務。等她抵達特拉維夫時，他們就直接帶她到妓院把她賣掉，就跟我們一樣。他們常對我們炫耀這種事。」

不止拉脫維亞和波羅的海國家，我拍攝過的關於性奴隸的報導比我自己記得的還多。我曾經追蹤一群皮膚白皙的尼泊爾年輕女人被交易到孟買妓院的事件，也曾跟著亞歷珊德拉、盧米拉絲和娜塔莉亞等一群悲哀的女人從烏克蘭被賣到美國的膝上舞酒吧——這些人都是出於全然的絕望才會鋌而走險。正如同當今的敘利亞與索馬利亞人甘願冒著溺死於地中海的風險，也要擠上超載的小艇，從利比亞逃往蘭佩杜薩島。前蘇聯的這些人民，在十五年前也做了類似的冒險行動。無以為繼的蘇聯政權必然要倒塌，但應該維持住的治安和國家福利政策卻也隨之崩毀，代價就是許多人民遭受苦難。

多年來，始終有些可怕的噩夢糾纏著我，其中許多都來自這時期的經歷。當年我曾造訪剛恢復舊名的聖彼得堡少年監獄，我仍記得裡頭糞便與汗水的氣味，設計用來監禁四個囚犯的無窗牢房總共關了二十個未滿十八歲的男孩；有些人甚至才十二歲，只因為偷麵包給挨餓的家人就遭受無限期監禁。他們沒上審判臺，在監獄中沒有任何消遣，因為國家無力負擔整個程序，也沒有錢僱請充足的獄警或供應醫療資源，結核病就這麼肆虐著整座監獄。

整個前俄羅斯帝國都落入如此悲慘的循環之中，但若真有「人間煉獄」，應該就是位於遠東地區的馬加丹（Magadan），此地在史達林時代為惡名昭彰的古拉格流刑地。想去馬加丹，你必須行駛過由古拉格囚犯建造而成「白骨之路」（Road of Bones），據當地居民所述，囚犯在建造過程中陸續倒下，屍骨全數埋入地底做為地基。我與老人娜塔莎．利維芙在她簡陋且寒冷刺骨的家中碰面，她於一九五三年史達林死後，自古拉格集中營釋放，但沒有能力負擔返鄉費用，因而留在此處成了這片土地的囚犯。一九四三年「衛國戰爭」期間——俄羅斯人口中的第二次世界大戰——她曾在羅斯托夫附近建造鐵路。當時俄國為防範德國入侵將基礎生產線東移，建造鐵路正是計畫的一部分。

「經理將工作用的靴子發給每個人，我的腳太小了，但靴子只剩男人的尺寸。我當時才十八歲，把腳放進去後就開始大笑胡鬧，在鐵軌上跳舞，逗得其他工人也都哈哈大笑。」後來她遭指控破壞戰爭成果，被送到距家鄉四千英里遠的古拉格集中營，從此就一直待在那裡。當地天候惡劣，連結各勞改營的鐵路網一年之中有六個月幾乎都覆蓋於白雪之下，但無論工作與否，這些人都是囚犯。蘇聯時期，許多工程師、醫生和教師被說服到類似的惡劣環境中工作，在合約期間，政府提供豐厚的津貼，同時保障他們返家時能取回原有的房子和工作。

然而，一九九一年蘇聯解體，盧布在一九九八年直墜貶值，所有承諾灰飛煙滅。

一九九九年，我在馬加丹最主要的醫院裡與弗拉迪米爾．列塔尼科夫（Vladimir Letenínkov）見面。他是一名烏克蘭出身的腦外科醫師，他的國家已經不再隸屬俄羅斯帝國，但他跟娜塔莎一樣失去了一切，根本沒有能力搭上返回基輔的火車——他的病人都以麋鹿肉片代替看診的費用。

不過對我而言，最悲慘的故事來自一個鮮少出現在報紙頭版的國家——摩爾多瓦（Moldova），近來它因為名列歐洲最貧窮的國家而獲得一點關注。摩爾多瓦跟拉脫維亞一樣曾隸屬於蘇聯，一九九一年帝國瓦解後，這個國家便暴露在殘酷的自由市場之中任人宰割，僅依靠農業以及到海外發展的人民匯回的資金才能勉強存活。摩爾多瓦的人口在過去廿五年間大量外流。

思科瑞尼（Scoreni）坐落於首都奇西瑙（Chisinau）西邊，是一個典型的摩爾多瓦村莊：單層木造建築，每個家的後院都有井，這裡還有一座洋蔥圓頂的東正教堂在陽光下閃閃發亮。那是個星期天，我站在教堂後方觀看漸近尾聲的禮拜儀式，悶溼的空氣中充滿薰香的氣味。教士手上的聖母瑪莉亞聖像鑲嵌在一個巨大的金框裡頭，他繞行於人群間，老邁的女人與年幼的孩子們在教士行經身旁時會跪下來，在胸前畫十字——女人確實可以參與祈福儀式，不尋常的地方在於，這裡完全沒有年齡介於十六到四十歲之間的女性。眾人離開教堂時，我向一個女人攀談。她們去了哪裡？我問道。「義大利、葡萄牙、土耳其，甚至是莫斯科。」女人說，「我沒辦法告訴你數量有多少，但我確定她們全都走了。」「這裡沒有工作機會，也沒有錢。」另一位解釋，「過去的國營企業、集體農場和工廠都已經關門，如今什麼都沒有。」「她承諾會寄錢回來的，」另一位生氣地說道，「但現在音訊全無。」

我與葉娃碰面，她是個六十歲的女人，身穿百褶長裙，頭上綁著當地最流行的碎花頭巾。我們一起坐在她小屋裡的廚房餐桌上，她招待我喝紅茶，佐以自製的莓果醬。紅茶的玻璃杯以及盛放果醬的瓷盤，小心翼翼地擺在手工刺繡的桌巾上面，葉娃同時給我一條與桌巾花色相稱的餐巾；村中全部的女人都在製作此類樣式過時、圖案繁複的手工刺繡，可惜當地企業家對這些東西並沒有多少興趣。她身上沒有幾張女兒的相片，沒有相機，也沒有照相手機，因此她拿出家族和學校的正式大合照。坦雅與丹妮拉——照片中的兩人都綁著雙辮，看起來相當活潑快樂。「她們離家時一個十八歲，另一個廿一歲。」她說。

當時有一個經紀仲介從城鎮來到思科瑞尼，她徵求三十歲以下的女人到義大利的時髦飯店當服務生。「那邊的語言跟我們的很接近，」這位仲介斯維特拉娜說道，「你們很快就能適應。」坦雅和丹妮拉毫無遲疑地答應了；所有逃學的人理由都相同：因為家鄉什麼都沒有。當時有人聽說摩爾多瓦其他地區的女孩從國外匯回大筆金錢，謠言立即傳遍整座村莊。葉娃是個年邁又窮困的寡婦，她鼓勵女兒出國。

友善親切的仲介與女孩相約在中央巴士站會合，她再三向葉娃與其他不安的母親確認安全性，並在母女啜泣著相擁道別時安撫她們。巴士駛離之後，她們沒再見過女兒。「後來謠言在村裡傳開，」她說著，一面拚命抑制哽咽的衝動，「關於綁架和酒吧，還有另一些更嚴重的事。」葉娃哭了起來，幾乎無法開口說話。我盡可能地安撫她，之後起身離開。「去看看阿娜吧。」她說著指引我前往教堂另一側的屋子。「她至少知道自己的女兒被送到什麼地方。」

思科瑞尼的房子都漆著亮色系的油彩，我沿著那條隔開兩側木屋的泥濘小徑走到盡頭。這裡的景色讓人恍如置身中世紀：女人從井裡將水打進木桶，鵝群在地上到處啄食，偶爾有馬車踩著達達的步伐穿越村莊。村子裡男人的數量或許比女人還多，但他們的狀況都不好——因為很少人擁有完整的兩顆腎臟。思科瑞尼主要的出口品有兩種：年輕女人和腎臟，而腎臟以非常荒唐的價格賤賣到伊斯坦堡與以色列供給有錢的病患。

阿娜和她的家人從屋子裡拉出許多把塑膠椅，我們一群人就坐在她家花園的一顆梅子樹底下。「那個經紀人剛到村裡時，我們都很歡迎她。」她解釋道，「她的名字叫坦妮雅，看上去是個很好的女人。我的女兒伊蓮娜留在這裡不會有工作，因此坦妮雅簡直像是上天派來的使者，她說她有朋友在伊斯坦堡經營飯店，需要聰明能幹的女服務生過去幫忙，她也認識幾個需要互惠生的家庭。」伊蓮娜在家人的祝福下搭乘坦妮雅的車離去。

不過，坦妮雅在帶走伊蓮娜的幾週後遭到逮捕。當時她帶著新一批的女孩正要離開摩爾多瓦，邊境警察罕見地展現好奇心，攔下她並質問車上為何有三個持全新護照的年輕女孩。她因而受控販運女孩至伊斯坦堡的妓院和酒吧賣淫。案件被廣泛報導，消息傳遍整個思科瑞尼。然而，此次的逮捕行動來不及解救伊蓮娜，據信她已經被送至伊斯坦堡。

「這種事怎麼會發生在我們身上？」阿娜問道，「我把女兒託付給那個女人，她帶走我們的小女孩後卻將她賣掉。我的丈夫因為這件事已經死了。」阿娜從手提包裡拿出伊蓮娜的相片，然後抓住我的手。「拿著！」她說，「去伊斯坦堡，我求你幫我找到我女兒。」她如此的堅持，以至我無法拒絕。我拿過照片，想讓她理解這件事的難度——我聽聞每個禮拜都有五十至六十個摩爾多瓦女孩被送到伊斯坦堡。我保證會努力找人，但也懇請她不要抱持太高的期待。

我和攝影師伊恩一同飛往伊斯坦堡，和當地羅馬尼亞籍的助手利維烏碰面（摩爾多瓦和羅馬尼亞使用相同語言）。接著我們來到伊斯坦堡最破敗的地區——約莫在塔克西姆廣場、阿克薩賴與獨立大街周邊——著手搜查每家酒吧。

我們三人過去經常共事。我們曾在羅馬尼亞拍攝影片揭露販嬰事件，當時為了證明在羅馬尼亞購買嬰兒相當容易，我們真的在七天內買到七個嬰兒，直到最後的付款前夕才即時抽手。

我們走訪每一家酒吧，利維烏自有方法與那些殭屍般的鋼管舞者交涉，她們離開舞台準備休息時，他把她們叫到一旁，然後拿出照片給她們看。後來皮條客生氣了：「如果你想跟單一女孩玩，」他隔著舞池對利維烏大吼，「一小時一百美金！」沒有人認得伊蓮娜。看著那些身穿坦克背心，露出細腰，腿上套著漁網絲襪的女孩，我開始對調查酒吧的策略產生疑慮。照片上十八歲的伊蓮娜雙頰紅潤、身材圓胖、頂著一頭蓬亂的褐色捲髮，身上穿著與摩爾多瓦相當合調的雪特蘭毛衣——典型的鄉村女孩。即便遭人逼迫，我仍不認為她適合當鋼管舞者。儘管樸實的外表不適合誘惑性的演出，但她的肉體大概還是能滿足基本的性交易需求。我腦中浮現伊蓮娜被賣至地下妓院與按摩坊的想法，身體不禁顫抖，因為娜塔莎・帕芙洛娃就死在那樣的地方。

隔天早晨，我們前往伊斯坦堡的巴士總站，許多來自摩爾多瓦首都奇西瑙的巴士都停駐該地，摩爾多瓦籍的司機們群聚在此聊天，不停地抽菸。調查出現第一個突破，有一對男女認出了照片中的伊蓮娜。「對，她一個月前就在這裡，她在找工作。」男人說。「我看見她沿著街道往巴士站跑去。」女人說道，「我想她應該是從酒吧、妓院或某個她被監禁的場所逃出來的，應該是想搭車回家。不過，她當然不會有護照和錢，所以回不了家。」

線索就到此為止。伊斯坦堡的失蹤人口辦事處位於藍色清真寺後方的公園旁邊，我抵達時看見一列整齊的男性打字員駝背坐在小凳子上，他們眼前的矮桌各有一台打字機，每個人都必須填妥官方表格才能進入建築物。打字員大聲而迅速地提出一連串問題，然後表格就完成了。「姓名？出生日期？地址？國籍？最後一次有人見到她是什麼時候？跟誰在一起？」「一個名叫坦妮雅的人口販子。」我說。當他問我跟女孩之間的關係時，我只請他打上「家族的一個朋友。」他從機器上撕下文件，遞給我時厭倦地嘆了口氣：「我每個月都要為你們摩爾多瓦人處理這種事好幾十次。」

我走進辦事處，來到標註著「失蹤人口辦事處，執勤官」的辦公室外頭。我和許多焦急的家屬並排站立，從事性販運的人口販子顯然將網撒得很廣，我們一群人看起來簡直像是前蘇聯十五個國家的各國代表。我被叫進房間，說出摩爾多瓦這個字時，又再獲得另一聲嘆息。執勤的辦事員伸手到身後的架上取下摩爾多瓦的文件夾，那是所有文件中最厚重的一份。「對不起。」他說著一面在我的表格上打洞，插入文件夾後立即闔上。「記錄中失蹤的摩爾多瓦人有上千位，尋獲的機會非常渺茫。」

基於預算限制，我無法親自回思科瑞尼向阿娜說明狀況。利維烏致電給她，儘管失望，她仍承認自己並沒有抱太大的期望；倒是得知伊斯坦堡的官方文件已經記錄了女兒的照片和名字這件事，讓她莫名地安心許多；利維烏非常謹慎，他沒有把辦事員聽聞又有摩爾多瓦人失蹤時厭煩嘆氣的反應告訴阿娜。

那麼，與葉娃女兒同村的其他女孩後來怎麼了？以為自己即將到義大利擔任女服務生的坦雅和丹妮拉，搭上公車之後將有何遭遇？

一旦巴士穿過國界，進入羅馬尼亞繼續西行，車內的氣氛便瞬即改變。安慰母親別再哭泣的友善仲介斯維特拉娜消失了，取而代之的是一名男性人口販子。巴士首先抵達塞爾維亞境內的貝爾格勒，把她們載到惡名昭彰的展示屋，人口販子在此奪走女孩的「初夜」，一方面是滿足個人慾望，另一方面能藉此讓受驚嚇的她們屈服。多數女孩都還是處女，拍賣會在她們遭受強暴之後緊接著展開。大量歐洲各地妓院的「買家」都會來到展示屋，女孩全身赤裸地在他們眼前走秀，接著人口販子邀請買家驗貨，女孩再次遭到強暴。隔天，買家便會帶著看上的貨品離開，開車穿過數個國界，最終抵達塞拉耶佛、科索沃、伊斯坦堡、阿姆斯特丹、哥本哈根和倫敦等地的妓院。這些皮條客手上握有女孩的護照，而且在穿越邊境時，她們會被下藥或者在威脅下保持安靜。

我從幾名成功逃跑的受害者口中聽聞此事，這些幸運的人通常會被重視性奴隸議題的聯合國國際移民組織ＩＯＭ（International Organization for Migration）送回家鄉。ＩＯＭ在奇西瑙有設立庇護所，工作人員允許我與幾位剛從波士尼亞首都塞拉耶佛被送回來的女孩見面。抵達庇護所時，她們每個人手中都緊抓一個印有聯合國標誌的塑膠袋，裡頭裝有少得可悲的個人物品。鮮少人持有護照，因此聯合國得為她們簽發緊急旅行證件——皮條客和酒吧老闆沒收了護照以及所有女孩賺得的錢。

庇護所的宿舍非常簡陋，她們扳緊手指，低著頭不安地坐在金屬床框邊緣。她們跟我說，她們對自己的愚蠢相當自責。當初為了體驗那貧窮村莊之外的世界，竟然真的以為只要賣力工作寄錢回家，就能贏得親友的讚賞，竟然相信那個到村子裡找她們的仲介。

女孩哭訴她們日復一日、年復一年掙扎求活的經過，她們被關在三流酒吧與旅館中骯髒的小臥房，幾乎不見天日。她們說人口販子、皮條客和酒吧老闆都會施暴，沒有工作時就被鎖在小房間裡頭。她們無法與家人聯繫，護照遭扣，也沒有薪水，逃跑機會希微。如今重回摩爾多瓦，她們會回家鄉嗎？被賣到塞拉耶佛的酒吧六個月的莫妮卡說，她的父母不會接受她。「我什麼事都不能說，這會出問題。我的父母非常嚴厲，他們不會理解這些事，因此我很害怕。當初的經紀人那麼友善，他帶走包含我在內的三個女孩，保證我們抵達義大利之後會獲得教師助理的工作，但後來我們被送到貝爾格勒的一間房子裡……」至此她已經無能抑制情緒，再也說不出任何話。

儘管不是她們的錯，她們仍然為此氣餒。這些經紀人鎖定羅馬尼亞與摩爾多瓦境內極端保守的鄉村，正是因為這些地區與世隔絕，人們對非法性行為、賣淫，或甚至被迫賣淫等事全然沒概念。這些事與香氣滿溢的教堂、木造小屋、手工桌巾如此格格不入，因此，當聰明的陌生人斯維特拉娜來到村莊，為他們的困境提供解答時，驚喜的居民立刻就相信她了——這些女孩羞愧得不敢回家。

一位名叫瑪麗安娜的女人在奇西瑙的IOM摩爾多瓦分部旁開設一家大型庇護所，在此收容流浪街童以及性販運受害者。她努力在庇護所中營造家庭的感覺。孩童和青少年一起用餐，睡覺前年長的孩子會讀故事給年幼的孩子聽。對他們而言這是一種療程，從不間斷的交談和歡笑聲聽來，這個方法顯然是有效的。

瑪麗安娜為從塞拉耶佛回歸的女孩安排裁縫與烹飪課程，主要是為了讓她們有個目標能保持忙碌。摩爾多瓦市場上充斥著印有美國商標，但由中國製的廉價織品，其實不太需要女孩耗費心力以古老裁縫機製成的這些衣物。她們被禁止單獨外出，過著囚犯般的生活。庇護所外頭總有男人在街上流連，等待著因厭倦生活而感到絕望的女孩逃出安全的住所，再次落入皮條客與人口販子之手。

離開前，我請瑪麗安娜估計摩爾多瓦地區的受害人數。她翻開巨大的文件夾，表示近三年遣送回國的有五百人。她們認為同一段時間約有七千五百個女人和女孩離開家鄉，因此有七千人已經失蹤，幾乎不可能尋回。

「失蹤女性的年齡介於十二到四十歲之間，孩子才十二歲就被他們帶走、摧毀。你看，這在破壞女性人口組成，甚至可以說是摧毀這個國家的未來。」瑪麗安娜的電話響起，另一架來自塞拉耶佛的班機降落了，又有更多殘破的生命等著她挽救。

然而，為什麼有這麼多來自塞拉耶佛的飛機？

第七章

男孩本性如此

——有聯合國維和部隊的地方就有人口販子

剛抵達摩爾多瓦首都奇西瑙的女人全聚集庇護所的公共室中，她們茫然、疲倦，而且飽受驚嚇。國際移民組織的女職員向她們介紹我的身分，並解釋揭露施虐者身分對保護其他女孩不受傷害的重要性，但多數人聳聳肩便離開房間。我一點都不怪被太多苦難消磨殆盡的她們，她們已經學會不要相信任何人，也沒有能力考慮他人的未來。最終唯有莫妮卡留下來跟我談話。

莫妮卡出身於奇西瑙，她比其他偏遠鄉村的女孩受過更多教育，也更懂人情世故。她現在了解，當初男友說他幫彼此在義大利都找到工作時，其實只是想將她賣給皮條客。經過三天的旅行，她抵達波士尼亞，來到塞拉耶佛一家名叫維拉的酒吧。這家酒吧提供膝上舞服務，下流的程度令她相當惶恐，接著一個女人竟開口要她脫去衣服加入她們。

「一開始我以為她在說笑，」莫妮卡說道，「我對她說，我沒有要待在這裡。她說我必須留下來，否則酒吧老闆會打我。她說我的護照已經被拿走了，所以我不能離開。她說我必須和任何要我的男人上床。隔天，我和酒吧老闆碰面，他說這趟旅程花了不少錢，我必須還錢給帶我到塞拉耶佛的男人。我一個晚上要接待八個男人。」

不過，莫妮卡接下來說的話才更令人震撼：「這些男人很多都是聯合國維和部隊成員，也就是前來幫助當地人民的警察與軍人。我求他們救我——尤其是那些年輕的隊員，但沒人願意。」波士尼亞戰爭結束後，數千名維和部隊隊員抵達，聲稱要幫助國家重建，支援建立公民及民主機構，並恢復其法律與秩序。維和部隊隊員的月俸非常優渥——這種事只要稍微向當地居民打聽就能知道——因此他們前腳才剛抵達，後腳從事性販運的人口販子就帶著受害女孩跟來了。

經過地獄般的六個月，莫妮卡終於逮到機會。「那天晚上非常忙碌，皮條客喝醉了，離開時忘記鎖門。我沿著走廊爬行，穿越一扇窗戶爬上外頭的太平梯。我沿著馬路一直跑，直到在路上碰見一個女人。我又哭又喊，但她聽不懂我說的話。她帶我去警察局，然後警察將我帶到安全的地方。」

保護莫妮卡的人就是能力出眾的希莉亞・德拉維涅（Célhia de Lavarène）；她身長五呎、穿著優雅、擁有一頭美麗的金髮，說英文時帶著迷人的巴黎腔——對任何人都無所畏懼。希莉亞是慈善機構「STOP」的創辦人，團隊成員大多是英國籍與愛爾蘭籍的警察。她獲得聯合國駐塞拉耶佛代表團主席的授權，全權處理發生於波士尼亞境內的性販運事件。她總共查禁十多家酒吧，已經在塞拉耶佛救出數百名女孩。

我們見面時，她正在與自己欽點的警察團隊進行每週簡報，針對近期發生的事件交換意見。一名年約三十出頭的英國警員約翰，分享他安插在地下俱樂部的線人所回報的消息，他說有個女孩連續兩天拒絕接客，「因此俱樂部老闆決定拿她殺雞儆猴。」他說，「她全身赤裸被丟進房間，客人只要付錢就能觀賞她被老闆與熟客強暴的過程。」另一位剛加入團隊的愛爾蘭警察泰瑞滿臉震驚。「他們不是人，」他說，「他們沒有情感，什麼都沒有。他們只把女孩當成商品。」

希莉亞同意讓我跟隨團隊一同進行「妓院突襲」，並指示我和我的組員隔日清晨四點到她的辦公室集合。我們浩浩蕩蕩往西駛離塞拉耶佛，破曉之前，整列警車與小貨車就已經抵達郊區那幢外觀難以形容的妓院門口。STOP團隊重擊房門，屋內傳出叫喊以及椅子挪動在木頭地板上的聲音。「裡面的男人吼叫著要女孩從後門出去。」警方的翻譯說道。「繞到後面去！」希莉亞對一名警員大吼，接著轉向其他人：「給我衝破這扇天殺的門！」

我們突破那道門，但皮條客已從後門逃跑，前屋的桌面只剩菸蒂、喝剩的咖啡以及成堆的錢。我們跟在希莉亞後頭衝上樓梯，在骯髒的小臥房內發現八個茫然的女孩。前夜的工作使她們身心俱疲，甚至沒有力氣聽從皮條客的指令逃跑。臉色蒼白，身體因為恐懼還在發抖的她們，擠上迷你巴士被載往當地警局，希莉亞竭力說明周遭的人都是朋友，一切都很安全。然而這並不容易，因為這些女孩長久以來已經學會不要相信任何人，尤其是身穿制服的男人。希莉亞對那些聯合國人員偽善的行徑感到相當憤怒。「聯合國維和部隊走到哪裡，人口販子就跟到哪裡，」她說，「這是聯合國現今最大的醜聞，但那些主事的男人卻只是聳聳肩，裝作什麼都沒看見。」

我與希莉亞一拍即合，自此之後一直是好朋友。聽聞摩爾多瓦女孩的故事之後，我返回BBC說服《通訊者》（*Correspondent*）紀錄片系列的編輯，允許我調查聯合國維和部隊以及軍人涉入性販運的事件。我們將影片取名為〈男孩本性如此〉（Boys Will Be Boys），因為他們總用這句話做辯解。希莉亞在突襲中解救的女孩來自摩爾多瓦、羅馬尼亞和烏克蘭，她們先被安置到塞拉耶佛的庇護所，等待聯合國的IOM團隊安排班機送她們返回自己的國家，有時候，女孩會要求作證指控施虐的犯人。勇敢的莫妮卡選擇留在塞拉耶佛而拒絕回家，正是因為她想要揭露施暴者的身分，並找出將她賣到妓院的男人。

「我必須和每個點到我的男人上床。每個晚上最少做三次，有時候一晚七、八次。多數是美國人，他們很愛玩，那些行為你無法想像。他們喝很多酒，講話很大聲，以玩弄女孩為樂，他們把我們當做垃圾在玩。我想要阻止這種行為，他們不應該做這種事，這對我和其他身處相同境遇的女孩相當不公平。」

她說她的客戶包含聯合國維和部隊、和平穩定部隊（SFOR）、聯合國指派的國際警察隊（International Police Task Force, IPTF）等組織的成員，還有在一九九〇年代末期接受徵召至波士尼亞參與重建的來自世界各地的警察。這些獲派至此重建這個破碎國家的男人，在莫妮卡求救時，全都回絕了。「他們說不想惹麻煩，因為他們不被允許到這一類的酒吧。他們說假如幫我，他們可能會丟掉工作。我必須自己想辦法逃走。」

莫妮卡在警局指認四名國際警察隊的成員，以及四名維和部隊士兵，她說當時已做好出庭作證的準備，但她沒有獲得機會。「我被送回家了，毫無理由，我不知道為什麼會這樣。我並不著急。我說，既然開始了，我就要盡全力阻止這種事發生到其他女孩身上。我非常生氣。我始終相信正義，但正義並不存在。必須要有人出來做點事，但我發現根本沒人在意，他們都在互相掩護。」

事實上包庇行為已行之有年，而試圖揭露的人都付出了代價。我與凱西・波克瓦克（Kathy Bolkovac）見面時，她已經被迫離開波士尼亞的崗位；凱西是位金髮、高挑豐滿的警察，一九九一年請調波士尼亞時，她在美國已有十年警員資歷。

「當時我已經準備好要做點改變。時機到了，我想追求更有意義的事。那時候我將近四十歲，不想再當處理平凡事件的巡警。另外，我父親的家族源於克羅埃西亞，我一直很想造訪那個地區。這似乎是個一舉數得的好方法。」

她將申請表寄到戴陽國際（DynCorp）——一家承攬私人軍事服務的美國企業，他們剛簽下合約，受准在波士尼亞經營諸多業務，包括開設五金行、咖啡館，以及徵募美國警員至當地就職。一週之內，她就獲得一份年薪八萬五千美元的工作，無需面試，只要到德州沃斯堡參與為期一週的訓練即可。「應徵的人要不非常年輕，年輕到我無法相信他們符合申請規定中載明的八年工作經歷，要不就是退休人士，多數人一生不曾有過年薪高於二萬美元的工作。」對於到波士尼亞任職的興奮與期待，蓋過所有的疑慮和不安，她就這麼與四十二位新招募的成員一同飛往塞拉耶佛。

最初，她的工作表現相當出色。她伸手拿出一本相簿，裡頭全部是她本人，包括一系列從聯合國駐地代表團主席、法裔加拿大人賈克・克萊恩（Jacques Klein）手上獲頒勳章的照片。她續簽三次半年期的合約，除了被授與勳章之外也獲得升職。「後來我擔任兩性平權辦公室的主任，負責監督波士尼亞境內所有涉及性別議題的調查，包括性販運、性侵犯以及家暴等案件。」漸漸地，她的工作被蓬勃的性產業占據，釐清性販運的運作模式並發現同事涉入其中時，她感到震驚又憤怒。如今回頭看，她說自己當初真是天真得無藥可救。「我開車巡邏時，看見許多聯合國的車停在酒吧外，起初我想，嗯，他們應該是在調查什麼事，順便小酌一杯。」

後來，摩爾多瓦女子維多莉亞讓凱西開了眼界，她才了悟真正的施暴者和玩家的身分。某天早上，一輛YUGO牌的白色巡邏車停到凱西的辦公室外面，一名「可能只有十幾歲」的女孩身穿短裙和坦克背心踉蹌跌出車外，她凌亂的頭髮沾滿樹葉與泥巴，陪同的警員說明這名神智模糊的女孩，被人發現在波士尼亞河的河岸邊遊蕩。

波克瓦克讓女孩進辦公室，同時請來翻譯助理。她對於女孩不懂波士尼亞語感到相當訝異，因為這個慘遭戰爭蹂躪的國家工作機會不多，據她所知，當地沒有為了工作而移居的人。波克瓦克在努力理清狀況的同時，注意到女孩脖子上有一些血痕與瘀青。終於，他們知道她名叫維多莉亞，來自摩爾多瓦。

除「維多莉亞」和「摩爾多瓦」之外，女孩不斷重複的另一個詞彙是「佛羅里達」。最初波克瓦克無法理解，但後來她想起塞拉耶佛郊區的河岸邊，以白菜卷聞名當地的餐廳旁那家外觀破敗的夜店就叫佛羅里達。「我總是在佛羅里達的停車場看見聯合國的卡車，」波克瓦克回憶道，「我以為那是因為餐廳車位不足，他們才停到那裡。」維多莉亞發現波克瓦克想起了佛羅里達後便抓住她的手，用哀求的眼神看著她。

波克瓦克將維多莉亞安置在旅館，同時指派警員站在門外看守。當時希莉亞·德拉維涅尚未來到此地，因此沒有任何收容性販運受害者的庇護所。之後她與一名當地的警察以及翻譯開車前往佛羅里達，進入店內，他們發現酒吧空無一人——「沒有服務員、沒有酒保、沒有顧客，吧台上有幾杯半滿的啤酒，空氣殘有香菸與汗味。如果只是一般夜店，沒有必要這樣緊急撤離，顯然有人提前通報了我們的到訪。」

波克瓦克發現一只類似槍箱的金屬箱中滿是美金。「在這個森林與山脈環繞四周，哪兒都去不了的荒涼地區，為什麼用美金做為交易貨幣？」她自問。接著答案出現了，她找到一綑女孩的護照，她們各來自烏克蘭、羅馬尼亞與摩爾多瓦，多數只有十五歲左右，其中也包含維多莉亞的護照。波克瓦克走出戶外冷靜她的情緒，試圖釐清整件事背後的意義。她發現一道通往建築物側邊的太平梯上頭有扇木門。她喚來那位波士尼亞籍的警員戈蘭，兩人一同走上階梯。戈蘭試圖開門，但門鎖著。「裡面沒有人。」戈蘭如此推斷，但波克瓦克用她的軍靴踢開門進到室內。「另一側有個類似閣樓的房間，室內相當悶熱，有七個眼睛大睜的年輕女孩擠在一塊。她們臉上驚駭的表情我太熟悉了。」

兩張褪色的床墊鋪於地板，女孩們坐在上頭恐懼地發抖；她們的衣物塞在塑膠袋裡，垃圾桶垂掛著許多保險套。「我們現在要帶你們到安全的地方。」波克瓦克透過翻譯對她們說，「還有其他女孩嗎？請告訴我，讓我去救她們。」一位金髮藍眼睛的女孩用手指向窗外淙淙的流水，聲音顫抖地說道：「我們不能說，我們不想被丟進河裡。」

波克瓦克一一訪談每位女孩，內容與先前奇西瑙倖存者的故事完全符合。「她們如此年幼，如此脆弱，卻願意離家到西方工作。」波克瓦克回憶道，「人口販子與皮條客恐嚇、逼迫她們賣淫。這並非帶她們上街，丟進妓院，然後開始工作這麼簡單的事。基本上他們會使用相當可怕、令人心理受創的方式強暴、虐待、羞辱，迫使她們乖乖聽話。」

這些「佛羅里達」的女孩內心受創太深，即便隱約透露客人中有些穿軍服的人，但因為害怕遭受報復，她們仍拒絕出面指認施虐者與皮條客。幾天後，IOM將她們各自遣送回國，而波克瓦克始終惦記著那只藏匿美鈔的金屬槍箱。在波士尼亞，唯一能取得美金的地方只有美軍基地，勢必有什麼事錯得非常離譜。

幾個月後，波克瓦克搜捕了多博伊（Doboj）鎮上莫妮卡曾經工作過的維拉酒吧，這次她的運氣比較好，受害者都已經做好開口的準備。「這些女人暗示國際警察會到酒吧尋求性服務。她們描述出男人身上的美軍制服與刺青，許多細節能夠用來核對身分。身為警察，我們已經準備好揪出這些人，她們也準備好出庭作證。」

然後，凱西想到了一個自認相當聰明，也有助於調查的方法。她寄送一封電子郵件給美國分隊的指揮官，也就是她的上司。信件內容提及每位任職波士尼亞的警察都必須配戴的附照片的識別證，她推測女孩正是藉此辨認出男人的身分。隔天，美國分隊的每位成員都收到一封富有告誡意味的電子郵件，內容提到了波克瓦克的計畫。「我真的覺得他毀了整個調查，假如真有美國人涉入其中，這封信會讓他們有機會編造不在場證明，或者互相包庇。」

然而，經過反省，她認為或許有些人真的不了解其中的差異。她想，向大家解釋性販運的相關細節應該會有幫助，因此她又再寄信給美國分隊的所有成員：

妓女：自願出賣肉體，以性服務換取實質利益或金錢，隨時擁有說「不」的權利。

性販運人口販子：以買、賣、運送、奴役、誘騙、許諾、綁架、收買、強姦或脅迫等方式獲取實質利益的人。

性販運受害者：多為女人、小孩，常常被你們指稱為妓女。

常客：波士尼亞與赫塞哥維納地區的部分居民、SFOR、國際警察隊、地方警員，以及國際人權組織的員工。

信件的最後，波克瓦克說明了她選擇到波士尼亞工作的動機。她承認錢確實是一項誘因，但她從未忘記自己的主要任務是保護並服務人民。「任務結束時，我們的口袋會裝滿錢。」她寫道，「胸前配有勳章，領口掛上新的軍階，這是我們在國內部門永遠做不到的事。我們之中的某些人或許有機會協助一或兩個『妓女』逃離一個非常危險而且絕望的處境。或許有人說我們是用心思考而非用腦思考，但無論如何，我們至少還有思考的能力。」

隔天，他們以「心理倦怠」為由將波克瓦克調離職位，不久後她就因偽造工作時程表遭解職，她全盤否認。直到打包行李的時候，她仍能感受到威脅。「有輛車夜以繼日等在我家門外。」她回憶道，「甚至有同事說，他們為我的生命安全感到憂慮。」我與攝影組抵達塞拉耶佛時，凱西．波克瓦克已經離開，但我找到了留下來的人，有位女性職員對當初的事件尤其不安而憤怒。我接著與聯合國人權事務理事會的主席瑪德蓮．里斯（Madeleine Rees）取得聯繫，我問她波克瓦克被認定心理崩潰，此項判斷是否正確？「根據什麼判斷？」她回答，「這件事沒有經過任何評估程序，沒有人諮詢過她，當時也沒有適當的專家可以做類似的診斷。」

所以，為什麼要拔掉她的職位？「我想，顯然是因為她是前線人員，她會與性販運的受害女人對談。她的工作表現非常出色，她與每一位受害者都聊過，她們也都通過了IOM的審查。藉由這些受害者，她發現國際警察隊涉入很深。」波克瓦克控告戴陽航太公司，為自己遭受不當免職申請賠償——戴陽航太為當初雇用她的戴陽國際的英國分公司。二〇〇二年，此案件在英國南岸的南安普敦開庭，她在一致贊同下取得勝訴。她所提及的警察中有幾位遭到解職，但任職於波士尼亞的他們享有起訴豁免權，因此沒有人被起訴或判刑。

與波克瓦克初識過後十年，我們在她到倫敦宣傳新書時，才又見面敘舊。她寫了一本談及波士尼亞那段經歷的作品——《追密者》（*The Whistleblower*），後來也改拍成由瑞秋．懷茲主演的同名電影。國際特赦組織邀請我到克勒肯維爾那棟新穎時髦大樓內的劇場採訪凱西，結束後她回覆幾個問題，例如，她現在對此是否還感到憤怒？「怒氣來了又走，」她說，「當然，官司我打贏了，但我從未獲得真正的答案。」

另一位提問者問及男同事的態度。波克瓦克表示資深職員多抱持「拜託，這是一場戰爭耶！」的態度，女警員則忍受著男同事的性騷擾，但所有行為都可以用「男孩本性如此」作結，當時的氣氛就是如此。還有一件事令她相當感冒，那些男人全然輕視受虐女性：「她們是戰爭中的蕩婦，就是妓女，她們自找的。」

我找出早年採訪波克瓦克的筆記，當時她尚未在法庭獲勝，她沮喪地對我說：「有時候我覺得這一切真不值得。我放棄舒服的人生，從美國到波士尼亞從事國際性的任務，但現在事業毀了，信譽也毀了。不過也有時候，我認為只要有一個人站出來事情就會有所改變，必須踏出第一步，然後堅持下去。」

沒人能質疑波克瓦克的膽試與勇氣，她的作為值得喝采，但真的有促成改變嗎？證據顯示，這個涉及許多脆弱的年輕女性的性產業，總是緊緊跟隨著龐大、由男性主導一切的國際維和部隊。不過，既然這種現象已經證實存在，那最高指揮階層的包庇行為，又該如何解釋？

我接著前往羅馬尼亞與另一名維拉酒吧的受害女孩見面。我們在羅馬尼亞西部一個靠近布拉索夫（Brasov）的小村莊會面，差別在於，她的父母在她歷經折磨之後仍然歡迎她回家，因此我得以在鄰近艾琳娜家的一座綠樹成蔭的果園裡採訪她，我們就在蘋果與梨子樹下進行談話。「我們一個晚上必須賺兩百馬克。老闆說他花費在我們身上的錢必須有所回報，假如我們拒絕工作，他就威脅不再供應住處與食物。如果我們還是拒絕就會被打，沒有好好服侍客人也會被打。」

艾琳娜很幸運，她工作才約兩週就有一位在國際警察隊組織工作的阿根廷人同情她，他支付三千馬克請酒吧老闆放她走；像個奴隸一般，他買下她的自由，然後幫助她返回羅馬尼亞。當時她決定忘記波士尼亞的一切重新開始，但令她吃驚的是，幾個月後，聯合國駐塞拉耶佛代表團的主席賈克・保羅・克萊恩（Jacques Paul Klein）因公親自前往布加勒斯特（Bucharest），他派了一輛車接艾琳娜到市區見面。

她說，克萊恩給她看一本相簿，裡頭有二十位國際警察隊警員的照片。我問她，你能認得多少當時的酒吧顧客？「在他給我看的二十人當中，大概只有三位我沒印象。當時我指認出他們，但據我所知什麼事都沒有發生。他只對一個人有興趣，就是救我的那個男人。他們想要找出他曾流連那一類酒吧的證據，藉此將他遣送回國。他們在追查協助我的人。」

我回到聯合國駐塞拉耶佛代表團的總部，向賈克・保羅・克萊恩提及這次不尋常的會面。為什麼他堂堂一個代表團的主席，聯合國祕書長的駐波士尼亞特別代表，要特別到羅馬尼亞與一個性販運受害者見面？「我以前是刑事調查員。」他解釋道，「我是個特務，有經歷也有警徽。我處理謀殺、詐欺或其他各類型案件的經驗比國際警察隊團隊任一成員都還豐富。當時我到羅馬尼亞處理事務，順便做了這件事，沒有什麼不合邏輯或違法的地方。」

那麼，他從訪談中得到了什麼？「我確信她指認出一個人，該成員遭受處分，已經送返他的國家。」我對克萊恩說，兩天前我剛與艾琳娜談過，她說她一共指認十七名警員。「她公然說謊，我有訪談記錄，她並沒有向我指認十七人。完全是個謊言。」你是在保護這些人嗎？我問道。「喔，拜託，正經一點。」他憤怒地回答。「我還以為你是個專業的記者呢。」為了確認他對訪談的回憶是否正確，我要求克萊恩辦公室的人員讓我查閱訪談記錄。我不確定自己是否專業，但總之，他們沒有給我那份資料。

這是一個出身羅馬尼亞小村莊的性販運受害者與聯合國高級官員之間的爭論，毫無疑問，我們永遠無法獲知真相。我接著拜訪代表團的人權理事會，我問理事會主席對於賈克親自介入該層級的事件是否感到訝異。「我認為假如你問他這個問題，他會說他想親自找出真相，確認國際警察隊是否真有涉入性販運事件。」瑪德蓮・里斯說道。「否則，」她再補充，「當你擁有那樣的輩分與地位，你不會去拜訪單一個性販運受害者。性販運受害者需要的是協助與諮商輔導，當時她尚未準備好以那種方式作證，他的做法相當不尋常，也不適當。」

克萊恩確實將數十名在波士尼亞涉入性販運情事的國際警察隊警員遣返回國，但也僅止於此。在塞拉耶佛時，他解釋自己的權力有限：「我採取零容忍政策，我將他們送回家。任何人都可以在任何時候進入我的辦公室，給我那些接受妓女服務的警員的姓名，我會立刻開除送走他們。問題是，包括你的國家在內的任何國家都不會撤銷外交豁免權，因此不會有任何事發生，就這麼簡單。無論我們多想改變，它就是不會發生。」

克萊恩用了「妓女」這個字，宛如刻意使人想起波克瓦克那封聲名狼藉，害她自己被開除的電子郵件。波克瓦克說對了嗎？他和他手下的那些男人真的只是無法區分性販運受害者與那些有權說「不」的女人之間的差別？

波克瓦克離開波士尼亞後，克萊恩指派希莉亞・德拉維涅與STOP團隊處理相關問題並突襲妓院。他們的成果豐碩，查禁上百家妓院，將三百位女孩送回家鄉。儘管如此，瑪德蓮・里斯認為這些行動大多只是在作秀，只是為了展示公共消費的用途，製造戲劇效果與頭條新聞，試圖讓人注意到聯合國有在處理問題。不過她也說，實際狀況更加複雜，更重要的是，這是一門市場導向的生意。

> 人口販子不是笨蛋，他們不會乖乖坐等你來突擊。不，當然不會，這樣他們將損失慘重。他們持續逼迫女孩賣淫，但改用不那麼容易被追查的方法。他們不再讓女人待在酒吧，現在你只要撥行動電話，他們就把女孩送到公寓、旅館或者餐廳。夜店和酒吧已經看不見她們的身影，但你會在餐廳樓上發現一些小房間——你在餐廳買女人，然後帶她們上樓。

STOP或許查禁了上百家酒吧與夜店，但被起訴的老闆寥寥無幾。在波士尼亞，國際維和部隊不受一般嚴謹的懲處程序牽制，而當他們轉往下一個救援目的地時，狀況也同樣如此。

我從塞拉耶佛前往科索沃，波士尼亞戰爭爆發的六年之後，此地也爆發衝突。在科索沃的首都普里斯提納（Pristina），每兩台車就有一台隸屬國際機構，當地居民稱國際警察紅白相間的車子為「可口可樂車」，最多曾同時有五萬名國際維和部隊人員派駐於此。美軍基地邦德斯蒂爾（Bondsteel）相當龐大，為了服務那些聲稱連休息時間都拘束於軍營中的男人，內部包含電影院、披薩店、漢堡店等設施極盡完善。然而，當地仍有提供性病診療的診所，我詢問值班醫生：邦德斯蒂爾的性病發生率高嗎？「確實有一些病例。」他回答。「你是說派駐此地的男人在這裡染病？」「是的，女士。」他說。

我離開邦德斯蒂爾，開車巡繞市中心。我第一次造訪此地是在戰爭前期，二〇〇二年再訪時酒吧明顯增多。對記者而言，向計程車司機打探消息不是甚麼新奇事，他們通常相當靈通。我坐在巴希金的計程車後座問他：先出現的是士兵還是酒吧？「部隊來了之後，酒吧才開始設立。」你曾經載士兵到那些地方嗎？「幾乎每隔一、兩天就會。」他回答，「他們有時候穿制服，有時候會在車上換成便服——從軍人變成平民。附近居民不喜歡這個現象，他們覺得這給年輕人帶來壞榜樣，但軍人就是軍人，假如外頭有夜店，他們就不會安分待在軍營。」

又來了，男孩本性如此。維和部隊初抵科索沃時，獲得熱烈歡迎，因為當地的阿爾巴尼亞社群迫切需要有人保護他們，免於塞爾維亞統治階層的攻擊。如今居民已經開始懷疑他們是否真的需要這些保護者的幫助。性販運產業漫布普里斯提納，一如既往暗藏在夜店、按摩坊或者隱密的房屋之中，女孩受囚於閣樓般的小房間內。

有些關注類似議題的非政府組織除了幫助逃脫的女孩，也在當地設立了不少庇護所。我在其中一家庇護所中遇見十四歲的露潔塔，她身穿牛仔褲、運動鞋以及一件印有米妮的棉衫，外觀與一般青少年並無二致。露潔塔坐在廚房餐桌上，身旁的中年婦女正在鼓勵她畫畫；她皺著眉，專注地從大量色鉛筆中挑選她要的顏色。我看了幾張作品，第一幅畫中有個女孩站在車子旁邊，下一幅是裸體的女孩，第三幅還是同個女孩，但她被擋住了，因為她旁邊的男人壓在她身上。「他們一直強暴我，無時無刻。」她說。

負責照顧她的治療師是思維迪，她相信畫圖有助於治癒，她請露潔塔把她的故事說給我聽。大概一年前，她十三歲，她說：「我和一個朋友走在前往學校的路上。有一個女人攔住我，問我要不要去酒吧工作賺錢。我拒絕了，但她強迫我跟她一起走。她開車載我經過有士兵看守的檢查站，最後到了一間有士兵在裡面的屋子——她把我丟進裡面。我跟他們說我不想做這種事，但他們強迫我，他們打我。我跟那個女人說我不想做這種事，她也打我。」

露潔塔說，她從說話的方式知道他們是外國人，而且她也看見他們開外國人的車。什麼樣的車？我問她。「紅色和白色的車。」她說。思維迪溫柔地要露潔塔繼續畫畫，她帶我到另一個孩子聽不見談話聲的房間。她說，一些強暴年輕女孩的維和部隊成員與警察都已經被遣送回國。但有人被判刑嗎？我問。「沒有，他們有豁免權。在這裡你沒辦法逮捕國際警察和士兵，派駐國外的他們擁有豁免權。就算強暴未成年女孩也不會受罰，殺人也都沒事！」

難怪那些勇敢回擊的女性如此絕望。凱西・波克瓦克熱愛警察工作，但她在那場官司之後再也沒機會重返崗位，電影和書都為她招致惡名。「這個圈子很小，」她說，「我很不受歡迎。」這段時日，她在一家國際拍賣公司處理文書工作。「我還能說什麼？我盡力了。我很努力工作，但也只能祈禱某天這一切會有所改變。」但她並不樂觀。

希莉亞．德拉維涅與她的STOP團隊持續在巴爾幹半島執行任務，首先是波士尼亞，接著轉往科索沃兩年。他們掃蕩數百家酒吧與夜店，解救出非常多年輕女人，提供諮商服務並將她們遣送歸國，幫助她們恢復健康。當聯合國團隊轉移到賴比瑞亞時，她也從巴爾幹半島被派往該地執行相同任務——年輕女孩不斷從亞洲、北非與東歐最貧窮的國家，被送去滿足維和部隊的慾望。

她在賴比瑞亞的第一個任務是解救三十位從東歐被送過去的女孩。這些外國買春客拒絕與非洲女人上床，他們要求白皮膚的女人。更令她震驚的是，她在賴比瑞亞發現了這門國際交易的另一條分支。就在聯合國維和部隊的士兵要求從羅馬尼亞與摩爾多瓦進口白人女孩的同時，「我們注意到另一條自賴比瑞亞送往倫敦的路線。當時我接獲一通倫敦的電話，對方表示賴比瑞亞女孩在當地淪為性販運受害者。」希莉亞說。

我和希莉亞始終有保持聯絡，不過直到塞拉耶佛那場「妓院突襲」的十二年後才再次碰面。我們在西班牙餐廳共進午餐，她說賴比瑞亞的狀況與我們當年在巴爾幹半島上看到的完全相同。「他們沒收女孩的護照，關在房間內強暴、毆打、拖行、逼迫賣淫，客戶群也沒有改變——人稱『國際維和部隊』的隊員。」

提到一名獅子山共和國的女孩時，她的眼眶盈滿淚水。她說這個十四歲的孩子某天在放學回家的路上遭到綁架，接著被賣到賴比瑞亞自由城[1]的一家俱樂部當性奴隸。後來希莉亞成功解救這個女孩並將送她回家，女孩停留在STOP團隊的安置所那段時間，她們兩人相當親近。那是最令我心碎的故事，她這麼說道。不過她在賴比瑞亞的任務尚未結束。「我不會說我們已經成功了，」她說，「性販運問題目前或許有所控制，但若我離開，所有人口販子恐怕都會知道。」希莉亞·德拉維涅接著又再跟隨聯合國代表團至柬埔寨與東帝汶執行任務。「永遠有工作等著我們。」她悲傷地說。

1 譯註：自由城（Freetown）是獅子山共和國的首都，此處的賴比瑞亞應是誤植。

第八章

迫婚——從喀什米爾到布拉福

每次要回巴基斯坦過暑假我都很興奮，因為媽媽會買新的沙爾瓦卡米茲[1]和涼鞋給我、妹妹和兩個兄弟，而且所有的叔叔伯伯都會到伊斯蘭馬巴德機場跟我們見面。我們會先在米爾布爾（Mirpur）市區停留一段時間，接著前往叔叔嬸嬸經營的農場。他們有一個年約二十歲的兒子，又瘦又高，駝背而且長得很醜。他的臉上長滿皰疹，眼珠子是綠色的，看起來邪惡又嚇人。周遭沒有其他人時，他總會跑來跟我說話，我雖然害怕，但仍盡量表現出開心的模樣，因為我是客人而且他是我的表哥。當時我十五歲，畢業後打算繼續念大學，他每次都說我和他很快就會結婚，我沒有把他的話當一回事，因為人家都說他的腦袋有點問題。現在，他是我的丈夫。

娜齊許目前藏身伊斯蘭馬巴德。她坐在沙發上，窗簾緊掩，因為附近住著許多好奇愛打聽的鄰居。她很漂亮，骨瘦如柴，藉由不停抽菸來安定情緒。憶及童年，她說無可化解的文化衝突充斥在許多定居英國的年輕巴基斯坦人的生活中。「家裡由男人主導一切，我們必須嚴守紀律，敬重長輩，我甚至得服從於兩個兄弟。我不明白為什麼朋友可以在星期六出門逛街，我卻不行。我只能在媽媽或兄弟的陪同下出門，每次在外面碰見朋友或學校裡的男生，我都覺得很丟臉。」

外出時，她必須套上頭巾和一條寬鬆的圍巾。「我每天早上都把圍巾丟到家後面的桶子裡，然後拿出我的化妝品和貼滿流行歌手以及演員照片的文件夾。我只是想跟其他孩子一樣。」當時她剛完成GCSE認證，正要開始「A Level」[2]的學程。「原本一切順利，直到某天有個男生打電話來家裡找我。我的父母一直都會監聽我和朋友的電話，他們確信我在跟那個男生約會。」為了處罰她，他們以參加表親婚禮為由帶她回巴基斯坦，但其實是個陷阱，娜齊許因此被強迫結婚。

「婚禮過程中，我的母親和祖母緊緊抓著我兩隻手臂，把我弄得很痛，她們告訴我假如不完成婚禮，心臟不好的祖父就會死掉。她們說他會因羞愧而死。」新郎就是她小時候覺得「邪惡又嚇人」的表哥，他不僅不懂英文，還是個文盲。「他會翹掉工作，成天和朋友一起看色情影片。他回家就把我壓倒，跟我說他要做他在影片中看到的事。這不是愛，是強暴，我只能緊抓著床墊邊緣等待一切結束。每次他湊近我，就是強暴。」

她的婆婆同樣壞心。「她下定決心讓我這個來自英國的聰明媳婦做所有的工作。當地是一個以水牛輔助耕作的小村莊，我必須照顧那麼多水牛，我連水牛都沒看過！我必須打掃房子，洗碗盤，洗衣服，打掃庭院，清理動物的排泄物，還要煮午餐。我必須把鍋子放在火堆上煮，但完全沒做過類似工作的我連生火都不懂。我總是把自己燒傷，然後婆婆就破口大罵。」

1 印度男女性都會穿的傳統便衣，由洋裝式的長罩衫（kameez）搭配長褲（salwar）組成，合稱為沙爾瓦卡米茲（salwar kameez）。

2 GCSE為英國中等教育證書；A Level為高等教育前的先修課程。

娜齊許想起父親前去探視她當天的情景，不禁開始哭泣：

婚禮過後約一年，我已經懷有五個月身孕。他從布拉福飛來，走進後院時手上全是燒傷疤痕的我正在照顧水牛。我的狀況很糟，我沒有洗澡，身上只穿一些破布。我經常好幾天沒洗澡，不梳頭也不刷牙，我希望這樣丈夫就不會靠近我。我的父親滿臉震驚，我看著他，露出『還記得我嗎？我就是那個原本夢想成為醫生的人？』的表情。不過，他的驚訝沒有延續太久。畢竟這是關乎家庭與名譽的交易，他必須履行責任。

孩子出生一年後，娜齊許成功從米爾布爾鄉村逃往伊斯蘭馬巴德，她幸運地在有錢人家裡找到保母與英文教師的工作。這家人的庭園有管理員看守，她和兒子安穩定居在員工宿舍之中。

採訪完娜齊許，我和攝影師伊恩以及拉齊婭．索達加（Razia Sodagar）開了兩小時的車，從伊斯蘭馬巴德朝東南前往喀什米爾地區的巴基斯坦屬地米爾布爾。我們正在為《新聞之夜》拍攝關於迫婚的影片，而拉齊婭是前來協助我們的反對迫婚的社運分子。抵達後，我們向當地警察與記者打聽英國女孩被送至米爾布爾的事——每年有數百位女孩被強迫與素未蒙面而且跟她們毫無共通點的男人結婚；我們四處打聽的行為加上白皮膚和攝影器材引來了許多好奇的目光，後來加比爾飯店的會客室出現一張粉紅色紙條，使謠言鵲起。紙條上寫

2011年12月攝於倫敦。

2011年12月：蘇與艾美獎獎座合影，得獎影片為她為「BBC World」製作的影片《泡影中的北韓》（*Inside the North Korean Bubble*）。

1970年代晚期：王室參訪位於倫敦威爾斯街的ITN前新聞工作室；查爾斯王儲與蘇。

2013年8月：甘比亞伊瑪目，同時身兼伊斯蘭事務最高理事會會長的拉明圖雷（Muhammed Alhaijie Lamin Touray）與蘇談及割禮對女性的諸多好處時露出笑容。

2014年9月：蘇與梅里特（Mary Merritt）前往安葬她過往同事的大型墳墓悼念；梅里特以前是都柏林抹大拉高園洗衣廠的工人。

2012年3月：蘇為了能在沙烏地阿拉伯境內工作，於一家商店試穿「阿芭雅」長袍。

2005年10月：蘇和丈夫尼克攝於帕爾馬（Palma, Mallorca）；兩人自2003年開始定居於馬約卡島上的費納盧奇（Fornalutx）。

1991年4月：蘇與她的兩個小孩莎拉和喬治在賽普勒斯度假。

著：「致米爾布爾的BBC人員。」內容非常簡要：「我需要協助。請你們明天來找我，我會想辦法獨自和你們見面。科希瑪。」下方留有一列當地地址。

我們站在能清楚看見商業大街的飯店陽台上討論該如何處理紙條。米爾布爾是一個完全屬於男人的世界，俯視鬧街，不見任何女人，她們都躲在緊掩的門後。駱駝、山羊，閃閃發亮的新型運動休旅車來去穿梭，街道上外觀時髦的銀行打出「即時兌換外幣」的廣告，旅行社的數量也相當可觀，英國航空甚至在此設立分公司，他們正是負責米爾布爾至布拉福航線的中介者；我還發現，郵局裡有些排隊撥打國際電話的人，說話帶有西約克郡的口音。

米爾布爾與英國之間的故事，要從一九五〇年代談起，當時喀什米爾和旁遮普的邊界建起曼格拉水壩（Mangla Dam），建造過程中洪水淹沒米爾布爾幅員廣闊的農業用地。為了補償損失，英國政府提供當地人民到西約克郡從事紡織產業的機會，因此人們的賠償金大多用來購買機票給即將離開米爾布爾前往英國發展的男人。如今，回報的時候到了，當初留守米爾布爾的人要求已經安身於英國的親戚，將女兒嫁回給自己的兒子，讓他們藉此也一起去英國生活。

我們決定與科希瑪碰面，拉齊婭也自願一起前往紙條上的地址。拉齊婭在布拉福營運一個名為「我們之聲」（Our Voice）的自助團體，我們已經相識許久，我知道她曾在地方議員與移民局局長面前，勇敢陳述她認為英國政府包庇迫婚行為的想法。她確實相當勇敢也充滿自信，但為了預防意外，我們還是請司機待命屋外以便隨時離開。我們都清楚事情可能在瞬間演變成暴力事件。

走進屋內，我們驚訝地發現有幾個女人在裡頭四處走動。拉齊婭對她們說我們要找科希瑪，她介紹自己是科希瑪學校的朋友，而我是她的家族友人。剛起初，我們完全沒有一對一談話的機會，科希瑪的母親毅然決然地坐在女兒身旁，像只老虎鉗緊緊抓著她的手臂。拉齊婭侃侃而談，向眾人訴說她與科希瑪之間根本不存在的往事，然後她說：「嘿，科希瑪，你已經忘記英國的習慣了嗎？要不要一起喝點茶？」她的母親放開手，我跟著這兩位年輕女子走進廚房。

儘管科希瑪一鼓作氣地傾訴，門外不安的視線仍很快就打斷了我們的談話。科希瑪原本在布拉福大學攻讀科學的學位，接著被騙到巴基斯坦參加表親的婚禮。她想要當藥劑師，但父母不想讓她繼續念大學。他們擔心自己會失去對於女兒的控制，而且他們認為英國同學放蕩的行為會對她產生影響。

抵達米爾布爾之後，她才發現親戚們正在籌備的其實是她的婚禮。當時她在英國有男朋友，因此強烈拒絕這門親事，但最終因為毒打而屈服。婚禮就這麼舉行了，而她現階段的任務是替她所厭惡的丈夫申請英國定居權。「你希望我們幫助你嗎？」我問道。「是的，請你救我。」她的回答中帶著絕望。「假如你的父母知道你對我們說這些話，會發生什麼事？」「他們會殺死我。」她回答道。離開時，我們注意到前屋放有好幾把槍。

科希瑪的故事確實有其真實性，過去在拉齊婭與巴基斯坦籍助手霍梅拉的安排下，我曾祕密在巴基斯坦各地和許多擁有類似經歷的女人碰過面。一名外交部官員說，無時無刻都有數百位與科希瑪處境相同的女孩，正從英國被送往巴基斯坦。這些女孩經常遭受威脅與毆打，最終被迫站到她所憎惡的新郎身旁，參加一場她不想要的結婚典禮。

問題在於，我們該如何幫助科希瑪脫困？我們到當地警局與所長卡利希見面，中途行經監禁囚犯的區域，他們因空間不足，一排排或站立、或蹲伏於牢房中。局長說，西約克郡的警察曾在前一年到此地參訪，他們彼此相處得很愉快。有討論到迫婚的問題嗎？我問。「這件事行程沒有安排。」他說。我向他提及科希瑪的事，但沒說出姓名。我說，她對人生感到相當恐懼，但他表示唯有家族男性成員替女人申請保護性拘留時，他們才幫得上忙。

警局瀰漫著敵視女性的不友善氛圍，甚至經常有人遭看守的警察強暴，也難怪沒人願意求助。前一次到巴基斯坦拍片時，我曾邀請助手霍梅拉在某個特別疲憊的日子結束後一起喝酒。我一面將免稅店買來的塑膠瓶裝的威士忌倒入玻璃杯，一面問她：「假如有人發現我們坐在飯店的房間內喝酒，會發生什麼事？」「噢，很簡單。」她說，「我們會被帶到警局然後被強暴，接著轉送地方監獄然後被強暴，最後你獲釋，我繼續待在監獄等待受審，整段期間都會不斷被強暴。」

對求助警察絕望後，我們登門拜訪一位與米爾布爾當地報社共用辦公室的人權活動工作者，他一直在想辦法幫助那些在毫無防備下被家人從西約克郡送至米爾布爾的女孩。他拿出一份文件，上百位曾經求助於他的女孩的資料全記錄其中。「但我能做什麼？假如警察不願意幫忙，還有誰能幫忙？英國政府為什麼不做點事？」他問道，「畢竟，發給女孩護照的是英國政府，他們應該要有所作為。米爾布爾需要有個能讓女孩上門求助的機構。」

然而，娜齊許講了一個與英國駐巴基斯坦領事處相關的事件，我從此對他們不抱任何期望。

在我全然絕望，亟需協助的時候，我首先想到打電話給英國領事處。當時我懷有身孕，任何毆打或性虐待都可能丟掉孩子，我很害怕，但我知道他們會幫助我。當我聽見電話中的英國口音說道：「請問需要什麼協助？」時，真的鬆了一口氣。我說：「我現在一團糟，我很害怕，我需要協助。」他詢問姓名，我回答後，他說：「但你是巴基斯坦人，你有個巴基斯坦的名字。」我說：「對，但是我有英國護照。」他說：「對不起，我沒辦法幫你。」接著掛上電話。我像被人擊倒般全然崩潰。

領事處副處長馬克・凱托（Mark Kettle）在我對他講述這件事時，露出困窘的表情，他解釋這就是擁有雙重國籍的人會碰上的麻煩。根據巴基斯坦法律，出身於巴基斯坦的英國女孩身處巴基斯坦境內時，就是巴基斯坦人。「我們不能把她帶走。」他說。唯有她親至使館區，踏入英國領事館那附有鐵絲網的圍牆內時，我們才能提供協助。領事館外有大批民眾正遵從引導排起又長又整齊的隊伍，然而，對布拉福的女孩而言，光是站在隊伍中就相當危險。當年早些時候，有兩位女孩搭乘三小時的巴士，費盡千辛萬苦從米爾布爾來到伊斯蘭馬巴德，眼看即將逃離迫婚命運的她們，才抵達不久便發現威脅要殺死她們的叔叔也已經來到隊伍之中——他早已賄賂領事館的守衛在看見女孩時向他通報——叔叔身上帶著一把刀，經過幾次驚險的逃亡，女孩們最終脫險回到英國，該名警衛也遭到解職。

所以，假如女孩來到這裡，你會幫助她們回家嗎？我問馬克．凱托。「是的，我們會送她們回家。」他說道。問題在於如何把科希瑪帶到巴基斯坦首都伊斯蘭馬巴德。足智多謀的拉齊婭安排一名第三者幫我們與科希瑪取得聯繫，我們請她跟家人說，她必須到伊斯蘭馬巴德的領事處才能申辦丈夫的定居資格。同時間，相關工作人員做了最完善的準備，機票已經預定，也規畫好「安全居所」，每個人都相當謹慎，避免引起任何懷疑。

科希瑪一家人帶著定居申請表抵達辦事處後，我們便通知凱托他們的到訪。他走近他們，要求與科希瑪私下對話。科希瑪的父母顯得困惑又憤怒，但辦公室繁忙的景象嚇壞了他們，再加上此事攸關自身利益，不得已只得讓她跟著凱托離開。單獨進入訪談室後，凱托便表示他們可以立刻將她送離巴基斯坦，英國也有許多社福機構與庇護所願意接納身處類似處境的亞洲女性。她拒絕了。凱托打電話給我，科希瑪親自對我解釋原因：「我真的很感謝你們為我做的一切，但我決定不要接受你們的幫助。我曾經逃跑，但他們總能找出我，毆打我。假如還沒結婚，那我會逃跑，但現在已經太遲了。我已經被強迫結婚，他們永遠不會放過我。就算要花上兩年、三年，他們也會想辦法到英國找出我，到時候我將被殺死。」

她說的或許沒錯。在伊斯蘭馬巴德與娜齊許見面的幾年之後，她回到英國，生活仍然提心吊膽。我到她安身的小村莊拜訪她和她當時已經六歲的兒子，她看起來快樂又健康，體重稍微增加，也尋得新伴侶，但娜齊許仍懷念布拉福與她的朋友。「我永遠不能回去，」她說，「我的家人馬上就會知道。他們會找出我，然後殺掉我。」為了隱藏行蹤，她拿掉家族姓氏，但因為沒有離婚，她無法與現在的伴侶結婚，社福機構也因為她使用假名拒絕支付育兒津貼。「難道他們不知道嗎？」娜齊許說，「這些人非常聰明，到處都有眼線。假如我用真名，他們很快就能找到我。」我代表她致信內政部，竭盡所能表述我對整件事的認知，並說明她匿名的需求及她對生活感到恐懼的因由。此舉奏效了，現在她已獲得應有的福利。

來自南亞的家族會動用一切資源追捕失蹤的女性家族成員，包括雇用賞金獵人。在倫敦、西約克郡和西密德蘭郡，賞金獵人是個興隆的行業；我曾在布拉福與一名賞金獵人見面，他同意以匿名的方式與我談話。我們約定在布拉福一間位於地下室的餐廳見面，室內相當灰暗，但塔希爾仍焦慮地不斷環視周遭。「我承擔不起被人看見與你交談的後果。」他解釋道。他建議我們坐上他的車，一邊開車一邊採訪。

我們在暗夜中繞行布拉福的街道，他說：「我有非常多找到女孩的方法。我很常和雜貨店老闆或計程車司機聊天，女孩在哪裡、做什麼事情，他們都知道。當我找到她們的時候，第一時間她們都會害怕。我會說：『別逃避問題，面對它！』我不會立刻將她們的行蹤告訴父母，那樣只會製造麻煩。如果她們願意與父母親見面，我會安排適當的場所，例如位於市中心的咖啡館。」他們付你多少錢？我問道。「我不會跟你說。我認為自己只是中間人，舉例來說，若我找到一個女孩，帶她回家時她父親揚言要殺她，我會確保這件事不會發生。」

塔希爾繼續說道：

在另一起案件中，一名十七歲的女孩被父母帶回巴基斯坦嫁給三十五歲的表親。後來她失蹤了，父母找上我。我找到女孩後對她說：「假如他們又想帶你去巴基斯坦，你就通報機場保安人員。」我們所有人坐下來商量，我向她的父親說明她不想要結婚。他說：「我雇用你，也付你錢了，接下來的事由我處理。」我跟他說：「她是你的女兒，不是敵人。為什麼要強迫她跟你妻子的親戚，一個年紀足以當她父親的人結婚呢？」我告訴女孩，她有任何麻煩就打電話找我。幾個月後，這位父親安排一趟前往巴基斯坦的旅行，她打了電話過來。我要她把護照交給警察，她也照我說的去做。不久後，她的父親終於放棄。後來她上了大學，跟一個她自己選擇的對象結婚。

他處理的案件大多來自失敗的迫婚事件嗎？「是，可以這麼說。提醒你一下，我不認同迫婚，我知道有些父母因為女孩不服從就殺害她們，我也遇過許多以悲劇收場的案件。另一方面，我也不認同警方的做法與那些庇護所。他們不曾嘗試為雙方調解，只是一味地想將女孩送走。警察什麼都不懂，亞洲家庭和白人家庭全然不同。我們亞洲人習慣聚集到房間內，把各自的問題說出來。」漸入深夜，酒吧人去樓空。我們在同一個街區不斷繞行，街上的流鶯認定我們想要召妓，走上前來報價。塔希爾將車子停進飯店停車場，跟我們在一起的這段時間，他的手機已被訊息塞滿，現在他必須回去繼續工作。道別時，我問他是否喜愛這份工作？「我覺得負荷有點太重，今天跑北邊，隔天又要跑南邊。案件太多了，我們這種中介者數量不足，唯一的解答是由政府設立亞洲辦事處來處理這些事。」

隔天是星期五，禱告之日。我很想知道這些男人是否跟塔希爾一樣願意以溫和的方式協商、和解，還是其實大多數人都相信自己能掌控女人的一切，逼迫她們結婚？為了拍攝群眾離開清真寺而我上前訪問的畫面，伊恩與我架設好攝影器材與麥克風後便在外頭的人行道上等待。不過，我才正準備展開採訪時，有位身穿沙爾瓦卡米茲，頭戴禮帽的大鬍子男人怒氣沖沖地走上前來對伊恩說：「把這些東西移走，否則我會把它全部砸碎。」我們沒有和他起爭執。

後來我們採取比較安全的做法，與英國穆斯林協會的主席蓋亞蘇丁．西迪基博士（Dr. Ghayasuddin Siddiqui）預約訪談。伊斯蘭律法認同迫婚行為嗎？我問。「不，完全不認同。」他回答，「在伊斯蘭教中，婚姻是一種社會契約，雙方合意是婚姻的本質。缺少這項認同，婚姻是空虛的，沒有約束力。基本上，迫婚中的所有性行為都算強暴。當下的問題全都來自次大陸，這是多餘的文化包袱。這些次大陸文化主要來自鄉下地區而非宗教習俗。」

那麼，男人對家中女性的絕對支配權又是如何？我不止一次聽聞西約克郡的年輕男子表示可蘭經賦予他們此項權利？「可蘭經沒有賦予任何人這項權利，年輕男子從父母親和伊瑪目身上傳承這些作為，卻誤以為它出自可蘭經。大多數的伊瑪目都出身於巴基斯坦的鄉村地區，幫助他們攀上高位的是虔誠的信仰，而非他們的學養，他們把自父母與祖先身上學得的東西不斷地傳授教導並實踐，因此這樣的傳統得以延續。」

類似的故事在英國時有所聞。西迪基博士等宣稱自己代表英國穆斯林的人會搖搖頭，對於地方伊瑪目在清真寺中鼓吹迫婚行為和聖戰主義思想的傳道方式，他們感到恐懼。「他們不是主流。」「他們不能代表正確的伊斯蘭思想。」「他們曲解可蘭經。」這些人擰緊雙手絕望地說道。然而，目前沒有任何措施能管制或防止這些卑劣、暴力的思想從星期五的禱告儀式中流出——西迪基博士的想法，似乎沒有傳到布拉福的米爾布爾人耳中。

西約克郡警方坦承這個問題已經壓得他們喘不過氣。他們每年接獲數百通女孩的求援電話，但社福機構設立的庇護所早已人滿為患。某天，我跟著西約克郡警局的聯絡官，同時也是當地迫婚問題的調解專家菲利浦．巴姆福斯（Philip Balmforth）外出執勤，對社區內諸多亞洲女性而言，他更是一名身穿閃耀鎧甲的騎士。「去年我總共處理三百個案件，今年至今也已經處理三百件，但現在才六月而已，明年的案件數量將會破千。」他沿布拉福的街道行駛時髦的Range Rover警車，一面對我說道。

後來有位名叫莎米拉的女人打電話進來——巴姆福斯過去曾因家暴案到訪過她家——莎米拉情緒激動地表示她受迫與之結婚的那個男人對她施暴：「他剛出門了，拜託請來接我。」巴姆福斯俐落地迴轉開往布拉福北區的住宅區。他一敲門，莎米拉立刻開門，她惶恐地將手指放到嘴唇上要巴姆福斯立刻離開。她的丈夫又折回家了，假如他知道莎米拉與警方聯絡，必定會再將她毒打一頓。

「只有女人提出要求的時候，我們才可以介入。」他解釋道。「許多卑劣的事情發生在緊掩的門後，但唯有她們求助，我們才會知道。這裡絕對還有更多更多身陷麻煩之中的人。」假如他成功接走她們，會將這些女人送到英國各地的庇護所，但即便人在庇護所，仍有被那些憤怒、亟於報復的家人找到的風險。因此他們總是把布拉福的女人送往，例如，萊斯特的庇護所，而伯明罕的女人可能會被送到布拉福，依此類推。

布拉福庇護所的外觀，宛如一所女子寄宿學校或修道院——它座落在草木扶疏的郊區，四周由磚牆環繞，門口有個保全人員看守；這裡的每個女人都有專屬的房間，也有公共區域。伊恩在一個小房間內架好攝影機讓我採訪芙齊婭，她的故事聽起來似曾相識。「當時我在布拉福愛上一個人，但他們把我帶去巴基斯坦。整個婚禮過程我都在哭，他根本不愛我，他跟我結婚只是為了移居英國。他是一個很爛的丈夫和父親，會為了烤餅的鹽放得不夠多等類似的小事打我。」

一個女人開門進房，她不安地瞪視攝影機。「把它移走！」她開始大吼，情緒變得非常激動。接著一名工作人員跑進來，我們將她帶至隔壁房間。「不准對我們拍照。」她發瘋似地說道，「我的家人會認出我，若是有人提到我的名字，我的丈夫就會跑來帶走我。」她情緒崩潰地啜泣。我盡可能柔和地向她解釋，攝影機的鏡頭直對著芙齊婭，畫面中不會出現她的身影，也沒有人會提及與她相關的事。她因恐懼而顫抖，但聽進了我的勸說。庇護所內一時瀰漫安靜、沮喪、絕望的氣息。這些逃亡的女人儘管定居庇護所已有數十年，離家有數百英里之遠，仍然對家人相當恐懼，她們甚至不敢外出逛街或去咖啡館。她們生活舒適，但跟囚犯一樣沒有自由。

拉齊婭・索達加責備政府任由情況失控。我們再次碰面於布拉福時，她正在主持《我們之聲》的例行週會。她邀請我們入場拍攝，但有半數的女人堅持不露臉。一個女人跟我說，假如她哥哥發現她參加這樣的會議，必定要毒打她一頓。雖然這明顯是場具有顛覆性與煽動性質的聚會，但論調卻相當克制。「我們不是反對有人安排我們的婚姻。」拉齊婭說，「我們不是反對伊斯蘭教。我們反對的僅僅只有迫婚，以及讓今天的我們陷入困境的移民法規。」

一九九七年，新上任的工黨政府宣稱「首要目標條款」（Primary Purpose rule）隱含種族歧視思想並且違背家庭價值，因此予以廢除。在此之前，此條法規一直都是英國移民法的基石，內容提及：當一個人為配偶申請英國永久居留權時，若首席移民官認為此一婚姻的目的在於替非英國人士獲取居留權，他就能駁回申請。實際結果也往往如此。工黨候選人於大選逼近時，在東倫敦、西密德蘭郡以及西約克郡等地炒熱這個議題，廢除法案的政策尤其受到亞裔社群中的男人熱烈支持——受迫婚所害的女孩和女人數量因此上升。

「一派胡言！」我向拉齊婭提及工黨聲稱此法規隱含種族歧視思想並違背家庭價值時，她如此回應道。

我們真的必須很努力工作才能讓男人從印度、巴基斯坦和孟加拉過來英國。我們必須工作、擁有房子、繳稅，甚至等這些傢伙來了之後也得繼續工作，因為不會講英文的他們找不到工作。一旦他們獲得，法律應該禁止他們在獲得永久居留權回印度次大陸或者其他地區等故鄉，因為他們會回去重新結婚，新娘可能是父母替他們安排婚事前的某個對象。他們會拋棄我們，然後為新的妻子申請居留權，這種循環有時候甚至重複二到三次！

我們坐在布拉福保齡公園的椅凳上，拉齊婭因憤怒而拉高聲量，路過的民眾訝異地看著她：「你看，他們對亞洲女人的說話聲很不習慣。」她說，「在我的社區內，只有英籍亞裔男人的話受到重視，英籍亞裔女人只有被利用和虐待的份，沒有發言權。很多女人沒有膽量說出『聽我們說』這句話，她們只是靜靜忍受一切。她們讓男人為她們處理問題，然而一旦問題發生，受苦的總是女人而非男人。」

我們接著開車前去與時任移民局長的麥克·歐布萊恩（Mike O'Brien）會面，當時他正準備在基斯利（Keighley）一所學校的禮堂中對百來位亞裔社群的領袖進行以迫婚為題的演講。我們座位四周全是男人，除了講台上坐在歐布萊恩身邊的地方議員安・克萊兒（Ann Cryer）之外，會場內的女性只有我、拉齊婭與另一位也有參與《我們之聲》會議的女孩。歐布萊恩向觀眾保證首要目標條款絕對會重新納入移民法規，但他也同時呼籲每個社群必須妥善維持內部秩序。「如此一來，我們才能與各個社區合作，杜絕迫婚行為的發生，確保女性不會受迫落入艱困的處境當中。」

沒有掌聲，也沒有不滿，什麼都沒有。歐布萊恩困惑地看著眼前成排的亞洲男人，他們扳著臉，沒有退卻的模樣，也沒有任何回應。演說就這麼結束了。拉齊婭把助理推開，目光直視局長說道，「政府必須做點什麼事，因為他們不會。」她指著那些正沉默地離開會場的男人說道。接著她又再補充一段奈傑・法拉吉[1]（Nigel Farage）聽到將會給予喝采的話：「為何你們執政者就是不懂，你們必須阻止這些痞子佯裝成我們親愛的老公進入英國。你看不見問題嗎？這是一場移民騙局！」歐布萊恩顯得相當驚訝，他隨口應付便離開了會場。

拉齊婭的膽試從何而來？這份自信應該是來自她堅強的家庭——在西約克郡這樣的環境之下，她的父親擁有異常開明的進步思想。我們在演講結束後前往她位於布拉福中央區的

1　一九六四年生，英格蘭政治家及前商品經紀商。曾於二〇〇六年九月至二〇〇九年十一月期間出任英國獨立黨黨魁，二〇一〇年起再次就任此職。自一九九九年以來，他一直是歐洲議會東南英格蘭選區代表議員，也是歐洲自由民主黨的共同領導者。支持英國退出歐盟，是英國「脫歐派」領導人物之一。二〇一六年七月，法拉吉宣布自己成功帶領英國人民公投脫歐已完成從政目的，辭去獨立黨黨魁一職。

家，那是一幢大而美觀，位於一排連棟住宅最邊間的房子。她的父母親於一九六〇年代自米爾布爾來到英國，將五個小孩都教養得很好；她的父親會說英文，母親不會。拉齊婭在父母的安排結婚，但並非強迫，而當這段婚姻破裂時，他們歡迎她回家，並沒有責備她。他們也允許拉齊婭在家中前廳召開《我們之聲》的會議，而我每次踏進她家時總會獲得溫馨的歡迎，同時伴隨一盤盤咖哩與烤餅。

多虧了妻子，拉齊婭的丈夫目前已經是英國公民——他現在要求拉齊婭跟他離婚，因為他想將他在巴基斯坦再婚的新任妻子帶到布拉福一起生活。跟西約克郡其他許多沒有一技之長的亞裔男性一樣，穆罕默德．索達加（Mohammed Sodagar）是個計程車司機。拉齊婭告知我們他工作的地點，我們到現場等待，他將車停入車隊後，我手持麥克風走近他的身邊。「早安，你的妻子拉齊婭跟我們說，你在巴基斯坦又再婚了，你們不是還有夫妻關係嗎？」「那又怎樣？」他說，「我是穆斯林，我可以結兩次、三次、四次婚，都不會有問題。我對拉齊婭非常好，問題在於她不理解我所追求的東西。」

我在候車處旁的人行道採訪他，他的態度出乎意料地溫和有禮。當時旁邊有許多人在圍觀，但都一副準備好隨時上車離開的模樣。隨著他繼續發表想法，我突然發現，他是不是很享受這種在其他巴基斯坦籍司機面前貶抑拉齊婭的感覺？「她不知道怎麼跟丈夫生活。」他繼續說，「她總是想和我吵架，讓我很沒面子。她每天都出門，有時候晚上也出門，從來不聽我的話。為什麼我要留著她？我應該跟她離婚才對。」當然，根據英國的法律，他只要與她分居二年，就能訴請離婚。

我把這段訪談錄像帶回倫敦，在剪輯室中播放給以女性成員為主的《新聞之夜》團隊同仁觀賞，我們盡情大笑了一場。這將會是不錯的段落，我們恥笑這個男人的傲慢：他的觀念之過時，對待妻子宛如僕人，出門還需有他的同意。悲哀的是，後來它變成一記當頭棒喝，使我看清傳統的東方和自由西方之間的文化衝突。節目播出後，拉齊婭開始遭受侮辱——儘管她沒有犯錯，但是晚間出門仍被視為放蕩的行為。對於非亞裔視聽者而言，她是一位女英雄，但亞裔族群視她為妓女。她的家人相當不高興。

基斯利的地方議員安·克萊兒飽受當地亞裔社群的批評，但從一九九七年到二〇一〇年工黨執政的這段期間，她卻總是有辦法保住席位。她對抗的議題包括迫婚以及榮譽殺人，同時她也要求移民者必須具備基本的英語能力。近期，她是首位讓大眾注意到誘拐醜聞的人——亞裔年輕男子為滿足性慾而誘拐女孩，多數受害者為白人。安·克萊兒在選區辦公室內向我表示，她尚未做好對抗迫婚問題的準備，因為她並不想點燃「眾怒」。那些從米爾布爾來到英國的「丈夫」會將怒火發洩在妻子身上，她認為這件事對社會整體而言相當危險。

這些男人發現自己淪為次等人民，他們因為不懂英文而找不到工作，妻子外出工作時他們就被困在家中。這樣一個宛如遭到去勢的處境將引發男人的怒火，而遭殃的就是他們的妻子。畢竟，他們來自印度次大陸，在當地父權社會傳統中，男人的地位凌駕女人之上。如今來到一個格格不入的異國文化，無論從任何面向來看，他們都只是妻子的從屬品。

克萊兒邀請幾位亞裔女性到她西約克郡的選區辦公室見面，並試圖說服她們往其他地區尋找女婿。她說，她們的女兒大多不反對讓父母安排婚事，「她們是反對和生活型態完全不同的男人結婚。假如女孩有選擇權，她們絕對不會和這些人結婚；她們會選擇與年輕、有能力、懂英文、出身於西約克郡的亞裔穆斯林男人結婚，如此一來，多數問題都不再存在。」

然而，克萊兒忘了米爾布爾這個重要因素。英國與巴基斯坦兩國間的交通非常繁忙，以至於往返曼徹斯特與伊斯蘭馬巴德的班機已經被稱作「米爾布爾專機」。現今，蕭條的喀什米爾地區最富裕的地方就是米爾布爾。建商發現此地市場活躍，因而建起大量典雅的圓柱和門廊，這邊的大理石華廈比巴基斯坦任何鄉村地區都還多。在英國事業有成的移民者將錢匯回這個地區建造這些住宅，為的是孝敬父母與留在當地的親戚，又或者當作未來退休後的居所。

正是緊密的家族連結以及對於其他親戚的義務，使科希瑪、娜齊許和芙齊婭被迫與米爾布爾男人結婚，最終卻釀成悲劇性後果。男人掌握一切，拉齊婭憤恨說道：「看吧，一旦米爾布爾男人拿到英國護照，他就不在乎自己的身分了，無論長得像誰或者好不好看，他都可以隨意挑選女人。次大陸所有女人的夢想就是嫁給這樣的男人，到英國過上富裕生活。」

反抗迫婚的年輕亞裔女孩必須承擔的另一層後果，遠比本章的內容更加險惡——有太多案例顯示男人試圖殺死這些女人，而且他們不會受罰——這被稱為「榮譽殺人」。

我代表BBC到布拉福與巴基斯坦拍攝迫婚影片的一年之後，工黨政府設立由內政部和外交部共同管理的「迫婚事務部門」，試圖幫助主要來自南亞的女孩免於受迫結婚的命運；直到二〇一四年，保守黨政府才終於有勇氣取締迫婚。穆斯林專欄作家雅思敏．阿里拜－布朗（Yasmin Alibhai-Brown）在她為《獨立報》撰寫的每週專欄中，稱讚新法下的首起公訴案。阿里拜－布朗致意首相大衛．卡麥隆，祝賀他完成此項「早該實行的法例措施」（相較之下，工黨議員因為害怕失去『種族』選票而全員退縮，不敢反對迫婚）。

阿里拜－布朗參與反迫婚運動已有很長一段時間。她引述一封令人心寒的信件，一位將歌手女兒嫁給巴基斯坦表親的父親提到：「你把錯歸咎到嚴厲的父母親身上。你什麼都不懂，她想要唱歌，假如她真的去唱歌，你要我如何見人？我的姪子拉赫曼是個好男孩，他能讓她成為順從的好妻子。然而她卻在巴基斯坦服毒自殺，肚子裡的孩子也死了。她不會上天堂的，我希望我的女兒從未出生。」

「我們需要克服的就是這種觀念。」阿里拜－布朗表示。

第九章

榮譽殺人

——以守護名聲為由的謀殺

我的視野所及之處遍布沙漠灌木叢，遠方山脈崎嶇無樹，一頭胡兀鷲自斷崖上猛然俯衝，降落至下方的平原尋找飽餐一頓的機會。蜿蜒的河流穿梭峽谷之間，數十年來持續為軍隊提供侵犯鄰國阿富汗的通道。俾路支省（Balochistan）占巴基斯坦總面積的四四%，但因為水源缺乏，只有五%的人口定居於此。

我開著車自乾旱的平原地區往挨近蘇萊曼山脈下方的山麓小村莊前進。塵土飛揚的道路兩旁是一列列的棗椰樹、泥造房、駱駝以及纏著頭巾、身穿沙爾瓦卡米茲的男人。這裡感覺像是地球上最偏遠的地區，所有不可思議的事情都可能發生，人口分布稀疏零散，各地區如部落般擁有律法自治管理，而男人就是家庭中的領主。

令人難以理解的是發生在這裡的事件竟會與阿克頓（Acton）、米查姆（Mitcham）和沃靈頓（Warrington）等地區扯上關係。英國的警察長和內政部長出現在電視機上砲轟「榮譽殺人」（honour killing）的不光榮，也不見容於現今的英國社會，然而飛越多佛港的白色懸崖抵達英國的那些人不會放棄根深蒂固的習俗，信仰伴隨他們來到此地。究竟是什麼狀況會引發「榮譽殺人」？

「他看見她和一個男孩說話，但她已經許配給另一個人了，所以他殺了她。」這個山麓地區的小村莊，近期發生父親殺死女兒的案件，我向一位女人詢問事由，她如此說道。「起初他拿刀子攻擊她的手臂和腿。『請不要殺我。』她向父親懇求著。她摔落地上，試圖爬離父親，但他一刀割破她的喉嚨，然後砍下她的頭。『拜託，別這樣做，』她的母親向丈夫懇求，『拜託，直接開槍射死她就好了。』」

他們把這種人稱作「卡羅、卡里」，由字面直譯意思是「黑男人、黑女人」，或者姦夫淫婦——然而最後有錯的永遠只有女性。此類殺人事件經常發生：十四歲的娜瓦拉想跟村子另一頭大院裡的男孩結婚，她的父親則要求她嫁給四十五歲，最近剛死掉妻子的表親。在這裡，女兒出嫁時必須附上氣派可觀的嫁妝，因此這個家庭傾向把錢留在家族內部。基於此一理由，他必須殺死娜瓦拉，藉此向其他的女兒示警。

娜瓦拉的父親不會受罰。在巴基斯坦，決定是否要復仇（qisas）或處罰的權利掌握在被害者家屬手上。基於殺人者與被害者是父女關係，家屬會自動原諒殺人者，並宣稱為有其執行必要的「榮譽殺人」——無論要控制女性、保障家族財富、分配遺產或調解紛爭，都是相當便利的手段。巴基斯坦平均每天會發生兩到三起榮譽殺人事件。根據巴基斯坦人權委員會近期釋出的數據，「自二〇〇八年以來，巴基斯坦境內共有超過三千名女性死於榮譽殺人。當地人權團體奧拉基金會（Aurat Foundation）的估計值甚至更高，而且持續發生中，據他們統計，此類殺人事件每年奪走一千名女性的生命。」可信度極高，因為許多屍體在暗中棄置，無人介入調查，政府當局甚至不曉得事件曾經發生。

原本巴基斯坦人總抱持鴕鳥心態，認定這些事只會發生在俾路支省和信德省（Sindh province）等「化外」的荒野地區，但一九九九年的四月，廿八歲的莎米雅．沙爾瓦（Samia Sarwar）在她位於第二大城拉合爾的律師辦公室內遭到家人雇來的槍手殺害。更近期在二〇一四年五月，一位懷孕的婦女在拉合爾高等法院的階梯上遭到父親、兄弟、表親以及前未婚夫重擊致死；當時三十歲的法桑娜·帕維恩（Farzana Parveen）的家屬控告她的丈夫綁架帕維恩，她試圖出庭為丈夫辯護，告訴法官她愛自己的丈夫，結婚也是出於她的自由意志，但她沒有機會完成這件事。這批家族暴民包含二十位帕維恩的家族成員，另有十五個人來自那位被解除婚約的未婚夫穆罕默德·伊卡帕（Mohammed Iqbal）的家庭，他們手持磚塊與石頭等待帕維恩出現，接著就在警方待命於一旁的情況下，將她毆打致死。

這場發生在公共場所的謀殺案引起廣泛的恐慌，最終這些男人被控謀殺並判處死刑——在巴基斯坦相當罕見。審判過程中，帕維恩的父親曾對警員表示：「我的女兒和我們不滿意的男人結婚，侮辱整個家族，所以我殺死她。我並不後悔。」同時，穆罕默德·伊卡帕為了與帕維恩結婚，曾在一年前殺害第一任妻子的事也在審判過程中浮現。他與前任妻子所生的兒子告訴記者：家人勸他原諒殺害母親的父親，以便讓父親獲釋。這些男人後來對死刑判決提請上訴。

再回到蘇萊曼山脈的山麓村莊，謀殺案的相關細節村民並未提及，因此我決定與畢比·法蒂瑪（Bibi Fatima）見面詳談。步行前往她家的途中，我經過堆高甜瓜、洋蔥和雞蛋的許多攤販，這些可以零售的食物，秤重後老闆會細心用報紙將商品包裝起來。路上沒有女人，無論攤販老闆或顧客，幾乎都是男人，女人不被允許外出，即使只是到商店購物。唯有鮮少的機會，你會在擦身而過的牛車貨斗上瞥見全身包裹厚重圍巾的她們，或在陌生人的好奇看望中而急忙將家門闔上。

除了剛放學離校，正與高采烈聊著天的年輕女孩之外，我是那條泥濘的街道上唯一能夠自由走動的女性。我停下來與女孩說話，她們告訴我，在回家的路上她們必須留心避免與男孩的視線相交。「如果我們的兄弟看見我們和男生說話，他們會說我們是卡里。」十歲的漢妮解釋道，「他們會威脅要殺死我們。如果我們在學校裡和男生說話，他們也會威脅要殺死我們。」她們說最近就有一位十歲的女孩和一位十四歲的男孩因為犯下這種罪而遭到殺害。

我和畢比．法蒂瑪在家族大院中一個以簾幕遮掩的房間裡碰面，她的身邊環繞著姐妹、女兒以及幾位女性表親，眾人顯然還沒從兩個月前親戚慘遭謀殺的創傷中恢復；事發至今，沒有一個女人敢離開家門。畢比．法蒂瑪尖聲悲訴這個故事，同時由其他家族成員隨時插入補充遺漏的細節。她說，這名親戚在河邊洗衣服時，她的丈夫發現有個男人在看她。她回家後，丈夫就表示要殺死她。「她是無辜的。」畢比．法蒂瑪說著眼淚滑落臉頰。「她說：『你為什麼要殺我？我做了什麼？』她對著可蘭經發誓，接著說道：『我們去我父親家中商量好嗎？』但他開槍射殺了她。」「他先毆打她。」坐在法蒂瑪身邊的女人打斷談話。「是的，沒錯。」畢比．法蒂瑪說，「他先毆打她，然後開槍射殺。他這麼做是為了錢，他後來從他所指控的那個男人手裡獲得一萬盧比。」她說，這就是鄰居間發生爭執時的和解手段。殺人者拿到錢，而且埋葬被害者之後還能娶一個新老婆。

同年發生在這座小村莊的謀殺案，共奪走五百條人命，警方對於轄區內女人與小孩的高謀殺率絲毫沒有歉意。「他們把這件事視作生意。」巡警阿克巴・馬里（Akbar Marri）說，「男人把它當成賺錢的方法。案發後，他們會帶武器來警局，告訴我們他殺了一個女人，但，『我們可以這麼做。』他們會這樣說。」你為什麼不告訴他們這種事不被允許？這位巡警聳肩說道：「他們認為那是他們的權利。」

模稜兩可的法律對巴基斯坦女性而言是一大困境。一九九九年，莎米雅・沙爾瓦在自家辦公室遭射殺後，一名國會議員提交了譴責「榮譽殺人」的決議案，當時人權先鋒律師希娜・賈蘭尼（Hina Jalani）大受鼓舞。賈蘭尼一九八〇年在拉合爾創立巴基斯坦史上第一家成員皆為女人的律師事務所，她為這個議題奮鬥數十載，眼看就要有所突破。然而，決議案被否決了，她說：「因為那些國會議員說，這屬於我們的文化的一部分。實在令人難以接受。」二〇〇四年，巴基斯坦法律重新修訂：「榮譽殺人視同一般謀殺罪予以處罰」。這似乎是個樂觀的進展，但賈蘭尼指出法律中仍有兩個異常的規定保護著這些殺人犯。一九七九年，巴基斯坦通過胡都法案（Hudood Ordinances），奠定了女性社會地位低於男性的基礎，此法案也是女性在司法體系中處於不利位置的關鍵因素。新的修訂案依然沒有處理犯罪者與被害家屬之間的協商問題，通常他們會假神之名向家屬尋求原諒，並藉此撤銷犯罪控訴。「因此扣板機的人總能脫罪。」賈蘭尼說，「儘管我們不斷要求改善法律現況，但老實說，我不認為政府有在正視這個問題。」

長久以來，伊斯蘭主義者與世俗主義者一直在巴基斯坦政府內部分庭抗禮地競爭著，然而問題其實不在於表象的法律結構，而是在更為根本之處。也就是巴基斯坦女人可卑的社會地位：男孩的出生值得慶祝，女孩的出生則會讓家人哀悼一整天。在某些部落，只有一〇％的女孩能在父親的允許下就學，女孩必須服從並服侍她們的父親、哥哥和弟弟。家族的男性成員掌控一切，女人的婚嫁由他們決定，只要情況適當，他們可以殺死女人而不會受罰。女人無法掌握自己的人生，也沒有發言權。如希娜・賈蘭尼所言：「巴基斯坦的女人能否存活，端賴她們是否服從社會規範和傳統習俗而定。」即便到了廿一世紀，這個根深柢固的傳統仍然沒有出現重大轉變的跡象。

一九五〇年代，當曼格拉水壩於喀什米爾南部的米爾布爾地區建造之際，被迫遷徙的巴基斯坦男性移民抵達英國後，主要都在鋼鐵與紡織產業工作。根據英國國民保健署統計，多數人住在布拉福、奧爾德姆（Oldham）和伯明罕等地區。一九九〇年代，他們的妻子和家人陸續抵達，人口數量逐漸增加，「榮譽殺人」因此進入英國。

並非所有移民英國的巴基斯坦家庭，都懷抱報復心與暴力傳統，這種假設是非常嚴重的毀謗。正如先前所見，拉齊婭・索達加的家人就能寬容接納並理解女兒。然而，根據英國內政部二〇〇〇年的統計，半數以上發生在英國的迫婚案件都涉及原生於巴基斯坦的家庭，其中九〇％來自穆斯林家庭。二〇〇四年，我首次在英國報導這個現象，當時警方表示數年間共有上百名年輕女性遭到謀殺或失蹤，他們認為這些事件都應列入「榮譽殺人」的調查範圍。

夏菲莉亞（Shafilea Ahmed）出生於布拉福，她們家在二〇〇三年移居沃靈頓。她在學校表現良好，志願是成為律師。因此當父母親安排她回巴基斯坦與年長十歲的表親結婚時，她相當害怕——這個男人不會說英文，而她必然得為此放棄夢想。她絕望地喝下一瓶漂白水，婚禮因此沒有舉行，而且傷勢嚴重到回英國後仍須持續治療。她的父親後來解釋當時夜已深，房間一片漆黑，所以她才將漂白水誤認成漱口水。

這個家庭過去也發生過暴力事件，但情況在夏菲莉亞拒絕親事後開始加劇。學校老師曾在夏菲莉亞的頸部與頭部發現瘀青，老師表達關切，社工人員也介入調查，但訪談時家人必然全員到齊，而父親的在場對夏菲莉亞而言即是威脅。直到她上學缺席，也沒有去看預約好的門診時，警察才展開正式搜查。她的計程車司機父親伊菲卡爾・阿邁德（Iftikhar Ahmed）接受警方問話時相當憤怒，而且不斷干擾調查，對失蹤的女兒反倒不擔憂。他堅持女兒只是離家出走，而她已經十六歲了，喜歡做什麼就隨她去。

警方開始懷疑這對父母，並在他們家中裝設竊聽設備。他們發現伊菲卡爾和法桑娜・阿邁德這對夫妻警告他們的孩子「到學校什麼都別說」，也聽見阿邁德提到：英國人查案靠的是證據，「除非找到證據，否則即使你他媽的賤貨殺死四十個人，他們也奈何不了你。」在夏菲莉亞失蹤六個月後，她嚴重腐爛的屍體被人發現於肯德爾湖區的肯特河（River Kent）中。殺人犯顯然將所有細節處理得相當完美，兩度驗屍都無法找出她的確切死因，直到二〇〇八年，法院才裁定此案件屬於「非法殺害」。

這起謀殺案在事發近十年後，犯人才被繩之以法。夏菲莉亞失蹤七年之後，她的妹妹艾莉莎（Alesha Ahmed）告知警方，在二〇〇三年命定的那一天，夏菲莉亞準備到客服中心打工，而引發那起致命攻擊的誘因正是她的穿著——T恤上衣與緊身長褲。她的父母在其他四個孩子面前殺死夏菲莉亞。她說，他們把夏菲莉亞推到沙發上，在她的嘴巴裡塞入塑膠袋使她窒息而死。她記得母親當時說：「就在這裡解決掉她！」

坎布里亞郡的驗屍官伊恩・史密斯（Ian Smith）表示夏菲莉亞死於「非常卑劣的謀殺事件」。夏菲莉亞是個上進、努力的學生，未來想投身法律工作——她只是想和朋友擁有相同的生活方式，而非遵照父母出身的那個巴基斯坦小鄉村的規範——這些都是基本人權，他們卻予以剝奪。

艾莉莎向警方坦白的二年後，夏菲莉亞的案件上呈柴郡皇座法庭（Chester Crown Court），伊菲卡爾與法桑娜聽聞他們各被判處廿五年徒刑時的神情令人印象深刻。宣判刑罰時，伊凡斯法官向這對夫婦說道：「你們想讓她認同故鄉的文化傳統，這個想法完全合理；然而，意圖將她隔離於居住地的文化之外，迫使她生活在封閉的環境中，這種寄望不切實際、有害而且殘忍。」於此同時，謀殺事件仍持續在發生。約在沃靈頓警方調查夏菲莉亞案件的同一時間，南方二百英里之外的西倫敦警方，正努力查明十六歲的荷舒・尤恩斯（Heshu Yones）為何被父親阿布杜拉以極為殘暴的方式殺害。

阿布杜拉是一名伊拉克的庫德人，十年前帶著妻子與兩個孩子逃離薩達姆・海珊統治的伊拉克，以政治難民身分抵達英國。他在這裡碰上難以理解的文化衝擊，阿肯頓大街上年輕女人淫亂的行徑讓他相當震驚——短裙、高跟鞋，以及那昂首闊步的豪爽自信都讓他對荷舒的未來感到恐懼。他在法庭上承認，當初他很擔心人緣極佳、愛好玩樂的女兒會變得太過西化，使家族受辱。

後來他發現女兒交上基督徒男朋友，一個十八歲、黎巴嫩籍的老師。這件事證實了他的疑慮，他開始打她。她在離家出走前寫了一封信給父親：「你和我或許永遠無法理解對方。對不起，我不是你想要的那個我，但有些事是你無法改變的。嘿，對一個老人而言，你的拳頭和腿都非常有力。拿我測試力氣一定讓你很開心吧？做為受挨的這一方真的很好玩。幹得好。」

在她尚未找到機會離家前，他拿刀刺殺她，割開她的喉嚨。隔年，此案上呈法庭，法官尼爾．丹尼森（Neil Denison）說：「無論從何視角切入，這都是一次因文化差異引發的悲劇，傳統庫德族的價值觀與西方社會價值觀之間存在著無法相容的差異。」阿布杜拉．尤恩斯遭判終身監禁。警方還發現其他涉嫌合謀與包庇的親戚，另有幾名庫德社群中的成員妨礙司法調查，但這些人都沒有被起訴。

至此，深入「榮譽殺人」氾濫的中東進行調查的時機，業已成熟。我首先前往約旦，它宛如綠洲般穩定而平靜地突出於這個動盪的地區。西方國家對於畢業於桑德赫斯特皇家軍事學院的約旦繼任國王，與他曾受過美國教育、不纏頭巾的妻子相當信任——美國每年以高達一億美元的資金拉攏約旦國王阿布杜拉二世，而聯合國開發計畫署（United Nations Development Programme）則將約旦列為擁有「高度人類發展」[1]的國家之一。

令我震驚的是，這個以擁有進步思想與識字率達九七%而自豪的國家，「榮譽殺人」卻也相當繁盛。官方數據顯示，約旦每年約有二十到廿五起榮譽殺人事件發生，這個數字約是巴基斯坦的三分之一，而巴基斯坦的人口數量是約旦王國的三十倍；目前此數據沒有下降跡象，人們對傳統習俗的熱情似乎也沒有減退。劍橋大學近期的一項研究，在約旦首都安曼對超過八百五十名平均年齡十五歲的青少年進行調查，其中有四六%的男孩與二二%的女孩認為在某些條件下榮譽殺人是合理的處置方式，而至少有兩種情況符合此類條件。調查報告的研究者曼努爾・艾斯納（Manuel Eisner）指出，認同此項習俗的人並不必然擁有宗教信仰。「我們發現支持榮譽殺人的多是出身傳統家庭、教育程度較低的男孩；但同時我們也注意到有相當比例的女孩認為榮譽殺人在道德上是正確的，她們受過良好教育，有些人甚至是沒有信教的青少年。我們推測這項傳統長久以來一直受到整體社會的支持。」

我在一座戒備森嚴的監獄中，找到了擁護此信念的最佳代表。監獄建造在一片蒼涼的沙土平原之上，距離安曼有一小時的車程，整體而言相當現代，令人印象深刻：工作人員很有禮貌，對於我要採訪殺害姊姊的罪犯阿邁德・哈米德（Ahmed Hamid）一點都不驚訝。他在

1 譯注：人類發展指數（Human Development Index）為聯合國開發計劃署用以衡量各國社會經濟發展程度的標準，於一九九〇年啟用。

兩名警員的陪伴下出現，一身熨燙平整的襯衣和長褲，沒有任何手銬或腳鍊，警員也直接留他與我獨處。哈米德約三十多歲，在安曼一家備受敬重的公司擔任工程師，而他的姊姊原本是一名中學教師。

當你和犯下手足謀殺罪的犯人同坐一張板凳，而攝影機正持續運作，唯一能問的問題就是：為什麼你要殺死你的姊姊？「我必須這麼做，我無從選擇。」他說話時情緒沒有絲毫起伏。「我們四兄弟都同意，必須得有一個人下手殺她，而我很願意執行這件事。她離開我們為她安排好的丈夫，跑去和另一個她說她愛的男人結婚。之後呢？說不定她會再和其他一百個男人私奔，那我們家族的榮譽該怎麼辦？整個家族會因此受辱，其他人都不用結婚了，就連遠房親戚也不會想跟我們結婚。」

當你的手掐在她喉嚨上時，心中有何想法？「我在禱告。」他回答，「我向阿拉禱告，祈求祂賜予我力量，讓我完成該做的事。在她體內還有一絲氣息的時候，我叫她也禱告，但她不願意，因此我祈求阿拉原諒她。」哈米德被帶回牢房之前，我問他監獄裡有多少跟他犯下相同罪行的犯人？「約有好幾十人，我們備受其他犯人和獄警的尊敬。沒什麼大不了，我們在這裡只會待幾個月。」

訪談結束，他準備離開，但忽然又回身朝我靠近一步，沒有警衛上前阻攔。他直視我的雙眼，眼神帶著威脅。「你必須了解，」他說，「這些事在近幾年內是不會完結的。我們要對女人的節操負責。假如她沒有貞節，家族就沒有榮譽。這件事會一直延續下去，理應如此，這是我們做事的方法。」服刑六個月的哈米德將在幾週後獲釋，返家時他勢必會獲得英雄般的熱烈歡迎。

我的監獄之旅尚未結束。在這裡，殺人犯的牢房可以看見庭院的花園，而隔棟樓的女人雖能自由進出庭院，但假若減去交錯晾在曬衣繩上的七彩衣物，那個庭院就只是個又醜又禿的空地——她們不是殺人犯也不是小偷，但在家族男性成員眼中，她們是更糟糕的東西。這些女人和女孩為了自保而逃離那些會對她們施暴，或者她們不願意與之結婚的男人而被迫來到監獄——政府當局稱之為保護性監護。她們的父親與兄弟對她們懷抱殺機，或可能已曾付諸行動，假如她們不選擇監獄，自由的代價必然就是死亡。

法蒂瑪當時正在共用的繩索上晾衣服，我問她是否願意與我談談。她表示只要不露臉，她就同意。「即使我人在監獄，」她解釋道，「我家中那些聰明的男人還是會不顧一切跑來抓我。」她說她逃離那場悲慘的婚姻後，叔叔對她開了十二槍。她住院六個月，之後警察為了安全起見才將她帶到這裡。「我知道我做錯事了。」她誠懇地說，「但我在這裡已經四年，我的叔叔卻只被關兩個月。這根本不公平。」

預謀殺人在約旦需判死刑，但若是家族中的男姓殺死犯下通姦罪的女性成員，或者她們的行為舉止在道德上不為家中男人所接受時，就列為例外。當地已有許多民權組織試圖修改法律。「我們必須改變國家的整體思維，殺人目前已經變成廣為社會接受的行為。」社運領導人里姆・阿布・哈桑（Reem Abu Hassan）說道。然而，二〇一一年約旦政府決定頒布新法，試圖對此項犯罪處以與其嚴重性相符的刑罰時，法案卻被國會議員否決。跟巴基斯坦一樣，這些國會議員認為此項法案將會鼓勵約旦女人恣意妄為，必然助長通姦罪的發生。反對法案的多為部落出身的議員，他們不敢激怒自己的支持者——社運人士遭受另一次重挫。「部落的思想是造成這個現象迅速失控的驅動力。」哈桑悲傷地補充道，「這個國家沒有一點政治決心，要對抗這個聲稱為『榮譽』的犯罪行為。」

試圖改變約旦法律的社運團體之中，有些也提供庇護所，給從家中男性成員兇殘的槍口下逃離的女人。我藉此認識了拉娜，她擁有兩個孩子，父親想要除掉她，也已經付諸行動。我們在安曼一家幾乎沒有客人的咖啡館內室進行採訪；同樣地，因為還在逃亡，她也要求攝影師只能拍攝後腦。「被強迫結婚時我十七歲，根本還沒想過結婚的事。我喜歡上學，我想要接受完整的教育。」她說，「那種感覺很像被逼著住進監獄，婚姻的監獄。」她的丈夫會毆打她，她為他生下兩個孩子。他們看彼此不順眼，因此他把她休了，並堅持帶走兩個小孩。拉娜回到家中，打算重新展開生活，但家人說她已經毀了他們的人生。她的父親說，家族已經失去榮譽，他必須殺死她。當時才剛開心返家的拉娜以為父親在開玩笑，但就在她吃完第一頓晚餐後，他從自己的抽屜裡拿出手槍，走進她的房間對她開了廿三槍。

所幸拉娜的父親並不是神槍手。訪談隔天，她帶我一起到醫院進行例行性的檢查，醫生向我展示四顆子彈進入她身體的位置，三顆在腿上、一顆在肩膀。「神救了我。」拉娜說，「我的父親對著我的頭部射擊，四射的火光燒焦我揚起的頭髮。我想他應該覺得自己有射中我的頭，因為他後來丟下槍，直接離開房間。」拉娜的母親將她送醫。之後拉娜在婦女團體的幫助下提告，那位明理的醫生力勸拉娜一定要堅持完成整個訴訟程序。「不要撤告，」她要離開時，他對她說，「我可以幫你到法庭上展示槍傷的照片。」

接著我與拉娜沿著安曼的街道前往她與她的律師約好的地點。大街上林立著智慧手機專賣店、時尚的精品店以及豪華汽車展示中心，牆上滿滿貼著現今的國王阿布杜拉二世與拉尼婭王后的照片。二〇一一年四月敘利亞發生內戰，至今約旦已經接收超過一百萬名難民，他們的效率與非凡的慷慨獲得很大的讚譽，外界普遍認為國王是一位見多識廣而且非常仁慈的領導人。然而，這樣一個國家卻還保有此項令人難以理解，有如中世紀般的習俗——每年有將近廿五名女人和女孩遭受法外處決。

拉娜的律師站在法院雄偉的大門之外，她剛獲知拉娜的案件將在隔週進行審訊。「假如你父親成功說服法官這是一起榮譽殺人未遂，那他只會獲判三到六個月的徒刑。不過，重點在於我們不能放棄，」她說，「我們必須讓大眾注意到所謂『榮譽殺人』的刑期竟然這麼短，這是醜聞。」拉娜對律師說，她的父親曾經與她聯繫，要求她撤銷告訴，他說只要撤告就不再騷擾她，他會讓她過自己想要的生活。「別這麼做，」律師說道，「風險太高了，你不能相信這些男人說的話。」

我和拉娜步行離開法院大廈，她開始哭泣。「這一切到底有什麼意義？」她問道，「他或許會入獄一段時間，但終究會獲釋，他會跟蹤我，想辦法把事情做到底，而我沒有男性的允許就沒辦法找工作。我現在廿五歲，但我的人生已經完了。」約旦的狀況和巴基斯坦相當類似，這些殘暴的殺人事件導因於根深蒂固的部落信仰，而甚至受過教育、老於世故的男性仍虔誠地奉行這種習俗，例如那個殺害姊姊的工程師哈米德。有些具正義感的醫生、律師和政治家，正竭盡所能地試圖改變這個不該存在於廿一世紀的傳統。這些國家的法律表面上相當重視這項犯罪，但量刑標準卻遠遠不及其殘暴與不理性的程度。

下一站，我朝向東北前往庫德斯坦（Kurdistan），英國法庭近期幾個悲慘的案件主角，都來自這片現今只存在於庫德人心中的土地——當年他們廣大生活的區域橫跨敘利亞、伊拉克、伊朗與土耳其。庫德斯坦的首都迪亞巴克爾（Diyarbakir）是個位於底格里斯河畔的古羅馬城鎮，當地居民說當地的黑色玄武岩城牆在月球上也能望見。這裡是動亂頻繁的半自治區，連土耳其政府都難以完全掌控。這些居民同時也表示，前一年的一九九七年，此地區約有兩百名女性死於被冠上榮譽之名的謀殺事件。

然而，此處也有許多決心對抗傳統的勇敢的社運活動者，他們在這個凶殘、憎恨女性的地區設立庇護所，提供受害女性安全而有人性的空間，讓她們遠離那些動輒就愛亂開槍的男人。法蒂瑪講述故事時一樣背對攝影鏡頭：她的丈夫死後，家人要求她嫁給前夫的兄弟，而她拒絕。「婆婆開始打我，她說：『你是我們的資產，你必須服從。否則我兒子會殺了你。』」所幸，法蒂瑪在他有機會殺她之前，就成功逃走了。

「這就是庫德人的做事方法。」當晚，一個男人在迪亞巴克爾的咖啡館中如此對我解釋。不過，令我驚訝的是他願意承認榮譽和復仇有等級之分。「假如女兒跟一個男孩跑了，你可以商量，可以協調，但如果你的妻子跑掉或者她違抗你的想法，那就沒有商量餘地。這是名聲的問題，你必須殺死她。」

「我不同意。」坐在他身旁那位自稱瑟哈特的男人插進來說道。「我認為，假如我妹妹違抗我，她的罪就跟我的母親一樣重。事實上，她跟我說過她不想嫁給四十歲的表親。我是個好哥哥，所以我給她一次機會。我警告她如果不服從，我就必須殺死她。最後她跟他結婚了。」二十多年來累積的採訪經驗使我得以在面對這種人時仍然保持冷靜，我感謝他們願意跟我談話，然後起身離開。

這是庫德人的做事方法，也是約旦人和巴基斯坦人的做事方法。我在每個國家都聽到相同的說詞，我聽到女人如何被逼著與她們不愛的男人結婚，宛如談生意、劃分土地、拉攏關係般將十四歲的女孩送給四十多歲的中年男子；事情聽得愈多，我愈相信這些事與女性的社會地位有關。女人被視為沒有思考能力、沒有感情的資產，她們沒有機會擁有成熟的、雙方都存在著愛的情感關係。她們的節操與無條件的服從與家族的榮譽緊緊相連，而重要的榮譽值得以殺戮來維持。

我與多位記者一同細讀土耳其的人權報告——當時土耳其正欲申請加入歐盟，史特拉斯堡歐盟總部的官員對土耳其當局提出了，關於庫德族居民如何處置等相當困難的問題。從一九八〇年到一九九〇年代，土耳其境內廣大的庫德地區始終處於近似內戰的狀態，二〇〇〇年後，土耳其的軍隊和警察仍在此地區實行戒嚴法，禁止所有以庫德語播出的電視和廣播節目，至今仍有數百名庫德族政治犯監禁於獄中。

歐盟要求土耳其當局改善悲慘的女權狀況，勸說立法機關修改「榮譽殺人」的相關法規，同時提出警告：缺乏實質進展將影響加入歐盟的進程。

土耳其的狀況與巴基斯坦以及約旦相同，這些殺人事件目前仍被歸類為衝動型犯罪，或者家庭糾紛，即便法院判刑，通常也都從輕量刑。為回應來自歐盟的壓力，土耳其將「榮譽殺人」的罪刑加重至終身監禁。然而這個做法卻導致了意想不到的悲劇後果。

翻開土耳其旅遊手冊，你將發現作者建議你跳過巴特曼（Batman）這座城市：停下車與路旁寫有城市名的指示牌合照，即可繼續前進——旅遊手冊通常會推薦你到土耳其東南部探索幾個風景壯麗的景點。巴特曼位於迪亞巴克爾東方五十英里處，一九五〇年代石油發現之前，它只是個人口數百的小村莊，現在這座醜陋的城市卻擁有將近廿五萬人口，人們就住在火車站與煉油廠之間，那些以混凝土和水泥磚匆匆蓋成的建築物之中。

旅遊手冊不會提及巴特曼近來聞名於世的原因——土耳其女性的自殺之都。根據婦女團體「KA-MER」的估計，新的刑罰施行後已經有超過一百個女人在此地自殺，而且多數都是年輕女孩。合乎邏輯的解釋方式只有一種：父母為了避免兒子被關進監牢，轉而要求害他們丟臉的女兒自我了斷。

「KA-MER」的調查員艾坦・泰卡伊（Ayten Tekay）說：「與其同時失去兩個孩子，他們選擇失去女兒。」他們從數百位上門求助的女人和女孩口中聽聞：女孩會被反鎖於房間內，裡頭只有一條繩索、一些毒藥或一把小手槍。「我們必須揭露這些殺人事件，並教導女人維護自身權益。」她說，「法律改變了，但文化不會在一夕之間改變。」

法律修訂後，「榮譽殺人」的罪犯必須面臨終身監禁的刑罰。一年後，二〇〇六年的前六個月有三十六個女人自殺。根據聯合國外交官亞金．埃圖卡（Yakin Ertuk）的調查，多數死亡事件皆可判定為「偽裝成自殺或意外的榮譽殺人」，大多發生在巴特曼市區或近郊的村莊。這個詭異的現象，促使土耳其籍的諾貝爾文學獎作家奧罕．帕慕克（Orhan Pamuk）為巴特曼寫下一個充滿謎團的故事，他近期的小說作品《雪》便是以自殺事件氾濫的巴特曼做為舞台。業餘心理學家分析此類事件屬於模仿性自殺，其他人則認為這是災禍降臨巴特曼的前兆。

另外還有一種相較之下了無新意的詮釋——尋求幫助的女性，大多出身於土耳其東南方遙遠的鄉村地區，石油出現後，她們的家人在極短時間內大量移入巴特曼。這些女人通常沒有受教育也不識字，即便有人讀過帕慕克也占非常少數。若非如此，她們將有機會接觸購物頻道與MTV，意識到自己身處的世界其實是一個更為開放、充滿樂趣的地方。然而現實中，這些女性卻必須無視周遭這個現代世界，被迫服膺於家族的男性成員。

現代科技所引發的矛盾，就發生在十七歲的黛莉亞身上。她收到一封學校男生傳來的示愛簡訊，家人發現這個放蕩行為後，使用了同樣的科技命令她自我了斷。她的叔叔傳簡訊跟她說：「你使我們的名譽受辱，請以自殺洗淨恥辱，否則我們會殺了你。」她在一天之內收到十五封相同的簡訊。她跳進底格里斯河但沒有淹死，割腕也失敗了，後來警察為確保她的安全而將她帶到「KA-MER」的庇護所。

「家人否定我的人格，我覺得自己犯下了世界上最嚴重的罪行。」她說，「我不該讓家族名譽受辱，我覺得自己沒有權利活在世上，因此我決定遵從家人的要求去自殺。」經過心理諮商後，黛莉亞已經不再有自殺的念頭，但她仍對自己的未來，以及這個地區其他女孩的未來感到非常悲觀。「這是一個信仰虔誠的地區，身為女人不能有自己的想法。要不你就得離開家人逃到其他城市，要不你也可以殺死自己。」

另一種選擇——移民到其他國家——同樣危機重重。終於我回到我所定居的倫敦北區，這裡的庫德商店販售鑲飯與土耳其肉丸，同時高聲播放庫德族歌手希文·沛華（Sivan Perwer）演唱的民族主義歌曲。多數土耳其庫德族人在一九八〇年代與一九九〇年代的戰亂期間抵達英國，他們將辛辣的異國美食與令人心碎的音樂等受歡迎的產品帶入倫敦，但同時也引進了他們的傳統。

目前，蘇格蘭場[2]已經成立調查「榮譽殺人」的專案小組，領導人是倫敦警察廳重案刑事部門的指揮官安迪·貝克（Andy Baker）。「我先聲明一點，」他在一次採訪中對我說，「榮譽殺人一點也不光榮。」他希望尤恩斯的終身監禁能對社群中默許女人受虐的人產生威嚇效果。「我們不會容忍以文化之名行使暴力的事件，而以榮譽之名施行謀殺將以最嚴厲的刑罰予以重懲。」

然而，二〇〇六年的一起失蹤案，卻暴露出警方對於案件與被害者極度缺乏敏銳度與同理心。當時，出身於密查姆的芭納茲．馬默德（Banaz Mahmod）曾五度聯繫警方，表達自己對於施暴的丈夫與處處威逼的家人感到非常恐懼。警察局的監視攝影機錄下她對一名女警員敘述丈夫意圖殺害她的過程，畫面中的年輕又美麗的女人年紀十九歲——黑髮整齊向後紮成馬尾造型，淡褐色的眼珠，愛心形狀的臉型——因恐懼而神色驚慌。

「他甩我巴掌、打我、強暴我，用腳踹我的頭，踩著頭髮將我拖行。我結婚時只有十七歲，當時的我根本不知道這樣算不算正常。」她向女警員提到自己在二〇〇五年與那位伊拉克庫德族男人結婚的事。那是一樁安排好的婚事。那個男人從伊拉克北部直飛英國參加婚禮，據芭納茲所言，「他腦中還帶著五十五年前的舊思想，我不能在他人面前直呼丈夫的名字。當時四周有許多賓客，我直接叫了他的名字，他跟我說，如果我敢再這樣做他會殺了我。我說，但這裡是英國耶！」

後來，芭納茲走出不快樂的婚姻生活，她愛上伊朗的庫德族人拉瑪特．蘇萊曼尼（Rahmat Suleimani），但這段關係根本無法保密太久。她很快就感覺到丈夫派人跟蹤她。她告訴警方：「我出門時，總有個男人開車跟著我，所以我才跑來警察局。假如我出了什麼事，就

2　蘇格蘭場（Scotland Yard）是英國人對倫敦首都警察廳的稱呼。

是他們做的。」她對該名女警員說：「我已經告訴你事情的經過了，你能幫我嗎？」那位警員什麼事都沒做，沒有後續追蹤，這位擔憂生命安全的年輕女子沒有獲得任何保護。

二〇〇六年除夕夜，芭納茲的父親要她到莫登（Morden）的祖母家與他見面。芭納茲的姊姊貝克哈勒看見父親離開時，「夾克口袋一側放著酒瓶，另一側有一把大刀。」他用白蘭地灌醉芭納茲。「我喝了一些從來沒喝過的東西，」她後來說道，「他叫我慢慢喝。當時窗簾緊閉，室內非常漆黑。他離開房間，回來時腳上穿著Reebok運動鞋，手上戴著手套。他叫我坐下，我當時非常睏，然後他再次離開房間。」她領悟到父親想要殺死她，因此她從後門逃離，猛力敲打鄰居的窗子——最後她終於破窗躲進一家咖啡館。

她的手腕和手掌因破窗而受傷流血，送醫後，地方醫院的工作人員表示他們從未見過面容如此驚恐的人。拉瑪特到醫院和她碰面，沉著地請她說明事發經過，並以手機錄音。然而，到場做筆錄的女警員認為芭納茲當時喝醉了，因此拒絕相信她說的話，甚至還指控芭納茲在破窗時犯了毀損罪。這個年輕女人到警局懇求協助，卻沒得到任何同情。

幾週後芭納茲失蹤，案件轉交到首都警察廳的總督察卡洛琳·古德（Caroline Goode）手中。直到二〇〇七年此案件上呈法庭時，令人悲痛的謀殺細節才首度公開：她的父親和叔叔動員一幫當地的伊拉克庫德族暴民來殺害芭納茲。一段祕密錄製的音訊檔，揭露了在獄中等待開庭的犯人吹噓他們對她進行性虐待的事實——「踩在脖子上將她勒斃」，接著把屍體塞入行李箱，開車載到伯明罕的某棟房屋。他們在一台廢棄冰箱下方挖了淺淺的墓穴，屍體埋在裡面經過三個月才被發現。殺人事件的主謀是她的叔叔阿里．馬默德（Ari Mahmod），判刑廿三年；芭納茲的父親則判處二十年徒刑，而共犯穆罕默德．哈瑪（Mohammed Hama）獲判十七年徒刑；另外還有兩名共犯都是芭納茲的表親，穆罕穆德．阿里（Mohammed Ali）與奧瑪．海珊（Omar Hussain），他們逃到了伊拉克。二〇一〇年，在一次史無前例的跨國合作中，總督察卡洛琳．古德將兩名罪犯引渡回英國，最終他們各被判處十八年徒刑。

總督察卡洛琳．古德因此案件獲頒女王公安勳章。她以個人經驗向大眾呼籲，處理「榮譽殺人」需要更完善的教育、訓練與溝通：「我們必須把這個議題拿出來討論，不能為了政治利益將它掃到檯面下。」獨立警察投訴委員會（Independent Police Complaints Commission）隨後針對薩里郡警方在事件初期的處理流程進行調查，發現他們嚴重辜負了報案的芭納茲．馬默德。由此可見，儘管有時候警方的表現確實相當優秀，卻也存在著辦案水準遠遠不及合理預期範圍的狀況。而在此同時，謀殺事件仍持續發生。

二〇〇九年，首都警察廳的數據顯示以「榮譽」為名的犯罪案件大幅上升，當年度四月至十月的半年間，共有二百十一起相關事件，其中的一百廿九起屬於刑事犯罪。獨立NGO「伊朗與庫德女權組織」（IKWRO）不相信此一數據，他們認為數量過低。他們動用資訊自由權與全國五十二個警察分部取得聯繫，最終公布二〇〇九到二〇一〇年間，英國總共有二千八百廿三件榮譽攻擊的肇事記錄，其中以倫敦的四百九十五件居首，依次為西約克郡和西密德蘭郡。

任職於英國皇家檢察署，專職處理西北地區的迫婚與「榮譽殺人」案件的主任檢察官納齊爾·阿夫扎爾（Nazir Afzal）也認為英國年輕女人遭謀殺的數量低估了。「我們還有送出國外的謀殺事件，」他說，「被害人死於海外，所以警方的記錄找不到。」他認為只要小孩被提前帶離學校，所有人都要提高警覺。「不能只專注在受害者身上，重點是那些潛在的受害者。」他說道，「假如有男孩或女孩被提早帶離學校，很可能就是一樁迫婚事件的誘發契機。」

英國內政部近期的報告顯示，光在布拉福地區就有二百五十位年齡介於十三到十六歲女孩因為出國觀光沒有返校而被強迫休學。前國會議員安·克萊兒已經做好再次冒險的準備。「沒人有興趣追查孩子究竟發生了什麼事。家長、校方和社區群眾都不想深入了解，實在令人難以接受。我不在乎做這件事的人是誰，但總得有人提問：為什麼孩子不在學校？」

跟女性生殖器殘割事件一樣，這些駭人聽聞的習俗不斷發生，英國社會因而持續墮落。只要落實相關教育，平等對待少數族裔，警方、學校與社福機構再更提高警覺，都將有所幫助。面對「榮譽殺人」不允許委婉或模稜兩可，我們必須勇於挑戰這個被諸多國家奉行的信仰。

我步行到庫德斯坦工人黨位於芬斯伯里（Finsbury）的俱樂部會館。這棟建築我相當熟悉，動身至土耳其與伊拉克報導庫德族相關人權侵害事件之前，我常到這裡向定居英國的庫德族人尋求意見。他們非常友善，也願意為我聯繫故鄉的家人或社區領導人。十六歲的荷舒遭父親謀殺的那段時間，因為是首起涉及庫德人的「榮譽殺人」，社會大眾相當關注，我也經常來這裡採訪。今天則有幾個聽著iPod的年輕男人身穿名牌牛仔褲與連帽衫在此閒晃——廿一世紀的典型風貌。

我點了一杯又濃又苦的咖啡坐下，看見一群人正開心地打撞球，我開口詢問他們對「榮譽殺人」的看法。「無論妻子或女兒，只要反抗或逃跑，她就是在破壞男人的榮譽。」薩米爾對我說：「為了重拾聲譽，男人必須處罰或者殺死她們。這是傳統，我們必須這麼做。」另一位年長的男人阿邁德補充道：「如果某人殺死女人，必然是受到家族與社區群眾的壓力所驅使，唯有殺死她才能重獲尊重。」我彷彿回到了十年前迪亞巴克爾的黑暗時代。

第十章

印度
——女人最不幸的誕生之地

曼內瑪說：

我很喜歡那件衣服。上頭鑲有許多金色小飾的紅色和粉紅色的禮服，媽媽在我頭上戴上好些珠寶，垂落到我的臉上。她告訴我，今天是個特別的日子，因此我很興奮。那一天來了好多人，現場非常嘈雜。我當時六歲，有幾個年紀跟我一樣的女孩，或者再稍微大一點。男孩都比較年長，也有一些成年男人。我們得繞著火堆走，那感覺很可怕，但因為媽媽在前頭帶著我，所以沒什麼問題。接著媽媽哭了出來，把我交給一個陌生女人，對我說「再見」。我哭著說我想回家，但媽媽跑走了，我有兩年沒再回過家。

曼內瑪現在十一歲，絕望地坐在她兩房之屋的地板上，家人圍繞在她的身邊。她正在說五年前婚禮當天的故事。「結婚的時候，我完全不知道發生了什麼事。」她繼續說道，「那時我還很小，喜歡盛裝打扮，但當他們告訴我，我必須離開家，我一直哭一直哭。我不想離開我的父母和兄弟姊妹，但他們強迫我。到了夫家之後，婆婆馬上叫我為她工作。」

曼內瑪的婚姻最終以災難收場。兩年後，她二十歲的丈夫因為想要更具性魅力的女人而要她打包走人。「你的丈夫對你好嗎？」我不想直接問她是否曾經和他發生性行為。曼內瑪現在十一歲，但外表比實際年齡年幼許多，她困窘地挪動身子，然後說：「我不想談我的丈夫。」醫生表示像她這種尚未進入青春期就結婚的女孩經常遭受強暴。有一件事曼內瑪可以肯定，她說她永遠不想再結婚了。

我轉頭問她的父親怎麼會讓這種事發生在女兒身上？他毫無怯意地回瞪我一眼，聳聳肩輕描淡寫地說道：「這就是這個地方的做事方法。我有五個女兒，我養不起全部的人。老男人通常喜歡年輕女孩，所以她們會在很年幼時出嫁。女孩必須接受這件事，這是傳統。」他以責備的目光看著女兒。不知道還需要多久她才有能力抵抗另一場婚禮。

聽到他使用「傳統」一詞解釋其作為，我簡直想大吼。全世界究竟有多少發生在女性身上的犯罪行為被冠以「傳統」之名？為什麼，在人類智識不斷提升開化，變得更為全球化，而且顯然知識變得更為豐富之際，對於令人費解的過時傳統仍然如此敬畏與堅持，甚至為此罔顧理智和法律？藉由傳統這頂帽子的光環來掩護厭女思想或甚至犯罪行為是多麼方便的事情。

童婚在印度屬於違法行為。一九二九年，印度在英國統治期間通過童婚法案（Child Marriage Act），規定女孩須年滿十五歲、男孩須年滿十八歲才能結婚。獨立之後，這項法案於一九七八年將年齡向上分別修訂到十八歲與二十一歲。二〇〇六年，政府頒布童婚禁止法案（Prohibition of Child Marriage Act），十八歲以上、與未成年女孩結婚的男性，或是婚禮中牽涉到十八歲以下女孩的主辦人都將判處二年徒刑。童婚新娘的父母同樣也會受罰，同時規定童婚新娘與新郎在成年之後得以取消彼此之間的婚姻關係。

儘管改革至今已經超過九十年，這項法律卻廣受印度一億二千萬人口所忽視。根據印度國家犯罪紀錄局近期的統計，二〇一二年因觸犯童婚罪遭到定罪的人總共只有四十人，而聯合國兒童基金會（UNICEE）的最新數據卻顯示：一八％的印度女孩在十五歲前結婚、三〇％在十八歲前結婚。拉賈斯坦邦（Rajasthan）是印度童婚發生率最高的地區，距離最受觀光客歡迎的城市久德浦爾（Jodhpur）和齋浦爾（Jaipur）只有幾英里，這裡的小女孩被迫進入非法的未成年婚姻關係之中，同時承受著兒童性虐待。

兒童福利部所在的久德浦爾政府大廈令人想起上個世紀的印度，完全不像現今這個資訊科技蓬勃發展，還將火箭送上太空的國家：一支固定於天花板的吊扇在零星幾名辦事員的頭頂吵雜旋轉著，放有一台電話的桌子上高高堆著漫布灰塵的文件。五月的吠舍節是一年中最吉祥、最適合舉行婚禮的時節，這台電話就是方便民眾致電舉報非法婚禮的專線。它始終一聲不響。

兒童福利部部長顯得相當鎮靜，他說那些籌辦婚禮的人都很聰明。「他們總是能搶先一步。他們公布婚禮之後會再更改日期與地點，拉賈斯坦邦幅員廣大，警察不可能巡遍所有角落。假若警車充足，或許就能夠攔截這些婚禮。」另一個麻煩在於拉賈斯坦邦的許多地主不但富裕，還擁有良好的政商關係，因此總能享有特權。

自拉賈斯坦邦的沙漠升起的熱氣模糊了地平線，我們搭車抵達一座私人莊園的周邊，司機說：「這個地方警察不敢進去。」在他向我們保證要找到集體婚禮的舉行地點並不難的同時，用手約略比出大概的方向。難度在於當時高溫四十五度，我和當地助手法桑娜不但得扛攝影器材走路，還因為霧霾眼前一片模糊。跌跌撞撞走了幾分鐘後，我們聽見鼓聲以及絃樂器的聲音。

隨著距離縮近，沙塵中浮現諸多七彩華美的帳篷。現場約有數百人，女人身上的衣服全是鮮明的粉紅與紅色，男人則穿戴白色的傳統服飾兜迪（dhotis）和頭巾帽。年長的女性一面歌唱，一面把包裹著嫁妝的絲綢地毯送往新郎的座位區——一幅鼓聲喧天、五彩繽紛的熱鬧景象。法桑娜與我輕鬆潛入群眾之中，朝向裝飾最為華麗的帳篷尋找新娘。

拉起帳篷簾幕，我們發現裡頭約有十五位年輕女孩，她們身穿深紅色尼龍禮服，脖子掛著花環，頭頂環繞一條掛滿玻璃珠寶的頭飾，頭飾的一端穿在鼻孔上。她們看起來全都不滿十六歲，有個小新娘最多不超過六歲，她宛如洋娃娃身穿金色與深紅的禮服，雙眼都上了妝，一臉費解地望著周遭的一切。

喧囂的樂聲忽然加劇，樂手們以非凡的熱情演奏樂器，女人也開始歌唱。祭司站立在聖火的旁邊等待新娘走出帳篷，此刻她們才首次看見即將成為自己丈夫的男人。所有新郎身穿白衣，最年幼的大約十二歲，也有幾個二十多歲和三十多歲的男人。在祭司唱誦聖歌的同時，六歲的新娘也蹣跚地完成了繞走聖火的儀式——婆婆要將她帶回新家時，女孩嚎啕大哭。

從出生的那一刻起，印度女孩在家庭中就是多餘的存在，是一張多出來需要餵養的嘴，對家庭收入也沒有貢獻能力。嫁妝在印度傳統中必須奢華、講究排場，這也意味著女兒將是拖垮經濟的重擔。假如新娘年紀夠小，男方的要求也會比較少，因此對女方家庭而言，能愈早擺脫女兒會愈理想。這個傳統在印度的鄉村地區被廣為推行，儘管違法，卻沒人會去報警。

政府的不作為所造成的慘烈後果顯現於地方醫院之中：一名十五歲的女孩被緊急送入海德拉巴的甘地醫院急診室，她因為痙攣而痛苦地扭動著。值班的婦科醫生對我說：「她就是一個因為太年幼就懷孕而出問題的典型案例。她有高血壓，身體尚未完整發育，她的產道過窄造成嬰兒卡在裡頭。我們必須進行剖腹產。」

根據印度政府近期的普查，約有三十萬名印度女孩在十五歲前生過小孩，部分擁有兩次生產紀錄。夏拉婭醫生帶領我探訪新生兒病房，一一指出那些營養不良與發育不全的孩子。她停步在一張病床前，一名十三歲的女孩正哄著搖籃裡的小嬰兒。醫生說：「看看這些小新娘。」她叫那個女孩伸出舌頭。「你看，她有貧血症，她們多數人都有。你再看一下那個嬰兒，他的體重只有四磅。他若能存活就是幸運，這些由小孩子生下的嬰兒，死亡率比成熟女人生下的嬰兒高出五〇％。」這位年幼的母親只是迷惘地注視著講英文的醫生。

醫院反映出了印度古今並存的矛盾。夏拉婭醫生出身於一個中產專業人士家庭，她有自信、有能力，但在巡視這些無助的女性時顯得相當急躁不安——即便擁有完備的現代醫療工具，她仍敵不過人們嚴守野蠻傳統的固執。她也是個極具憐憫心的女人，我們移往婦科病房時，她的眼眶滿是淚水。

在這裡，女人才二十三歲就必須切除子宮，她們的身體因多次懷孕的蹂躪而消耗殆盡。「她們回家後已經無法懷胎，」夏拉婭說，「也因為太虛弱無法到田裡工作。丈夫通常會將她們趕出家門。」女人可能在六歲結婚，十二歲成為母親，二十出頭歲身體已經毀損，這就是現今印度的殘酷現實。同時，這也會對她們的教育產生影響。

童婚新娘在小學時即被帶走，她們沒有機會接受中等教育。我曾到齋浦爾與一對姊妹見面——安嘉麗和薇妮莎，分別是十一歲和十三歲——她們的母親和姊姊正在用優格和薑黃的混合物按摩兩人布滿漩渦紋彩的四肢。當時新郎在銅管樂隊的伴奏下騎著馬正接近她們家，外頭的喧鬧聲使得新娘房的氣氛愈漸緊繃。「我當然很緊張，如果是你，你不緊張嗎？」姊姊薇妮莎說道，即將發生的事讓她既不安又惶恐。「我們連丈夫長什麼模樣都沒看過，更別說跟他們見面了。」

她說，她愛她的家、她的姊妹和她的學校，但現在她要失去這一切了。「在夫家，我不再有上學的機會。我必須煮飯、做家事以及取悅丈夫。我必須戴上面紗遮住頭部，做婆婆要我做的每一件事。」年輕新娘不僅失去校園所提供的社交與智識刺激，她們也因為缺乏識字技能而被排除在公共廣播或推廣衛生保健、健康飲食與節育教育等等的活動之外。童婚行為同時惡化了印度的社會與經濟問題。

然而，現今的印度還存在另一個險惡的問題致使家長贊同童婚。二〇一四年，印度一家新聞媒體報導了一則關於哈里亞納邦（Haryana）的農夫與他的妻子的故事：他們為了把十五歲的女兒帕盧嫁給四十歲的男人而將她從學校中帶走。這件事並不稀奇，問題在於這位母親巴桑蒂・芮尼（Basanti Rani）說出了一個令人不安的理由：「在這個愈來愈不安全的社會中，強暴和性虐待已經變成常態，盡早嫁出女兒是明智的做法。有誰願意和曾經遭受強暴或性虐待的女孩結婚呢？她現在至少有個丈夫可以照顧她。」

不可思議的是，這場婚禮的舉行地點哈里亞納邦，正是印度處理童婚問題最積極的地區。地方政府發起一項名為「我的女兒，我的財富」的計畫，只要家庭中有一位年滿十八歲而尚未結婚的女兒，父母就可以獲得二千五百盧比（二百五十美元）；不過對芮尼的家庭而言誘因並不充足，因為強暴帶給他們更加強大的恐懼。

哈里亞納邦曾經發生多起可怕的性犯罪事件。二〇一五年，一名患有精神疾病的廿八歲尼泊爾籍女子在田裡被輪姦，驗屍結果顯示她生前遭受石塊重擊導致昏迷，而且暴行過程中犯人強行以石頭、刀子和棍棒侵犯她的身體。八個男人遭到逮捕。一個月後，少女將自己上吊於臥室吊扇之上。報導指出，女孩對於警方將她的案件自輪姦改為強暴感到憤恨不已；當時她想要指認所有強暴過她的人，但警察說，他們希望她指證一名犯人就好。

BBC網路新聞在這起哈里亞納姦殺事件的報導中，一一列整了印度近年登上新聞頭版的強暴事件：

• 二〇一二年十二月十六日：女學生在德里的巴士上遭到輪姦，引發全國性的憤怒與抗議行動。

- 二〇一三年四月三十日：中央邦一名五歲女童在遭受強暴的兩週後死亡。
- 二〇一三年六月四日：一名三十歲的美國婦女於喜馬偕爾邦遭到輪姦。
- 二〇一三年九月十七日：五名青少年因涉嫌輪姦一名十歲女童遭警方拘留。
- 二〇一四年一月十五日：一名丹麥籍婦女於德里的飯店附近迷路時遭到輪姦。
- 二〇一四年一月廿三日：十三名西孟加拉邦的男子在村莊長者的命令下涉嫌輪姦一名拒絕與男人發生關係的女性。
- 二〇一四年四月四日：三名男人因前一年在孟買強暴廿三歲的攝影記者而遭法院判處絞刑。

上述的第一起案件：二〇一二年十二月十六日，喬蒂・辛格（Jyoti Singh）在德里的巴士上被輪姦隨後遭到殺害——此事件在印度引發前所未有的大規模反對強暴示威活動。喬蒂・辛格是一名醫學院學生，當時的她再過六個月就能獲得醫師執照。勤奮苦讀了一整週之後，週末她決定與朋友去看一場電影犒賞自己；她的朋友阿雲達・潘迪（Awindra Pandey）是軟體工程師，跟她一樣出身自印度的北方邦（Uttar Pradesh）。當晚他們在德里一家有名的購物中心看了電影《少年Pi的奇幻漂流》，結束後，阿雲達決定陪同喬蒂回去她位於德里郊區的住處。

當時是晚上九點，天色已黑。他們試圖招攬人力車但司機都以距離太遠為由拒絕，招車也徒勞無功。最後他們在一處公車站等待，有一輛巴士停了下來，司機宣稱車子會開到他們想去的地方，因此他們爬上車。當時他們不知道這是一輛沒有載客執照的校車，而且巴士上的六個男人都已經喝得爛醉。接下來發生的事簡直令人難以置信。

那些男人鎖上巴士車門，開始嘲諷、辱罵這對男女。他們質問喬蒂為何夜深了還跟不是丈夫的男人單獨在外流連，阿雲達插嘴表示這件事與他們無關，然後他們將他剝光毒打一頓；阿雲達失去意識之後，他們將他丟到巴士後方。他們決定給喬蒂嘗點教訓。當時這輛巴士總共在德里繞行一個半小時，過程中六個男人輪流傷害並強暴喬蒂。她試圖反擊，咬了這些攻擊她的人。他們則用生鏽的L形鐵棒——類似千斤頂的工具——插入她的陰道，其中一名攻擊者甚至將手伸進她的體內拉出部分的腸子。她的生殖器官、下腹與腸子都遭受極度嚴重的傷害。

這幫人的其中一個說：「她死了，她死了。我們必須處理掉她。」巴士停到路邊，他們把全裸的喬蒂和阿雲達丟下車。此時司機看到喬蒂還在動，試圖倒車撞她，所幸阿雲達即時將她移開。巴士駛離後，阿雲達瘋狂地招攬人力車與汽車停下救援，但沒人停車。最終是一位自行車騎士停下來幫助他們，他注視著喬蒂，停頓了一會兒說道：「她看起來像隻產後的乳牛，到處都是血。」隨後他報了警。警察到場後花費許多寶貴時間詢問事件發生的緣由，而當時喬蒂就躺在路旁痛苦地掙扎，血液與意識不斷流失。最後他們終於叫了救護車。

攻擊者表示：發生這場兇惡的攻擊是喬蒂的錯。「被強暴的時候她不應該反抗。她應該保持沉默讓強暴進行。這樣他們做完就會把她丟掉，只有那個男的會被打。」聽候審判期間，其中一名攻擊者穆凱許·辛格（Mukesh Singh）在監獄訪談中發表此段令人震撼的言論。他坐在椅凳上，臉上的鬍鬚修剪整齊，身上穿著乾淨的棉質格紋衫，說話時語帶自信，絲毫沒有一點悔意。他宣稱自己在攻擊事件的整段過程都在開車，但這項聲明被另一個同伴否決，該名被告表示穆凱許也有參與輪姦。

穆凱許·辛格在訪談中堅持女孩應該被譴責，而現今的印度有太多男人擁有相同的想法。「在強暴事件中，女人該負的責任遠比男人更大。」他說，「正經的女孩不會晚上九點還在外頭晃蕩。女孩該做的事是掌理家務，而非穿錯誤的衣服在迪斯可裡做錯誤的事。」那些錯誤的衣服是一種刺激，男人是遭受蕩婦誘惑的受害者。

醫生對於喬蒂在遭受攻擊之後仍然活著感到相當震驚。第一位替她檢查傷勢的外科醫師說：「我執業已有二十年經驗，從未看過這樣的案例。我們不知道該從何著手，也不懂為何她還活著。」此案件在印度聲名大噪，因此政府介入其中，將喬蒂轉往新加坡一家專攻器官移植手術的醫院——伊麗莎白醫院（Mount Elizabeth Hospital）。飛往新加坡的過程中，喬蒂的心搏曾一度停止，而在十二月廿九日，攻擊事件過後的第十三天，她死於多重器官衰竭。當時她的母親艾夏·黛維（Asha Devi）就在她的身旁。「喬蒂轉頭對我說：『媽咪，對不起，我給你製造了這麼大的麻煩。』」艾夏·黛維回憶道。「她的呼吸聲停止，接著螢幕上的線條便逐漸消失。」

直到攻擊事件發生前，喬蒂・辛格的人生在印度幾乎可說是童話故事。她的名字蘊含「光明」之意，父母對於她的出生充滿喜悅。「她的出生對我們而言，是一份光明的贈禮。女孩出生時人們通常不會太開心，但我們很開心。我們到處發送糖果，每個人都說：『你們慶祝得像是生了男孩一樣！』」

她的父親巴德里納・辛格（Badrinath Singh）小時候的志願是當老師，但因家境貧窮，他在十一歲生日過後就無法繼續上學。他發誓要讓自己所有的孩子都受教育，包括兩個兒子和一個女兒。「我們的心中從未出現差別待遇的想法。」他說，「如果只有兒子幸福，女兒卻不幸福，我怎麼會快樂？我不可能拒絕這樣一個喜愛上學的小女孩。」喬蒂的志願是當醫生，辛格變賣家中地產，並在德里機場兼兩份裝卸工人的工作，只為實現女兒的夢想。

一名大學教師憶及喬蒂的女性主義信念與決心時，提到喬蒂曾說過：「從出生的那一刻起，人們就認定男女之間有所差異。事實上，女孩可以做到任何事。」為了補貼學費，她晚上八點到清晨四點在客服中心工作，一天只睡三到四個小時，接著起床繼續念書——她的夢想是回家鄉蓋醫院。她對於自己即將完成考試，能夠開始幫助父母感到相當興奮。她的母親表示喬蒂曾說：「媽、爸，現在你們不必再擔心了。你們的小女孩是個醫生，一切都會很好的。」

喬蒂最終的死，同時帶出印度最好與最壞的面向。當時警方即刻做出反應，他們藉由監視攝影機的影像找到那輛巴士，藉由阿雲達・潘迪繪製的素描，以及躺在醫院病床懨懨一息的喬蒂・辛格的證詞成功圍捕六名強暴殺人犯；五名成年男子與一名十七歲的青少年在犯案廿四小時內遭到逮補。

駭人的攻擊細節在社群媒體廣泛流傳，促使全國各地展開示威活動。第一場抗議發生在德里市長希拉・迪克希特（Sheila Dixit）的官邸門口；這位市長不久前曾對二〇〇八年女記者的謀殺事件發表看法，他說女人晚上還在市區走動是「冒險」的行為——此言論激怒了年輕女性。全印度婦女進步協會（All India Progressive Women's Association）的祕書長卡薇塔・克里希南（Kavita Krishnan）在示威活動中宣布：「女人有權做任何冒險。我們大膽、我們無懼、我們勇往直前。休想指導我們該穿什麼衣服，休想規定我們要在哪些時間、需要多少人陪伴才能外出。」

警方數據顯示，印度平均每二十分鐘就會發生一起強暴事件。強暴已經是見怪不怪的常事，但喬蒂・辛格的案件激發了集體的憤怒，因為這不是一般的強暴案件，是一齣希臘式的悲劇故事。她的家庭勇於挑戰規範，父母對她與兄弟一視同仁，她以最好的學業成果回報他們，並完成一件家鄉村落前所未聞的事——繼續念大學。然而，對於攻擊她的那些厭女主義、殘暴的男人而言，她越界了。她藐視傳統，最終為此賠上性命。

殘暴的攻擊過程、窮困的成長背景、思想進步的父母、她的女性主義與抱負，以及她「冒險」與男性友人在晚上出門看電影這些事實，在在都激發了現今印度女人對於未來的期望。在事件發生的幾天內，成千上萬名女性聚集到德里國會大廈外的印度門（India Gate）廣場，她們大聲怒吼「不再容忍強暴」，並呼求「自由」。同時舉起標語：「我們受夠了。請用監獄囚禁強暴犯，別用父權制度囚禁女人。」

警察以暴力回應。儘管媒體被區隔在示威場所之外，從某些照片中仍然可看見警方以火焰噴射器、高壓水砲、催淚瓦斯、長杖和警棍攻擊現場的年輕女人以及加入抗議行列的男人。警戒柵欄被推倒，汽車遭到縱火。總理曼默漢・辛格（Manmohan Singh）出面呼籲群眾冷靜，他引述甘地所言：「暴力無濟於事。」同時承諾國家處理強暴案的方式將會改變。

人民院（印度的下議院）議員稱此為印度之恥。他們呼籲政府採取緊急措施，對強暴犯執行絞刑以確保女性的安全，同時承諾改善路燈照明設備，警察也定時進入大眾運輸加強巡邏。接著法院召開一次司法審查並設立維爾瑪委員會（Verma Committee），此委員會一共審查八千份意見書，最終認定政府與警方在多數強暴案件中的不作為行為應受譴責。為了讓德里擺脫「印度強暴之都」的惡名，地方法院成立六個專門審理性侵案件的快速法庭。

事發的四個月後，其中一名被告萊姆・辛格（Ram Singh）自縊於監獄牢房中，留下四名成年男人與一名青少年等待受審。二〇一三年八月，該名未成年犯人獲判最高刑期，送往少年觀護所矯正三年；一個月後，剩餘四名涉嫌強暴殺害喬蒂・辛格，以及殺害阿雲達・潘迪未遂的成年被告被判有罪。法官尤傑許・卡納（Yogesh Khana）宣判死刑時，表示此案件「震撼了印度的大眾良知」。三年過去，尚未有人被吊死——他們仍然持續提請上訴。

在攻擊事件過後一年的民意調查中，九〇％的受訪女性認為德里街頭並未變得比較安全。警方數據顯示受害者為女性的犯罪數量不減反增，德里似乎重回往日常態，而喬蒂遭受強暴殺害所引發的怒火與承諾已然遭到遺忘。

在此同時，電影導演萊斯莉・奧德溫（Leslee Udwin）以喬蒂・辛格這起殘忍的強暴案為主題拍攝了一部紀錄片，預定在二〇一五年三月於印度和英國同時播映。印度的政治家看到宣傳短片後大為恐慌，因為影片內容證實，印度對待女性的過時觀念不僅存在低教育程度的醉漢身上——例如本案的被告——，而許多專業人士也擁有同樣的想法。印度的國會事務部部長維凱亞・奈度（Venkaiah Naidu）以「隱含中傷印度的陰謀」為由禁播此部紀錄片。不過，影片在英國BBC播出後，包含被告穆凱許・辛格以及兩名辯護律師在內等幾段醜陋的關鍵訪談迅速傳遍社群媒體，再度點燃了印度女人的怒火。

此案的其中一名辯護律師沙瑪（M.L. Sharma）以蹩腳的英語說道：「我們的社會不允許女孩子在晚上六點半、七點半或八點半之後與陌生人一起出門。他們（喬蒂・辛格和阿雲達・潘迪）背棄了印度文化。他們受到電影文化的不良影響，以為自己無所不能。你說男人和女人只是朋友，抱歉，這種事不會發生在我們的社會中。女人在男人眼中……就是性。印度擁有最棒的文化，在我們的文化中，女人不具地位。」

另一位替六名被告辯護的律師辛格（A.P. Singh）則說出更令人無法接受的評論。談及喬蒂決定和男性友人外出看電影時，她說女孩可以出門，但「應該和（她的）家族成員一起，例如叔叔、父親、母親、祖父、祖母等等，她不應該在晚上和男朋友外出。假如我的女兒或姊妹做出婚前性行為這種玷污自己的事，並因此而蒙羞、受辱，我保證會把這樣的女兒或姊妹帶到農場，然後在整個家族面前潑上汽油，點火將她燒死。」

正如被告穆凱許．辛格所言：「在強暴事件中，女人該負的責任遠比男人更大。」這兩名律師是受過教育的專業人士，也都是印度律師委員會的成員，卻仍一再重申被強暴是女孩的錯。這個國家存在著將強暴視為慣常事件的文化，它一再糾纏著女人，激怒她們，迫使她們在社群媒體上展開激烈的回擊。記者娜迪尼．克里希南（Nandini Krishnan）在部落格中寫道：「我不知道，或許他們一再重蹈覆轍並非他們不懂這是錯的，而是對從中獲得的權威感已然成癮。而且也因為——這只是我的想法——他們總是能夠脫罪，同樣的事三番兩次不斷重演。」

警方的統計資料證實這些罪犯確實很容易全身而退。二〇一二年，德里共有七百零六起強暴案的發生紀錄，僅僅只有一個案子定罪成功。一名監獄精神科醫師形容強暴犯是「帶有反社會特質的正常人類……只要看到有強暴女人的機會，他們就會去做。監獄中有人犯過兩百起強暴案，而這還只是他們記得的數字，實際上可能更多。他們說這是『男人的權利』，他們不把其他人當人類看待。女人在這個文化中被貶得很低，而這種價值觀正是影響此類行為的重要因素。」

為何印度女人會遭受如此詆毀？畢竟印度教「前十大」神明中，有四位是女神：拉克希米（Lakshmi）、杜爾迦（Durga）、卡利（Kali）以及薩拉斯瓦蒂（Saraswati），而且不論男女都抱持相當的熱情在崇拜這些女神。這個國家也擁有過女性總統與總理，但這些爬到頂峰的女性與百萬蒼生之間，似乎存在著危險的脫節現象；對其他女人而言，印度是地球上最不幸的生存之地。印度的社會學家與女性主義者正積極尋求解答，他們痛批流傳於家族之間的鄉村傳統對現今印度的多數人民持續帶來不良影響——包含留在村落中的人以及搬到都市尋求發展的男人——例如犯下喬蒂．辛格案的罪犯。

現今印度男性的識字率有八二％，而女性只有六五％。此結果絲毫不令人驚訝，因為男孩能幫忙耕作農地，值得投資，但女孩柔弱無用，當金錢有限時，就只有男孩能到學校上學。從擁有最初的記憶開始，男孩就注意到母親總是優先給他們比姊妹們更多的食物，家人也會因為弟弟的出生而欣喜不已。「我們很多人都抱持著女孩子就是比較不重要的想法長大。」一名傑出的女性政治家說道，「也因為不重要，你想對她們做什麼事都可以。」

穆凱許．辛格在訪談中詳細解釋所謂「你想對她們做什麼事都可以」的理論。他提到過去某些強暴案受害者的眼珠子被刨出，或者被燒死；更令人心寒的是，他說他和另外三名被告的死刑判決，將使女人暴露在更高的風險之中。「死刑使女孩的處境更加危險。」他說，「現在他們強暴完不會跟我們一樣放走女孩，他們會殺死她。以前他們強暴完會說：『讓她走，她不敢跟任何人講。』現在發生強暴案，尤其是刑事犯罪，他們必然會直接殺掉她，讓她死。」

死亡，這個終極的解答被恣意施加在印度女人身上：在強暴案中，它確保受害者無法出庭作證；娑提儀式（sati）——男人死亡時，遺孀將在火葬喪禮上一同燒死——在一九八八年已然禁止，但現今仍有人在實行；「嫁妝謀殺」意味著新娘若是拖欠或無法履行嫁妝協議就會遭到夫家殺害。幾世紀以來，這些事在印度隨處可見，如今，女孩甚至還在母親子宮內就有生命危險。

印度一年約有數百萬名女孩遭到犧牲，主因為墮胎，也就是發生於子宮內部的胎盤謀殺，以及殺嬰——受害者為零到四歲的女孩。失去這些女孩對印度的性別比例造成劇烈影響。自從一九九一年開始，女嬰的出生數量每年持續下降。二〇一一年的普查顯示，印度每一千名男性只對應九百十四名女性，創下史上最懸殊的紀錄；先進的醫療設備與帶有歧視的父權社會合力創造了這個災難性的後果。

政府放任性別篩選醫療車在村落與社區之間巡迴，而檢測費用只需要幾百盧比。女人一旦知道自己懷上女孩，可能就會找上當地的醫生。「我會把芒果樹和瑪爾瓦樹的樹幹搗成糊狀。」一名在拉賈斯坦邦從事醫務工作的男人解釋，「接著混合當地的私釀酒等其他原料，我再施以黑魔法，然後叫那些女人在早上起床空腹時立刻喝下去。」

其他村落的產婆則表示，她們會將樹枝和玻璃插入陰道殺死胎兒，無怪乎印度每年有數千名女性死於墮胎手術。數百年來，女嬰時常剛出生就被淹死，或者因刻意的忽視而死——餓死或者因餵食過多鹽巴而死。同樣的，現代科學在此也派上用場，近來農藥愈來愈常被用以殺害初生沒幾日的女嬰。

到了一九八〇年代晚期，印度鄉村地區的診所幾乎都配有超音波設備，家長知道胎兒性別後可以決定要不要當場執行墮胎手術。一九七一年法律限制大幅放寬，包括強暴、危及母體或胎兒健康，以及避孕措施失效等情況都得以合法墮胎，而條件符合與否交由執行手術的醫務人員自行判斷。目前在子宮內遭到殺害的女嬰數量，已經超越傳統的殺嬰行為。

女嬰對比男嬰的出生比例自一九九一年開始下降。一九九四年，孕前及產前診斷技術法案通過，醫生若以性別做為墮胎依據將構成刑事犯罪。然而，基於印度對於人口成長的偏見，墮胎從未被有效取締，衛生局也極少調查附設超音波設備的診所，因此殺戮持續發生。這條法律在印度多數的邦省中從未發生作用，有兩個邦曾執行過幾件小額罰款，罰金介於三百到四千盧比之間，僅僅只有一次出現判處二年徒刑的案件。當警察、醫生與家庭的心態一致時，法律沒有貫徹執行一點都不令人驚訝。

正如詩麗緹．亞達夫（Sriti Yadav）發表於女性雜誌《女性啟發》（*Feminspire*）中的文章所言：「事實上，養育女兒等於投資一場失敗的生意，而養育男孩則是獲得保證中獎的彩票。有哪個頭腦清楚的人願意生下女孩呢？」而且，女孩身上永遠存在著風險，我們已經遇過諸多類似的狀況，女孩的唯一價值就是貞節。亞達夫指出「只要稍稍偏離那些嚴厲的規範，女孩便失去許配給體面男生的資格——也就是無法結婚，而沒結婚的女孩對家族而言是一種詛咒。當女孩背負如此嚴厲的社會條件，她就成了累贅；多數父母會選擇逃避此項責任，解決方法就是：家中不再有任何女孩。」

殺害女嬰的現象並非只發生在識字率不高的農村聚落，印度性別比例最失衡的地區包含哈亞里納邦與旁遮普邦。若以國民平均所得做為評斷標準，這兩個邦算是印度最富裕的地區。出身加爾各答的學者安瑞塔・古哈（Amrita Guha）譴責道：正是富裕使現代的醫療科技與堅守傳統文化的保守主義產生了結合，「我的觀點是，雖然生活變得相對富裕，看待女性的態度卻沒有隨之進步，反而加劇印度中產階級墮掉女胎的狀況。」

為何家境富裕的家長會傾向擁有男孩呢？大多情況下，女兒結婚後與原生家庭的關係就會中斷。因此原生家庭對於花錢扶養和教育女孩非常反感，畢竟女孩子的生命在婚後便隸屬於丈夫和夫家。女孩在原生家庭失去了身分，而對於她的新家人而言，她最大的責任就是生兒子讓血脈得以延續。假如一個家庭意圖在現今這個消費導向的印度社會獲得成功，他們不會想要生很多小孩，首選就是一個男孩。

阿蜜塔生活在德里的中產階級社區，她使我想起一部得獎的印度電影《美味情書》（*The Lunchbox*）的主角——妮姆拉・卡爾（Nimrat Kaur）飾演一位守本分的寂寞妻子，每天為丈夫準備鐵盒便當時都無比惆悵而且悲傷。阿蜜塔天亮時起床，用她那窄小廚房中的兩座媒氣爐開始煮飯。風扇在頭上呼呼地轉，她小心翼翼地擀製抓餅，同時確認香飯的辣度，她準備了四個便當：一個給丈夫，兩個二十多歲的女孩各一個，十九歲的兒子一個，他們三人都是大學生。

她仍悲傷於自己曾經失去兩個女兒，她說，在目前這兩個女兒和兒子之間她曾兩度懷孕，超音波證實她們都是女孩，而夫家兩次都逼她墮胎。回想起首次墮胎的情景，她悲痛地哭出眼淚。「那個孩子已經六個月大了，我想念她。」阿蜜塔說超音波檢測出她又懷上女孩時，家人再度強迫她墮胎。「我說女孩和男孩一樣擁有誕生的權利，但我的婆婆說我很傻。」

政府訂定此一法案是為了阻止診所挑選性別執行墮胎手術，然而直到二〇〇六年，法案通過的十一年後，才迎來首次有罪判決——該名醫生被判處兩年徒刑。「我們最主要的焦慮在於現行政策無法發揮作用。」在德里執業，致力對抗性別選擇墮胎的婦產科醫生普尼特・貝迪（Puneet Bedi）如此說道。他認為問題出在醫生受到金錢利誘，而女人受到家族與社會壓力的脅迫，因此關起門來事情依然持續發生；醫務人員無意涉入他人的家事，衛生局的隨機視察也鮮少執行——這些狀況都極為稀鬆平常。

另外，墮胎也造成了其他社會問題，並為喬蒂・辛格事件提供另一面向的解釋。印度的某些地區女性變得非常稀少，卻有大量失業未婚的男人，顯然這就是強暴事件不斷增加的原因。安瑞塔・古哈表明：「女人被男人視為弱勢族群，當他們發現女人正在減少，自己結婚的可能性因而降低之時，輪姦事件必然增多。」印度北部有句俗諺說道：「女人之主是男人，男人之主是生計。」一個沒有女人也沒有工作的男人，等同見棄於社會之外，沮喪與憤怒可能促使他變成危險分子——但只要有錢，就算無法在社群裡尋得伴侶，他們也可以用買的。

哈里亞納邦是印度相對富裕的地區，性別比率卻最為失衡，當地每一千名男孩只對應著八百六十四名女孩。哈里亞納邦境內有個繁榮的農業地區名叫金德縣，這裡的年輕男人為此感到惶恐。二〇〇九年，領導人帕萬．庫瑪（Pawan Kumar）成立「未婚青年組織」；二〇一四年印度舉行大選時，他們打著「新娘換選票」的口號，要求政治人物替他們尋找新娘，以此做為換取選票的保證。國民大會黨（Congress Party）的候選人漠視這項要求，「為什麼人們在墮掉女胎時，不考慮一下新娘的問題？新娘並不是做點安排就能從市場上獲得的商品，沒有人會接受這種荒謬、不合理的要求。」

對政治人物的期待落空後，哈里亞納邦的年輕男人聯絡人口販子替他們找新娘。「他們被迫要買新娘。」哈里亞納邦的一名村長桑尼爾．加格勞（Sunil Jaglau）說道。「在這一帶已經成了一門大生意，處處都有仲介和經紀人。」這些新娘來自印度最為貧困的地區，包括奧里薩邦（Orissa）、阿薩姆邦（Assam）、孟加拉地區（Bengal）以及比哈爾邦（Bihar）；我們聽說這些地區有些農夫會因為繳不出肥料費用、負擔不起龐大的家族開銷或債務而自殺，販售一、兩個女兒正是他們求之不得的事；十到十八歲的女孩目前行情價約為五百到一千盧比（六到十二英鎊）。

當她們旅行幾千英里，橫跨印度抵達哈里亞納邦時，賣出價格提升到四千到三萬盧比之間（四十到三百英鎊）——非常值得人口販子費心經營的一門生意。這些不幸的女孩稱做

「帕羅斯」（paros），她們來到一個語言不通、文化背景不同的地區，當地大家族中的女人不願意接納她們，同時因為沒有嫁妝或家人，通常不會舉辦合法的傳統婚禮，因此她們的婚姻狀態相當曖昧不明。她們也不准與家鄉親人聯絡，甚至被交付最辛苦的工作。哈里亞納邦的村落盛傳著各種虐待或比虐待更加嚴重的謠言，例如，他們說有個女人因為拒絕與主人的兄弟上床而被斬首。

據聞生活在哈里亞納邦各村莊中的「帕羅斯」有上萬之多。一名地方行政首長表示，他們只要獲悉有女孩遭受不當對待的消息，就會立刻展開行動，同時也持續加強反墮胎的宣導。「我們正努力教育大眾並解決性別失衡的問題，我們希望讓大家好好珍惜、愛護社群內的所有女孩。」哈里亞納邦的主要街道現在掛滿「救救我們的女孩」的旗幟，至少已經取代了過去由墮胎診所插上的那些「現在付錢，以後省錢」的旗子。

印度在一九六一年即立法禁止嫁妝制度，但正如其他諸多設計用以保護女性的法律一樣，此禁令幾乎為人民所忽視。傳統上，印度鄉村地區的嫁妝必須包含衣物、珠寶、適量的金錢以及一小塊地產；而在現代消費取向的印度社會中，女方必須滿足新郎更多野心——彩色電視機、音響系統、廚房設備、機車以及汽車。此制度演變為嚴重的社會問題，許多女孩的父親因為嫁妝而破產。在絕望之下他們只得請求分期付款，時而要到婚禮結束好一段時間才能付清嫁妝。在這個制度下，只要嫁妝沒能準時送達，新娘就會遭到夫家的人毒打、監禁在家，或者被殺害。

印度國家犯罪紀錄局最新的數據顯示，二〇一二年共發生八千二百三十三起嫁妝謀殺的死亡案例。最常見的方法是「焚妻」，夫家成員會讓女方穿上易燃的尼龍紗麗，而此「意外」必然發生在廚房。印度醫院的女性燒傷病房總是充斥著這些被醫生稱為「廚房謀殺」的受害者。一九八〇年代，政府警覺到因此類駭人謀殺而死的受害者不斷增多，因而修訂嫁妝法：新婚七年以內發生的所有燒傷致死案件，都被判定為嫁妝謀殺。

法律確實擺在那裡，但印度法庭對受虐女性毫無同理心的惡名，眾所皆知。二〇一四年，一名最高法院的法官宣稱嫁妝法被「心懷不滿的妻子當作武器。她們輕鬆地利用此條法規讓丈夫與親戚遭到逮補。」近來，警察受命以更嚴格的標準調查類似案件，女人的處境因此更加嚴峻，直到垂死於病床之前，可能沒人會在意她們。二〇一二年，印度有近二十萬名涉及嫁妝謀殺的嫌疑犯遭到逮捕，只有一五％被定罪。

在印度，平均每小時就有一名女性死於「嫁妝謀殺」，每十二秒就有一名女嬰因墮胎而死。在這個自誇為全世界第十富有的國家，謀殺女人的事件已經氾濫到相當嚴重的程度。G20國際高峰會——印度也是成員國——宣布印度是地球上女人最不幸的誕生之地，甚至比沙烏地阿拉伯還糟。幾年之前，聯合國經濟與社會事務部也表示印度是女孩最危險的出生地，女孩在五歲之前的死亡率幾乎是男孩的兩倍。

跟其他許多的國家一樣，保護女孩並非印度的第一要務。他們花費六十億英鎊將太空船送入火星軌道，女孩卻身處危機重重的環境而且無法接受教育。專門記錄女性受害事件的

NGO營運者薛米兒・帕汀傑瑞迪（Shemeer Padinzjharedil）表示：「一個女人能存活在印度就是奇蹟。出生之前，因為家人盼望的是兒子，她必須承受被墮胎的風險。童年的她則必須面對虐待、強暴和童婚，既便結婚之後，她仍可能因嫁妝而死。即便這些事都熬過來了，身為一名寡婦的她會遭受歧視，而且無法獲得家產的繼承權。」

印度首席女性小說家安妮塔・德薩伊（Anita Desai）因為撰寫印度女性孤苦無依、無力掌握自我人生的故事而受到批評。「但我所做的，」她說，「與每位作家試圖完成的事都一樣，尋求真理，寫出事實。」在她的小說作品《城市之聲》（*Voices in the City*）中，出身加爾各答的主角莫妮莎如此說道：

> 我想起幾個世代以來的孟加拉女人，她們棲身於裝有鐵桿的窗口之後，半暗的小室之中，花上數個世紀洗滌衣物、揉捏麵團，在覆滿煙垢的微燈下喃喃地念起《薄伽梵歌》。
>
> 她們花費生命等待空無，等待傲嬌自私的男人的冷漠、飢餓，以及對於她們的諸多要求與批判。等待死亡，在誤解之中死亡。

莫妮莎絕望於逃離男性掌權、處處受限的環境，最終自殺。德薩伊則選擇定居美國，對於今日的印度不予置評，她表示：「印度是個古怪的地方，它仍然保有過去的信仰和歷史。

無論現今印度有多現代化，它始終是個古老的國度。」她對近期數量不斷攀升的強暴案件非常憤怒：「男人仍沒有把女人視做擁有自主生命的人類，或許還需要好幾個世代才會出現真正的改變。」

有任何即將發生改變的跡象嗎？總理納倫德拉・莫迪（Narendra Modi）自二〇一四年掌權以來不斷營造親近女性的形象，他公開譴責性暴力、墮女胎等行為，並指控家長沒有妥善教養家中的兒子。

印度女人因此有了樂觀的理由，直到二〇一五年六月，總理終於暴露他對此議題的真正想法。當時來到達卡大學發表演說，在提及孟加拉的女性總理時出現相當不得體的發言。「儘管孟加拉的總理是個女人，我仍樂見她對恐怖主義發布了零容忍聲明。」

莫迪的不當言論引發印度女人使用大量的「#DespiteBeingAWoman」標籤來發洩怒火。「儘管是個女人，我仍有能力理解並駕駛一輛汽車。」「儘管是個女人，我仍會呼吸、吃飯、拉屎和活著。真是個偉大的成就！」如同先前喬蒂・辛格的事件，印度女人帶著憤慨與怒火起身反擊。身為世界最大民主國家之一的領導者，竟然發表如此言論與想法，印度想擺脫「地球上女人最不幸的誕生之地」的惡名，或許還需要一些時間。

第十一章

以強暴做為戰爭武器

——波士尼亞與剛果共和國

我當時想要睡點覺，但幾乎沒有躺下的空間。我們好幾百個人在那裡，裝放排泄物的桶子散發著難以招架的惡臭。他們會在夜間擎火把來巡邏。我的兩旁靠坐著我十二歲和十四歲的女兒，軍人中，一個個兒很高、蓄鬍的男子拿火把來，在我十四歲的女兒艾斯瑪臉上照亮她，他說：「我要她。」我說：「不，不，請你帶走我。」艾斯瑪開始歇斯底里尖叫著，但我很鎮定，我想他可能覺得抓我比較不費事。

他們把我拘留了十四天。一開始，只有那個名叫達斯科的鬍子男，他強暴我的時候，我從他的呼吸中聞到酒氣。但是過了幾天，他把我交給其他想要我的男人；有時候一天兩個，有時候十個。剛開始我會用指甲和牙齒反擊，但他們毆打我，我只能任他們繼續完事。後來我的狀況變得很糟，開始出血，因此他們將我帶回大廳。我問現場的其他女人：「我的女兒呢？」她們說：「她們也被帶走了。」至今我從未再見過她們。

我坐在一節收容難民的廢棄火車車廂裡，聽著伊凡卡的故事，地點位於克羅埃西亞東部的波蘇謝（Posušje）。當時是一九九三年十月，正值波士尼亞戰爭的高峰期，伊凡卡用她顫抖的手倒出她所準備的土耳其式咖啡。她才四十二歲，但頭髮已經灰白得像六十多歲的女人。她失去了一切——母親、丈夫、兩個女兒以及一個十歲的兒子。根據專家在戰後的統計，約有五萬名女性在這場發生於一九九二年到一九九五年的衝突期間遭到強暴，伊凡卡只是其中之一。

在她敘述的時候，有些女人跑來車廂的門邊聽，伊凡卡不安而困窘地起身去把門關上。

對於她願意跟我談，我感到感激，當時我已經接觸過許多在避難所工作的女人，她們都說自己曾經遭受強暴，但伊凡卡是第一個實際使用這個詞的人。有些女人搖了搖她們的頭，表示沒辦法談論發生在她們身上的事。「我感到很羞恥。」另一些人則用「這」來描述她們身體遭受的攻擊，這個事件同時也毀掉她們人生的事件。不斷追問她們讓我相當愧疚。伊凡卡是唯一願意告訴我完整故事的人。

塞爾維亞士兵在一九九二年五月抵達伊凡卡居住的村莊——波士尼亞北部，近鄰多博伊（Doboj）。他們的目標是對該地區進行「種族清洗」，清除所有穆斯林人口，同時享受獲勝的戰利品。「切特尼克[1]跑進我家拿走他們想要的東西，然後破壞其他的一切。他們對每間穆斯林所屬的房子都這麼做。他們抓走我的丈夫和兒子，把我和女兒帶上一輛貨車載往一所學校，接著把我們丟進體育館。那裡非常擁擠，每次士兵進來抓人或撒麵包屑給我們吃時，都直接踩在我們身上到處走動。」

直到穆斯林政府軍於一九九五年十月奪回多博伊之後，伊凡卡才從波士尼亞戰爭中最具惡名的「強暴營」獲釋。該期間共約二千名女人曾睡在那座體育館內，但最後被巴士安全接走的只有幾百人。伊凡卡無從得知女兒後來的遭遇，許多年輕受害者被強暴致死，有些女孩甚至只有十歲，她們尚未發育成熟的身體根本承受不起反復不斷的蹂躪。

1 切特尼克（Chetnik），意為「軍事部隊」，為二次大戰期間活動於南斯拉夫地區活動的抗德部隊，原名南斯拉夫祖國軍。此部隊主要由塞爾維亞人與蒙地內哥羅人組成。

伊凡卡急切地想尋回她家中的男人——她的丈夫和兒子，但假如她找到丈夫，她不能讓他知道自己曾遭受強暴，因為丈夫如果知道這件事很可能不願意接納她。值得慶幸的是，她已經過了懷孕的年紀，庇護所中許多受害者都因強暴而懷上孩子。「她們說孩子一出生，她們就會馬上將他們殺死。」伊凡卡說，「她們如何能愛這些塞爾維亞強暴犯和謀殺犯的孩子？」她也曾聽說國際紅十字會在編錄受害者名單，但不知道該怎麼跟他們取得聯繫。她說，若沒有那些跟她一起住在廢棄車廂的女人，她早在幾個月前就自殺了。我握住她的手試圖安慰她，我跟她說戰爭很快就會結束了，但我又知道什麼？

從大屠殺中倖存的孩子們在外頭玩耍，一位擁有美麗得令人心痛的金髮與藍色眼珠的小女孩坐在車廂的臺階上，眼神空洞盯著無物。「事情發生後，她就不再開口說話，她親眼看見父親被他們殺害。」伊凡卡解釋道。一個名叫艾曼的小男生用小樹枝和紙牌蓋了一座房子。「這是我的房子。」他指著身邊那座小建築物驕傲地說，「你看，這是我爸爸停車的地方。」

庇護所的乏味生活，只有在照看難民起居需求的慈善機構工作人員每天送食物來的時候會出現生氣，或偶爾出現一些捐自歐洲有錢國家的衣物。這裡的女人就從這些被倫敦、巴黎或柏林的善心女士淘汰的大衣、洋裝、套裝和鞋子中挑選自己需要的物件。伊凡卡抱怨：「他們幹嘛送來這麼多男裝？他們不知道我們這裡根本沒有男人嗎？」六歲的艾曼走過來看看箱子內部，他說：「衣服無聊死了，為什麼他們不寄一些玩具過來？」

這使我感到愧疚，因為我正是那些試圖貢獻己力的善心女士之一。波士尼亞與赫塞哥維亞（Bosnia-Herzegovina）於一九九二年三月完成獨立公投之後，塞爾維亞便出兵九萬發動攻擊；當時我跟許多人一樣，看到這一幕時心裡相當惶恐。隨著戰爭持續進展，這場衝突演變成二戰之後最嚴重的人道主義危機。我開始募資建設庇護所。一九九三年，我在BBC的「Studio One」播音室舉辦了一場名叫「舞動波士尼亞」（Bop for Bosnia）的慈善募款舞會，包含時任影子內閣大臣的東尼．布萊爾在內，共有數百位賓客到場參與。當時我們募集到相當的資金，足夠運送好幾趟食物與衣服到波士尼亞給逃難的人民。「該死！」見到這位六歲小男孩失落的模樣時，我不禁心想：「我怎麼就沒想到玩具呢？」

身為一個從戰爭初始便投入報導的記者，我簡直無法相信距離倫敦兩小時飛機航程之外的地區，竟陷入如此淒慘的混亂與死亡的泥淖之中。我也在此地碰上職業生涯中最接近死亡的事件。當時我人在運送救濟物資的車隊中，我們必須穿越克羅埃西亞到位於波士尼亞的一個被圍困的穆斯林城鎮——亞布拉尼察（Jablanica）。我搭乘車隊的第一輛卡車，行駛過某道峽谷時，司機犯了一個愚蠢的錯誤：他把車停在一座裝有照明設備的橋上查看地圖。車隊因而暴露行蹤，藏身於周圍山脈中的塞爾維亞軍隊開始攻擊我們，砲火宛如雨點不斷落下。第一時間的驚嚇退去後，我即刻拿起相機開始攝影；這並非我第一次發現在這種情況下相機具有安撫效果——它拉開了距離，透過鏡頭觀看事件，會讓你以為自己只是一個電影觀眾，有助於保持鎮靜。我們相當幸運，整個車隊只有一輛卡車被直接擊中，一人眼睛受傷，另一人的腿被砲彈碎片打傷。狼狽抵達波士尼亞的亞布拉尼察後，飢餓的穆斯林居民給予我們熱烈歡迎，但駐紮於附近的西班牙聯合國維和部隊的指揮官憤怒地訓斥我們一頓。一週前，他才在同一條路上失去兩名夥伴，他確實有立場責備我們不負責任、有勇無謀。

我站在山丘上觀望這座穆斯林城鎮，想起塞拉耶佛遭到駐軍於帕萊（Pale）的塞爾維亞軍隊砲轟時的模樣。我永遠無法忘記當時有一棟公寓大樓整面牆壁完全消失的景象——凌亂的床鋪自瓦礫堆中浮現，還有尚未吃完的餐食，孩童的玩具散落一地。人們的日常生活被迫中止，個人財產全暴露在眾人顯見之處。當地的居民全部擠身在地下掩體，直到戰爭結束前他們幾乎都待在掩體裡面。這場戰爭最殘酷的屠殺事件發生的前幾週，我曾到斯雷布雷尼察（Srebrenica）進行採訪，聯合國宣布該地是「一個安全的區域」，因此有數千名穆斯林從附近地區移動至斯雷布雷尼察躲避戰火。當時有許多家庭在炎熱不衛生的環境中紮營於一座學校的禮堂，而我正在拍攝這些畫面，一個女人上前對我大吼：「為什麼你只帶來相機，拿我們娛樂外面的世界？為什麼你不做點有用的事？」

那個女人的話至今仍縈繞在我的腦海，一方面她確實說中了電視記者這項職業的殘酷事實，另一方面無疑是因為後續發生於該地的事件所致。一九九五年七月，塞爾維亞軍隊在將軍拉特科．姆拉迪奇（Ratko Mladi ）的命令下進入這個村莊，他們抓走並處死八千名男孩和男人，當時隸屬聯合國維和部隊的荷蘭士兵就在當地旁觀一切。面對數千名驚恐的穆斯林男人，姆拉迪奇允許他的手下進行一場「血的饗宴」；而對於女人，將軍說：「真美，把長得漂亮的帶過去盡情享受！」

一名荷蘭籍的醫務兵在事件過後，在戰爭刑事法庭中做出以下證詞：「士兵脫下褲子壓在躺於床墊或地面的女孩身上。床墊上有血跡，她的身體沾滿血，腿上有許多瘀痕。血甚至沿著她的腿往下流。女孩驚嚇不已，陷入完全的瘋狂狀態。」另一名四十三歲的強暴受害者，在作證時回憶道：「他強迫我脫掉衣服，我哭著懇求他別這麼做。他看起來大概二十歲左右，我說：『我是個老女人，我已經可以當你的母親了。』他說：『我上戰場後已經一個月沒有女人了，我想做就做。』」

強暴經歷對這數萬名女性將造成何種影響？美國女性主義者安德莉亞・德沃金（Andrea Dworkin）如此寫道：「人的自主性與尊嚴奠基於對身體的掌控，生理接觸的決定權尤其重要。」波士尼亞的強暴受害者在訪談中不斷提及玷污、骯髒、受辱等感受。廿二歲的莎黛塔在她居住的村莊瑞茲凡諾維奇（Rizvanovici）遭塞爾維亞軍人強暴，對於戰爭中的強暴行為，她提出了一項駭人的體悟：「殺人對他們而言已經不夠有趣了。折磨我們，尤其是讓女人懷孕才更好玩，他們就是想羞辱我們……他們確實做到了。不僅是我，所有女孩和女人在某種程度上都有受辱、被玷汙與骯髒的感受，而且餘生都將無法擺脫……我也覺得自己很髒，總覺得路上擦身而過的每個人都發現了這件事。」

我必須先考慮到穆斯林女性在波士尼亞的處境和背景，才可能理解她痛苦的程度。二次大戰結束前，南斯拉夫尚未成為共產國家，當時的穆斯林奉行父權傳統，是一個相當嚴厲的伊斯蘭社會。穆斯林女人必須戴面紗，活動範圍僅限自己的住家，而她們的任務就是養育小孩。共產主義政權竭盡所能地廢除了這些傳統，但當狄托總統（Josip Broz Tito）於一九八○年去世之後，舊有的行事作風便再度復活。「回復舊有傳統被認為是國家復興的先決條件。」阿茲拉・薩利奇・凱于琳（Azra Zalihic-Kaurin）在她探討此一主題的專文中如此解釋道。在這些規範之下，婚前性行為被禁止，而強暴等同於死亡。強暴對任何女人而言都是極大的傷害，但對於穆斯林女人尤其嚴重。她們經常是被譴責的一方，在巴基斯坦與阿富汗，強暴受害者按照慣例會被判處死刑；波士尼亞的穆斯林女性，則常會因家人的不信任而被逐出家門，許多年輕倖存者對於自己可能無法繼續保有妻子和母親的生活感到相當恐懼。「沒有人相信我們是被強迫的。」住在圖茲拉一處庇護所的十八歲女孩塞芙拉塔如此說道，「他們認為我們會再回去跟塞爾維亞人在一起。我們不再幻想擁有正常婚姻，因為我們知道男人永遠都會猜忌。」

放到戰爭的脈絡底下，強暴便不再「只是」性暴力，它也是一種報復行為以及權力的展示。在戰後勇於說出自身經歷的女性，多數都提及強暴過程伴隨殘暴的肢體攻擊。「他幾乎要把我掐死。」「強暴過後，他把一只破掉的瓶子插入我的身體。」戰爭中的強暴犯意圖去除受害者的人格，強暴純粹只是一種暴力手段，一種戰爭中的權利。許多受害者驚訝地發現對她們施虐的人竟是過往的鄰居。一名倖存的青少年在佐蘭・烏科維奇（Zoran Vukovi ）——（因強暴和施虐被定罪）受審判的法庭上作證表示，他在強暴她的同時還在笑：「我能感覺到他這麼做是因為他認得我，因此刻意加劇我的痛苦。」

「謀殺、搶劫、強暴」一直都是戰爭的衍生物，若用一九九一年波斯灣戰爭期間普及於各國軍隊的現代說法，就是「附加性損害」。在一九三七年的「南京大屠殺」中，數萬名中國女人遭受日本帝國軍隊強暴殺害；一九四四年，憤怒、亟欲復仇的蘇維埃軍隊向西挺進德國時，大量德國女人遭受強暴，一九四五年柏林淪陷後，也有數萬名女人被強暴。然而，這項野蠻的手段並非專屬於二十世紀，以往成吉思汗的軍隊與古羅馬軍團出征時，也都使用同一套凌虐手段。波士尼亞戰爭的不同之處在於軍隊將領明確將強暴視為戰爭武器，強暴是種族清洗與種族屠殺計畫的一部分。

一九九二年斯洛波丹・米洛塞維奇（Slobodan Milošević）下令入侵波赫地區時，穆斯林占當地人口數量的四三％，塞爾維亞人三三％，克羅埃西亞人一七％。當時塞爾維亞人要走了三分之二的領土，因此穆斯林和克羅埃西亞人必須離開。克羅埃西亞籍作家兼記者塞婭達・芙拉尼奇（Seada Vranić）表示，針對所有非塞爾維亞籍的女人進行強暴是「大塞爾維亞擴張政策」的一部分。「此項行為背後的動機很簡單：將其他民族從該地驅離。因此他們想出了一個駭人的計畫：進到非塞爾維亞人的家中強暴他們的女人。這個方法非常有效率：只要有三、四個女人把士兵強暴所有非塞爾維亞人的消息帶到另一個村莊，村民就會全部逃跑。」

許多女人在公開場所遭到強暴，此舉有利於加速驅離。強暴行為本身羞辱她們家中的男性，撕裂社群的連結。在收集證詞的過程中，芙拉尼奇從受害者與目擊證人的口中得知，這些女人的丈夫常會被綑綁在樹上，而士兵就在她們的丈夫和孩子面前進行強暴，他們會割下乳房並切開子宮。戰爭期間，芙拉尼奇以高速完成其著作《推倒沉默之牆》（*Breaking the Wall of Silence*），目的就是試圖在國際上引起注意。可以想見她說的話：「所有受難者的證詞排山倒海幾乎把我擊倒，當時我的身心已經處在崩潰邊緣。」

到了一九九三年，包含西蒙・薇伊[2]（Simone Veil）也參與其中的歐盟調查團隊，聲明這些強暴是「帶有意識性的犯罪行為，意圖恐嚇與重挫人民意志，將其驅離家園，同時展示入侵部隊的權威。」在後續的戰爭法庭當中，也有許多士兵承認他們授命以強暴的方式來提升塞爾維亞軍隊的士氣；強暴女體屬於征服流程的一部分——他們的長官如此下令。廿四歲的強暴受害者哈蒂札倖存自惡名昭彰的特洛波耶集中營（Trnopolje internment camp），她說：「他們這麼做是為了羞辱我們，他們在展示權威。他們把槍塞進我們的嘴巴裡，他們撕裂我們的衣服。他們在向我們這些『土耳其女人』展示自己的優越性。」一位倖存者表示她每天晚上都被強暴，某次她咬牙詢問其中一名施虐者為什麼他要這麼做。他回答：「因為你是穆斯林，你們穆斯林的數量太多了。」

有許多倖存者提及施虐者會吹噓自己正在製造塞爾維亞寶寶，他們對抓原本就已經懷孕的女人沒興趣。他們將這件事稱為塞爾維亞精子征服了「低等的穆斯林子宮」，而正因為穆斯林的低等，兩者相合的結果將產生純正的塞爾維亞人。在這裡，對土耳其人的憎恨是個一再被提及的議題。波士尼亞東部的福卡（Foca）地區發生種族清洗的期間，廿二歲的阿茲拉遭囚於監獄，她遭受塞爾維亞籍鄰居德拉岡強暴，而德拉岡原本是當地的警員。「他們說現在是戰時，不再有任何法律和規矩。他們大聲咒罵『幹你媽的土耳其人』或『所有土耳其孽種都該死』。」

塞爾維亞人心中的恨意由來已久。他們對土耳其人的成見要追溯至塞爾維亞仍隸屬於鄂圖曼帝國的時期。當時受制於土耳其的法規，許多原本信仰基督教的人為了獲得更好的工作待遇和福利轉而信仰伊斯蘭教。正如同一九三〇年代德國猶太人因為他們公認的財富與智力而招致怨恨一樣，波士尼亞的穆斯林也因所謂的「為私利通敵土耳其」遭受憎恨。早在廿一世紀歐盟各國的右翼黨派挑起相關議題之前，歐洲的伊斯蘭恐懼症已存在多時。

以貴賓身分與拉特科．姆拉迪奇共進晚餐的那個晚上是記者生涯中最令我引以為恥的記憶。當時他因大屠殺與煽動部屬實行性暴力的罪名被控上海牙法庭。當天下午採訪時，他提及所謂「門口的野蠻人」這個詞彙。「為什麼歐洲其他國家的政府不支持我們？」他問道，「難道他們不明白我軍奮戰的目的是為了防止土耳其人再次威脅維也納之門嗎？」他意指一六八三年的維也納之圍[3]。接著他邀請我當晚留宿他的總部，我表露同情地點頭，並答應

2 一九二七—二〇一七，法國政治家，曾任法國生部長、歐洲議會議長、法國憲法委員會成員之一。也是奧許維茲集中營倖存者。

3 譯注：一六八三年，鄂圖曼土耳其帝國軍隊對維也納圍城二個月，最後由哈布斯堡王朝與波蘭王國聯軍在九月十二日解圍，該戰役又稱「維也納之戰」。

與這名化身為拉特科・姆拉迪奇將軍的惡魔共進晚餐。

我一直以來都是個為達目的不擇手段的人，隔天早上離開之前，我成功說服他允許我穿越塞爾維亞軍隊的封鎖線，進入被圍困的斯雷布雷尼察村莊拍攝影片。然而在我離去之前，我對於這名塞爾維亞最高指揮官發動戰爭的動機已經不再有絲毫懷疑，他的目的就是種族屠殺。根據統計，共有四萬平民在這場戰爭中死亡，是士兵死亡數量的二倍，而被殺的平民以穆斯林占多數，倖存的女人通常都是那些在不情願的狀態中懷上塞爾維亞後代的人。在拉特科・姆拉迪奇這類塞爾維亞人的眼中，這場戰爭已然完結。

設在多博伊一所學校的強暴營中，伊菲塔曾被帶進某間教室裡，她在那裡受到三個男人強暴。「他們做那件事時一邊對我說，我會生下他們的小孩，而穆斯林女人生下塞爾維亞小孩是種榮譽。」另一位多博伊營區的囚犯卡笛拉則回憶道，「女人一旦懷孕就必須留在那裡七到八個月，直到她們生下塞爾維亞的孩子。他們有派婦產科醫生為那些女人做檢查。懷孕的人會被隔離而且享有特權；她們的日子比較好過，有食物可以吃，也會有人保護。直到孕期的第七個月，孕婦無法再做任何事時就能獲釋，他們通常會把這些女人帶去塞爾維亞……他們毆打沒有懷孕的女人，尤其是年輕的女人——她們受迫承認自己服用某些避孕藥。」

送到塞爾維亞的女人後續遭遇鮮為人知，或許身為塞爾維亞小孩生育者的她們仍持續享受著特別的待遇。第二次世界大戰期間，納粹為了填補在戰爭中死亡的人口而發起培育純種雅利安人的「生命之源計畫」。或許塞爾維亞領導人也抱持相同想法，他們先下令強暴，接著又保護這些懷孕婦女，可能正是為了復興「偉大的塞爾維亞」。然而，我們永遠無從得知是否真的有繁殖計畫存在，因為海牙審判主要著重於性攻擊事件，而非倖存者的後續遭遇。我們也無法向這場種族屠殺的主謀斯洛波丹・米洛塞維奇求證，因為他已在二〇〇六年因心臟病死於海牙的個人牢房當中。

事實上，他們在懷孕的穆斯林女人身上施行了另一項計畫。在前述提及的「懷孕婦女」當中，有些到孕期後段會被送往邊界，他們逼迫這些女人步行走回少數仍由波士尼亞穆斯林控制的地區。大腹便便的她們蹣跚跨越邊界，傳達出明確的訊息：出生於這些爭議之地的下一代將是塞爾維亞人。三十歲的婭絲米娜便是其中之一，回到圖茲拉後，她說：「我感到羞愧至極。當時我的穿著破爛，實在沒有臉與家人朋友見面。結果呢，他們全死了，我僅存的唯一親人就是我子宮裡的這個敵人。」

另一名倖存者桑妮達，當時與其他十位懷孕婦女一起被送到塞拉耶佛，她說：「我知道他不是我的孩子。我相當清楚自己的遭遇，他不是一個因愛而生或者因神聖婚姻而得的孩子。若有人敢把出生的小孩帶來給我看，我一定會將他連同小孩一起勒死……要是我有機會可以殺死腹中孩子，我早就殺了。」德籍記者亞歷山卓・史蒂格邁爾（Alexandra Stigmayer）採訪桑妮達的醫生時，醫生表示為了阻止她殺死腹中的嬰兒，他們被迫對她施打鎮定劑，最終她產下的孩子被送往英國接受領養。波赫地區與克羅埃西亞市區的婦科診所設備較為完善，因此當地的懷孕婦女擁有較多的選擇。

一九九三年一月，聯合國派遣五人調查小組至札格雷布（Zagreb）、澤尼察（Zenica）、貝爾格勒（Belgrade）與塞拉耶佛等地檢查醫療紀錄並與醫生進行訪談，他們發現在一百十九位懷孕的強暴受害者當中，共有八十八位接受墮胎手術；在澤尼察，有十六位年紀介於十七到廿二歲的女人，因為孕期已經超過二十週而無法接受墮胎手術。舊有的南斯拉夫法律規定，唯有在孕期的前十六週得以執行墮胎手術，不過當地醫生坦承他們多給了一點彈性空間。克羅埃西亞天主教地區的女人處境則較為艱困，因為教宗若望保祿告誡她們要「接納體內的敵人」。在克羅埃西亞首都札格雷布執業的諮商心理師穆伯哈・佐拉洛維奇（Mubera Zdralovic）與其他醫生對此發言感到難以置信。「教宗難道無法理解？那些女人體內的胎兒宛如一道有生命的傷口正不斷增生，無時無刻提醒著她們過往那段可怕的遭遇。」

戰爭期間發生於波士尼亞的強暴案據估計約有五萬件。正確的數字永遠無法確知，有些女人選擇自己安靜處理問題，她們向地方醫生或產婆尋求協助，但因為過於羞恥而不願開口告訴任何人。在戰爭期間也有塞爾維亞和克羅埃西亞的女人遭受強暴，但記錄上絕大多數仍是波士尼亞籍的女人；畢竟，她們是這場種族屠殺中被鎖定的目標。正因為波士尼亞戰爭與過往的戰爭之間有著此項差異，後續的究責過程也衍生出不同狀況。

前南斯拉夫國際刑事法庭（ICTY）設立於一九九三年，它是第一個將強暴認定為酷刑，將性奴役定義為違反人性之犯罪的國際刑事法庭。首起上訴案被稱為「強暴營案件」，被告是三個塞爾維亞人。當時是二〇〇一年，卓戈留布・庫納拉茨（Dragoljub Kunarac）被判刑廿八年、拉多米爾・科瓦奇（Radomir Kova）二十年、佐蘭・烏科維奇（Zoran Vukovic）十二年，他們的罪名是在一九九二年至一九九三年期間於波士尼亞的福卡地區犯下「強暴、刑求、奴役並侵害個人尊嚴」等等罪行。當時法官芙羅倫絲・孟巴（Florence Mumba）以激昂的情緒做出力道十足的總結，整個法庭靜默無聲。

證據顯示三名被告在犯罪當下擁有自由意志，並非純粹奉命行事——假設「強暴穆斯林女人」的命令確實存在。在遭受拘禁的那些女人和女孩之中，一名當時只有十二歲的孩子被其中一名被告賣掉後從此再無音訊。女人和女孩當時被以出借或「承租」的形式供予其他士兵滿足個人私慾，慘遭蹂躪與虐待；有些女人和女孩長達數月都處於被奴役狀態。三名被告並非因戰爭的殘酷而喪失道德感的一般士兵，也沒有任何已知的犯罪記錄。然而，身處邪惡環境的他們對所謂的敵人做出了泯滅人性的行為。

孟巴法官請三名被告席上的男人起身，接著她宣布判決。

到二〇一一年為止，前南斯拉夫國際刑事法庭總共起訴七十八名犯下性暴力相關罪行的男人；截至二〇一四年二月，有三十人已經被定罪。比起高達五萬多起的案件數量，伏法的人只占據極小比例，但這是一個起步，而且狀況已經優於目前保有戰時性犯罪記錄的那個國家——在剛果民主共和國，據估計每小時有四十八個女人遭受強暴。假如從一九九六年戰爭爆發開始算起，這段期間剛果總共發生高達七百九十八萬九千一百二十起強暴案件。二〇一一年七月到二〇一三年十二月期間，聯合國聯合人權辦公室（UNJHRO）藉由軍事管轄權裁判一百八十七起性暴力犯罪，刑期範圍自十個月至二十年不等。

在剛果民主共和國，民兵自衛隊、外援軍隊與政府軍之間的摩擦引發了「非洲第一次世界大戰」，在此我不多解釋過往的糾葛。簡單說，這個幅員廣闊的內陸國家在鄰國盧安達發生種族屠殺事件後，便成了一個代理戰爭的發生場域。政府軍的背後有安哥拉、奈米比亞與辛巴威等國支持，而反叛軍背後有烏干達和盧安達支持。二〇〇九年，盧安達轉為支持政府軍。該國蘊含富饒的鑽石、黃金、鉤鉭鐵礦與錫石，這些養活數十個少數民族和私人軍隊的資源正是衝突不斷擴大的原因。不過，無論這些軍隊的人種為何、數量多寡，或背後有哪些國家當靠山，他們全都犯下了強暴罪。

剛果戰爭爆發至今有將近七百萬人受害。二〇一一年，約瑟夫·卡比拉（Joseph Kabila）當選總統時承諾重整國家的法律與秩序，但他的執政團隊仍須面對活動於剛果東部的反叛軍。關於剛果「強暴犯濫」的議題，媒體已經做過相當數量的報導。在「人權觀察組織」（Human Rights Watch）一篇題為「指揮官縱容士兵的強暴行為」的報導中，作者如此寫道：強暴受害者表示真正承受戰爭後果的是「她們的身體」，性暴力犯罪的氾濫，使剛果東部變成對女人而言全世界最危險的地區。

在剛果南基伍省的調查結果顯示，共有七九％的受訪婦女表示她們有過被輪姦經驗；這些女人說，輪姦犯在交替時會用布巾包裹槍管插入陰道「清潔」她們。有七〇％的受害者表示她們曾在輪暴過程中，或者輪暴之後遭受肢體虐待，也有許多人因而死亡。二〇〇八年，《經濟學人》在調查報導中提到，犯人會用「將槍管塞入女性陰道，接著擊發子彈」的方式殺害她們。

倖存者相當痛苦。不僅身心受創，這些女人和女孩有很高的機率不被家人所接受。有些受害者只是小孩，卻因為懷孕被迫離開學校；另一些人的考驗更為嚴峻，她們必須在欠缺家人的幫助下獨力扶養因強暴而生下的孩子。所有涉入強暴行為的士兵中，據計高達六〇％是愛滋病帶原者，因此強暴受害者感染愛滋病的機會相當高。有時候過程太過殘暴，致使受害者出現瘻管症狀——陰道與直腸和（或）陰道與膀胱之間的腔壁遭受破壞——她們因此罹患慢性失禁症，也可能因此被家族與社群排擠。

那麼，是什麼原因使剛果民主共和國變成這麼一個殘暴血腥，讓女人擔驚受怕的夢魘？費絲與我相約在非政府組織「遠離酷刑」（Freedom From Torture）的倫敦辦公室見面。她是一名強暴的倖存者，當時她幸運地與金夏莎一個非政府組織取得聯繫，在他們的幫助下逃離剛果。她說自己多年來一再遭受強暴，對於現在能夠留居英國既感激又高興。英國內政部對庇護權的發放非常謹慎，因此當我聽到他們願意相信費絲，並且准許她定居英國時實在相當欣慰。她穿著時髦，頂著俐落短髮，有條不紊地述說自己的故事；在她一一羅列受虐事件的過程中，「女人在剛果毫無價值」這句話的出現，頻率高得令我吃驚。難道這就是一切事件的根源？媒體對聲名狼藉的剛果做過無數報導，並由此衍生眾多解釋此現象的理論，但費絲簡實的一句話似乎正是所有理論的基礎。人權觀察組織（HRW）的調查專員曾經如此總結強暴行為：「強暴是一種運用廣泛的戰爭武器，它能威懾並控制平民，或在平民與敵人合作時做為處罰之用。」在波士尼亞，虐待女人的正是為了擊潰敵方男性的士氣。人權觀察組織在報告中批判軍隊的指揮高層任憑士兵胡作非為，並引用二〇〇八年八月數千名士兵被送至卡巴雷（Kabare）的事件做為例證。

當時這些男人已經有數週沒領薪水，加上食物與居所等基本生活條件的欠缺，該期間會頻繁發生「搶劫與虐待平民」的狀況一點都不令人驚訝。在這樣的環境下，任何持有食物的女人或女孩都會遭到鎖定。一名十七歲的女孩向人權觀察組織說道：「當時我剛到田裡採完馬鈴薯，走在回家的路上。我看見士兵朝我走來，他們問我在田裡做什麼事。他們給了我選擇：要不就把食物給他們，要不就當他們的老婆。我叫他們把食物拿走，但他們拒絕。他們強暴我，最後還是搶走我的食物。」

卡莉．布朗（Carly Brown）在論文〈以強暴做為戰爭武器的剛果民主共和國〉（Rape as a Weapon of War in the DRC）中論及，剛果女人低落的社會地位正是使她們如此脆弱的主因，而「對女性的征服為男人創造了一條明確的剝削途徑，虐待女人則……女人被迫成為承受男人獸性與挫折的物品。」另一位學者強納森．歌德夏（Jonathan Gottschall）在題為〈解析戰時強暴行為〉（Explaning Wartime Rape）的論文中更加深入探討這個想法。「戰爭中的強暴行為被認定是一種共謀的結果，施暴者對此不必然有自覺，但它仍是男人用來統治與壓榨女人的一種系統性的行為。儘管男人會因各種不同的理由和立場與彼此對戰，但在迫害女人時——他們全都是代表男性族群的戰士。」

費絲是一名接受庇護的難民，她從未完成中學教育，卻能藉由己身經驗歸納出學者們以華麗詞藻表達出來的結論。當她說出「男人認為女人沒有價值」這句話時，她是在替包含剛果女人在內的更多女性發言。談及強暴她的那些男人時，她如此說道：「對他們來說就是休閒，是一件很正常的事。只要他們想要，做再多次都沒有問題，因為沒有人也沒有任何事會阻礙他們。」費絲曾因試圖阻止這些人而碰上麻煩。她從小與弟弟在金夏莎的街頭巷尾中求生存，直到十五歲被慈善機構「街童救濟協會」（L'association de secours pour les enfants de rue）帶走，之後便一直留在該協會工作。身為剛果為數不多有實質效用的非政府組織，街童救濟協會開始吸引到逃離東部戰區的強暴受害者，費絲也才因此意識到問題的嚴重性。此時，二十歲的她已經結婚，擁有兩個孩子，也晉升為該協會的副會長。她知道有許多女人向警方甚至向自己的家人控訴敵軍士兵的作為，但沒人願意幫助她們。

「她們說，就連年幼的孩子也被強暴，因此我在一座教堂的大廳召開會議。我批評總統對這件事毫無作為，結果混在會議中的間諜報警將我抓到警局。我被囚禁在貨櫃屋中一整個月。」她身處的那個貨櫃屋裡還有其他二十個囚犯，食物和水都不足，牆角有一個用來充作廁所的水桶，而警察每天都會進去毆打他們。「男人和女人關在一起，因此我被同為囚犯的男人強暴。所有女人都被強暴。」但她並未從中學到教訓，獲釋之後她因為嚴重的營養不良與脫水症住院治療；恢復健康的費絲又再召開另一場會議，目的是讓身處衝突地區的孩童的悲慘處境獲得關注。這次她被監禁二個月，「他們用棍棒和靴子痛毆我，我總共被監獄的警衛強暴三次。」回家後，她的丈夫對她參與反政府活動的行為表達不滿，並試圖阻止她離開家門。「然而，我又跑回慈善機構去做我原本在做的事，因為那裡的人信任我，我不想讓他們失望。我認為我必須幫助這些人。」

這是她的第三次，也是最後一次抗議，這次的行動最具野心。「不斷的有女人來跟我說她們遭受強暴。女人沒有得到應有的尊嚴，而強暴正是因缺乏尊重衍生的附加傷害。政府仍然什麼事都不做，因此我們拿起寫有『卡比拉，我們受夠你了，你根本沒有保護我們』的旗幟上街遊行。」這場示威遊行安然落幕，她也順利返家，但這個令她吃驚的成功並沒有延續太久。「他們在清晨五點來到我家。我聽見有人用力敲打我家的門，同時叫喊著他們要找那個詆毀總統的人。我上前應門，他們說：『我們就是在找你。』」他們把費絲扣在警車上，確保她能看見後續即將發生的事。

他們毆打我的小孩，有一個人還強暴我十二歲的姪女。「我們要在你面前做這些事。」他們說，「讓你了解政府是惹不起的。」我的姪女在尖叫，我也在尖叫。他們威脅要當場殺死我。我的孩子就在旁邊看著，鄰居也開始聚集，但沒有人敢有任何動作。

他們強暴小女孩時我心中的痛苦實在無從表達。無能為力的我什麼忙都幫不上。假如我知道自己所做的那些事會引發這個後果，我會中止所有抗議行動。

他們將我送到位於剛果與安哥拉邊界的監獄，我在那裡被獄警強暴的次數多到連自己都記不清楚——他們說那是在處罰我對總統出言不遜。當時我感覺自己大概無法活著走出監獄，每天不斷重複著強暴、毆打、強暴、毆打、強暴的循環，我真的以為自己會死。

三個月後，她所屬的非政府組織成功買通獄卒釋放她——費絲隨後飛往英國。

「在我的國家剛果，女人得不到政府官員的尊重和關心，男人根本不在乎女人。」這句話費絲在訪談過程中重複說了三遍。女人普遍遭受強暴，她說，強暴的污名會伴隨受害者一輩子。「男人擔心這些女人感染愛滋或其他性病。」你的姪女呢，她的未來將會如何？我問她。「如果社區大眾知道這件事，」她說，「她就沒機會結婚，她會被大家鄙棄。不過，假如家人能夠成功保守祕密……誰知道呢？」說明這整場苦難的過程中，費絲始終保持相當穩定的情緒，但此刻，她開始哭泣。

二〇一二年十一月，數百名剛果士兵湧入剛果北部的城鎮米諾瓦（Minova）；他們剛剛戰敗，所有人都喝醉了，情緒相當憤怒。在長官的允許之下，他們將怒火與恥辱全數發洩在基伍湖邊緣這座城鎮的女人身上。據說當時的指揮官命令部屬「去抓女人」。隨後便發生了一場大規模的強暴事件，共有上百名女人和女孩們受害。聯合國稱之為「可怕而且可恥的暴行」，並要求立即對施暴者與下達命令的長官進行究責——這正是後來廣為人知的米諾瓦審判。當時的律師團宣稱檢察官早已接到政府的某些指令，因此整個審判過程儼然是場鬧劇。政府官員以國際施壓為由匆匆跑完程序，甚至連證據都沒呈上法庭審判就結束了。最終沒有任何高階軍官遭到起訴，而三十九名受控強暴的男人之中，只有二名低階士兵被定罪。

在此同時，米諾瓦女人卻因為出庭指認強暴犯而受難。根據在米諾瓦提供庇護所收留強暴受害者的瑪西卡・卡楚瓦（Masika Katsuva）所述，在五十六名為了隱藏真實身分而戴頭罩現身法庭的女人中，有五十人表示她們遭受威脅。[4]「他們持續攻擊我們，我們沒有獲得任何保護和支持。」她說。瑪西卡自己被強暴過兩次，其中一次是十二人輪姦，她說她曾收過死亡威脅信件，而且他們會整夜躲在樹叢中監視她。「我們在法庭上毫無保留說出一切，因為我們相信他們。」她說，「他們怎麼可以這樣遺棄我們？」

就剛果民主共和國的標準而言，參與米諾瓦審判的被害人數量並不算多，卻因兩位意料之外的國際名人的宣揚而變成著名事件——安潔麗娜・裘莉（Angelina Jolie）和時任英國外交大臣的威廉・海格（William Hague）。他們兩人親臨剛果，並在造訪非洲康健醫院（地點位於戈馬，每年提供數千名強暴受害者醫療照護）時，於數十名攝影師面前流露滿溢的情感。正是因為他們現身譴責剛果性暴力事件的氾濫，使當時正在進行的審判變得赫赫有名。兩位名人的活躍事蹟不僅止於此，一年後，他們在倫敦一場專為處理衝突地區的性暴力議題而舉辦的國際高峰會再次碰面。在轟動全場的掌聲中，海格宣告：「為了未來世代著想，我們有義務立刻終結這件現世最不公義的事件。」現場一千七百名出席委員以不絕的掌聲表示贊同，但沒有任何米諾瓦女性受邀參與此高峰會，也沒有任何人收到所謂要用來彌補傷痛的一萬五千英鎊的賠償金。

倫敦這場為期三天的高峰會總共耗費五百二十萬英鎊。不知為何，「他們一點都不在乎女人」這句話浮上了我的腦海。

4 作者註：令人難過的是，瑪西卡在二〇一六年二月二日猝逝。

第十二章

英國的性別不平等

——薪資差距

我從七點半開始為患者梳洗穿衣，他們大多都是老年人，我扶他們下床，更換尿墊，然後完整擦拭一遍身體。我喜歡幫助別人，否則我也不會做這件工作。問題是，近來我連跟他們坐下來喝杯茶聊天的時間都沒有，全是工作、工作、工作。我們還得應付家屬，他們有時候非常刻薄。儘管竭盡全力工作，但你仍會感覺自己的薪水太低了，而且不受重視。我已經工作二十年，從未在聖誕節休假。我從來沒有罷工過，我怎麼可能放下他們不管呢？繁重的工作讓我的背和脖子非常疼痛。我知道自己的待遇不好，但在別的地方我絕對找不到工作。

我和四十九歲的愛莉森在西密德郡達德利（Dudley）市郊的一家酒吧碰面。她長得很好看，是個友善的淺黑皮膚女人。在聊天的同時，她慢慢喝著一品脫的拉格啤酒。她帶來兩位同事跟我見面：五十六歲的賈姬，以及更為年長十歲的薇兒，她們都在地方市議會營運的復康中心擔任護理人員。她們照顧的病人有些是剛出院的患者，有些則是過於年老不適合獨居的長者，市議會安排他們住進復康中心以求長久解決老年問題。

沒有哪個醫護人員敢奢望過上舒適愜意的生活，因為這是全英國最低薪的勞務工作——每小時九英鎊，而且工作內容相當折磨。工時是女人最初選擇這項工作的主因，她們早早上工，然後準時回家迎接放學的小孩。後來，政府經費縮減，這些女人的工作量愈漸繁重。不過，她們抱怨的並非這件事，重點在於薪資顯然相當不公平。

一九九七年，因東尼·布萊爾承諾要讓勞動市場的薪資結構更具公平性，新上任的工黨政府發起一次醫護人員與垃圾清潔工的工作評鑑調查，該評鑑也在當年年底順利完成。二〇一二年，達德利議會公布了當年的調查結果，愛莉森憤恨地拿出那份文件給我看——評估表自十二個不同面向審查兩種勞務職業的工作內容。

「你看這個！」她說。在「人事責任」的項目中，醫護人員獲得的分數與垃圾清潔工相同。她繼續說道：

清潔工或許必須對路人道「早安」，但我們必須負責那些身體虛弱的人的健康。這就是我們的工作，我們要對人負責。他們怎麼能說兩者的程度相同？再看「體能需求」這個項目，清潔工五分，我們二分。我看過他們的工作實況，現在他們只需要把附有輪子的垃圾桶推到垃圾車平台上，機器就會自動把垃圾倒進車子裡了，但我們必須到處收垃圾，無論天氣如何，都要把重得幾乎提不起來的垃圾袋搬到戶外。我們還必須移動病患——全部都是勞力工作，但我們只拿到低分。

接著是「精神需求」項目，醫護人員二分，垃圾清潔工三分。「這是什麼意思？」賈姬問道，「我們必須和迷糊慌亂的老年人相處，要讓家人安心，甚至還得處理他們的喪親之痛。我還記得委員會的傢伙當初帶著一塊紙板來做評鑑。他們問了一些問題，沒花多久時間好好審視工作內容就走了。我能告訴你，這是男性的團結，他們在為自己謀求最好的福利。」

這些女人的質疑確實有其道理。調查員著手比較一九九七年的男女薪資所得後，發現西密德蘭郡的地方議會不僅暗中與工會勾結，內部更存在雇主保護主義以及許多帶有歧視的慣例。前工會代表保羅．薩維奇（Paul Savage）是一名爭取薪資平等的社運活動者，目前在達德利從事顧問工作，為數百名女性提供顧問服務，他說：「她們發現年薪一萬五千英鎊的垃圾清潔工、掘墓者和道路清潔工，只要不缺席就能領到所謂全勤津貼的獎金，最終年薪可達三萬英鎊。這些職業雖然不專屬於男人，但獎金只有男人才能獲得。」我們從未聽說薪資水準相當的女性曾經獲得這種獎金。

為了創造新的公平正義，新上任的工黨政府承諾為女性彌補懸殊的薪資差距。然而許多案例顯示工會仍在私底下與市議會談判，而女人常被蒙在鼓底。「我已經有二十年的工作經驗，但市議會只報價年薪九千英鎊。」賈姬說道，「我感覺事有蹊蹺，我知道有其他從事相同工作的人獲得更高的報價。他們像在玩弄我一樣非常隨便，因此我拒絕接受；後來他們提高到一萬一千二百英鎊，我再次拒絕；最終我接受年薪一萬六千英鎊的報價。我所屬的工會『UNISON』沒幫我任何忙，工會代表不斷說我應該妥協，因為市議會資金短缺，隨時可能撤回他們開給我的價錢。」

六十六歲的薇兒露出困窘的表情。「我已經為市議會工作二十五年，我接受了九千英鎊的報價後，才知道我應該要得到二萬五千英鎊才對。我想你應該能理解我的感受。當時聖誕節就快到了，我想買禮物給孫子們，但那得花上好一筆錢。」此外，跟我一起坐在酒吧裡的這幾位女人更加焦躁的是，她們獲知近期有些女人找上「不成功不收費」的律師為她們爭取賠償金，最後獲得超過十萬英鎊的酬勞。假如薇兒能獲得她本該有機會拿到的這十萬英鎊，她會怎麼做？「我會給自己買一間小平房然後退休，看看我，我已經六十六歲了還在工作。我的身體因為過勞而生病，有時候累到連睡覺時都在哭。」

她們認為自己身陷男性的聯合陰謀之中——包括僱主端，以及由男性所主導、理應代表她們發聲的工會。「我們看見垃圾清潔工在中午上酒吧，他們一天工作五小時，卻拿到八小時的薪水。男人總是能和老闆談到好的待遇。」愛莉森憤恨地說。談及賠償酬勞時，她說：「他們早該告訴我們別接受報價的。記得有一次我和地區的工會代表開會，他對著我大吼：『你不應該接受對方的報價。』我要他停止對我嚷嚷，然後反問他，當我需要建議時他人到哪去了？他們就是不在乎。後來我聽說工會『UNITE』有一個女性的地區幹事，所以我就跳槽了。」

英國工會理事會（Trades Union Congress，TUC）甚至有位女性主席……

這就是媽媽寫下的最後一句話，我不曉得她接下來想說的是什麼。TUC的女性主席顯然是指法蘭西絲・奧格雷迪（Frances O'Grady），她是TUC的首位女性祕書長，也是提倡薪資平等的一位有力的社運人士。不過，她想談的是關於她的什麼事呢？這只是現在的我想問媽媽的無數個問題中的其一。

所幸，媽媽在去世之前，為每個章節都寫下大綱。前面的章節她都順利完成了，但這一章卻來不及。以下就是她在本章中想說的事：

> 為什麼一個曾經出現過艾米琳・潘克斯特（Emily Pankhurst）與瑪格麗特・柴契爾（Margaret Thatcher）的國家目前在薪資公平的國際排名上會落後保加利亞和蒲隆地，在各國中排到第二十八名？——男人每賺得一塊錢，女人只能賺到八十五便士。我們對一九六〇年代達格納姆（Dagenham）的女工爭取薪資平等的感人故事都很熟悉，而這樣的事件今天仍在上演。為什麼在阿斯達連鎖超市倉庫工作的男人，薪水比收銀台那些需具備算術技能，還得與客人互動的女人高？為什麼同樣任職管理階層，女性的薪水平均比男性少了二一％？為什麼能獲得管理職位的女人如此之少？法國、義大利、西班牙、荷蘭和德國都有法定的保障配額，為什麼英國會遠遠落在其後？以爭取薪資公平為目標的社運團體福西特協會（Fawcett Society）認為厭女思想已經深入制度之中。然而，當我回顧職涯，看見自己心中對於家庭生活的遺憾時，我不禁懷疑，女人究竟有沒有競爭能力，是否應該努力去競爭？

我的眼前有一大堆筆記、電話號碼，以及用潦草筆跡寫下的想法和文章，要完成這個章節真的是一件很困難的任務。每次閱讀她的筆記時，我都想問媽媽，她想說的到底是什麼，但我沒辦法這麼做——這件事不斷刺痛我，使我想起她已經不在的事實。在這個她未能完成的章節，媽媽想要談心中對家庭生活的遺憾，讓一切又更加複雜；身為女兒的我，竟然必須揣測她扮演母親一職的感受。是的，媽媽，我多想告訴你，你在我心中是多麼棒的母親，我和你的兒子喬治都以你為榮，請你不要有任何遺憾。正如前面的章節所見，你完成了許多女人認為自己做不到的事情；你擁有卓越的職涯、改變了許多人的生命，「還」養育了兩個孩子。之後我會再繼續解釋媽媽無需對家庭懷抱愧疚的理由，但首先我們要關注一下開頭那幾個她希望能找到答案的問題。

根據英國工會理事會的分析，目前女性在全職工作上獲得的薪資，每年仍比男性少了將近五千英鎊，而在某些職業中，薪資差距甚至是這個數字的三倍。

這份研究報告顯示醫療產業正是男女薪資差距最大的其中一個領域，平均時薪分別為一八．五〇英鎊與二五．三三英鎊，差距達二七%。TUC表示，醫療產業的薪資差距如此嚴重的關鍵在於高薪專業人員的所得差距；高階的男性專業人員平均每小時能賺得將近五十英鎊，幾乎是最高薪女性每小時二四．九〇英鎊的二倍。

其次，任職於製造業的女性平均薪資比男性少二三%，是差距第二大的產業；而在經理、主任以及高階政府官員等職業薪資差距達二一%，男性平均每小時能獲得二六．八〇英鎊，而女性只有二一英鎊。

TUC也表示，在英國國家統計局所分類的三十五項主要職業中，共有三十二項職業女性的薪資少於男性，而女性薪資高於男性的三個主要行業——大眾運輸司機、電工技師和農夫——都由男性占據主導地位。受僱於這些領域的女性少於五萬人，相對而言，男性高達一百五十萬人；而私人部門的性別薪資差距為一九．九％，遠比公部門的一三．六％高出許多。根據此項研究報告，擔任兼職工作的女性所承受的薪資差距甚至更加嚴重，她們的時薪比男性全職員工少了三五％。

以下是性別薪資差距最嚴重的幾項職業：

職業名稱：專業醫療人員
男性時薪：二六．五四英鎊
女性時薪：一八．三二英鎊
性別薪資差距（百分比）：三一％
性別薪資差距（時薪）：八．二二英鎊
性別薪資差距（年薪）：一六〇二九英鎊

職業名稱：文化、媒體及體育產業
男性時薪：一八．六二英鎊

女性時薪：一三．五〇英鎊
性別薪資差距（百分比）：二七．五％
性別薪資差距（時薪）：五．一二英鎊
性別薪資差距（年薪）：九、九八四英鎊

職業名稱：企業經理、主任
男性時薪：二七．五一英鎊
女性時薪：二一．七八英鎊
性別薪資差距（百分比）：二〇．八％
性別薪資差距（時薪）：五．七三英鎊
性別薪資差距（年薪）：一一、一七四英鎊

職業名稱：專業技職人員
男性時薪：一二．〇三英鎊
女性時薪：一〇．〇〇英鎊
性別薪資差距（百分比）：一六．九％
性別薪資差距（時薪）：二．〇三英鎊

性別薪資差距（年薪）：三、九五九英鎊

然而，為何從事相同工作的男性和女性，在諸多產業中的薪資差距如此懸殊？

自一九七〇年薪資平等法（Equal Pay Act）頒布以來，法律便指明女性有同工獲同酬的權利；二〇一〇年之後，與薪資平等相關的規範改納入二〇一〇年版的平等法案（Equality Act 2010）中的「平等條款」裡頭。薪資平等權意味著當男女雙方為相同雇主從事相同工作時，合約內容不可以有任何差異。

福西特協會認為性別薪資差距有四大成因，包括：

歧視

雖然違法，但有些與男人從事相同工作的女人薪資仍然較低——可能是男女雙方擔任完全相同的職位卻獲得不同的薪水，或者女人以較低的回報執行同等價值的工作。

近期研究顯示，尤其涉及生產與育兒議題的時候，女人仍遭遇常態性的待遇不公。平等與人權委員會（Equality and Human Rights Commission）發現，英國每年約有五萬四千名女性在產後因為惡劣待遇而提早離開工作崗位。

不平等的教養責任

女性至今仍然承擔較多養育小孩和照顧生病與年長親人的責任，因此她們許多人都從事兼職工作。這些工作通常薪水較低，晉升機會也較少。

女人四十歲後，與男人之間的薪資差距明顯擴大。她們因養育小孩而短暫停職，再度回歸職場時，同輩的男人通常都已經晉升到更高的職等。

勞動市場區隔

勞動市場中的職業隔離，提升了女人從事低薪和低技術性工作的可能性。在低薪的護理與休閒產業中，有八〇%的從業人員是女性，而她們在那些待遇好、技術需求高的職業中，只占有一〇%的人數。

女性占多數的職業通常較不被重視，薪資待遇也比較差——所得低於基本生活薪資的人之中，女性占據六〇%。

男性占據最高階的職等

絕大多數的高薪和高階職位都由男性占據——舉例而言，在「富時百大」的企業（FTSE 100）中，總共只有六名首席執行長是女性。

法律必須保護女性免於薪資不公的迫害，而我們或許即將看見一些成效——新規範將在二〇一六年生效，屆時所有大型企業將首度公開內部的性別薪資差距。

英國工會理事會（TUC）認為薪資平等法（Equal Pay Act）實施至今四十年，卻只削減掉一半的男女薪資差距，並沒有完全根除——我們必須透過更強硬的手段，阻止數百名勞工只因為性別就喪失應得的薪資與工作機會。

工會理事會表示，市場上需要更多高階的兼職工作，來幫助那些產後回歸職場的女性。有太多女人為了找到能配合孩子生活作息的工作而妥協或放棄原本的職涯，因此TUC希望政府加速鼓勵僱主在可行範圍內，以更具彈性的條件召聘員工，藉此讓更多高階的兼職職缺釋出至勞動市場；他們認為政府各部門應帶頭將這項招募資格套用到所有公部門的職缺上。

TUC與福西特協會認為政府若要加強實行彈性工時政策，必須同時廢除六個月的試用制度，讓員工在新工作的第一天就成為正式職員。他們表示，制度欠缺透明性確實是造就男女薪資差距的一項原因，公司藉此得以在員工自身毫無察覺的狀況下，支付較少的薪水給女性員工。TUC要求政府以更強硬的規範處理薪資透明度的問題；他們認為只要公布年度性別薪資差異的資料，並定期進行薪資審計，便能辨識出公司是否存在性別薪資差距，接著再採取行動消除此項差距。

福西特協會執行長伊娃・內澤特（Eva Neitzert）說道：

> 二〇一四年，英國女人相對於男人每年仍有將近兩個月等同無償工作，這件事相當可恥；而且值得深切關注的是薪資差距在去年再度擴大，這是近五年首見的現象。英國在性別平等的排行榜快速下滑，我們必須立即採取行動解決低薪問題，而所得低於基本生活薪資的主要都是女人。
>
> 我們從研究報告中發現，只要將國家最低工資提升到基本生活薪資，就能縮減〇・八%的薪資差距——過去十六年改變的步調相對緩慢，差距只縮減六・二%。
>
> 同時，為確保女性不會因生育兒女葬送職涯，我們必須釋出更多以兼職或彈性工時等方式任職的高階工作機會。除非該職位有明顯不允許這麼做的業務需求，否則公家部門應該以身作則，用更具彈性的工作條件召聘所有職缺。

二〇一五年七月，首相大衛・卡麥隆承諾將在一個世代內終結英國的性別薪資差距；同年十月，他協同婦女暨平等事務部的部長妮琪・摩根（Nicky Morgan）宣布為根除性別薪資不公所訂定的新措施。看起來政府確實聽見了TUC所提出的，關於各公司透明化其職員薪資的訴求。新措施包含強迫大企業公開男性與女性員工的獎金資料，並呈報性別薪資差距資料的政策自私人企業與志工單位擴大到公家部門，同時也正努力與「富時350」的企業協商，以求減少「全男性董事會」的數量。

政府正在逐步實現諾言，首相曾說過：「沒有平等，就沒有真正的機會。現代的社會不該存在任何薪資差距，我們將履行諾言，著手處理這件事。」

妮琪．摩根說：

做為政府，我們有責任讓國家中的每個人發揮潛能，而一個性別更加平等的社會將有助於這件事的發生，因此，處理性別薪資差距問題，絕對是我們的第一要務。正因為如此，我們承諾將要求所有雇員人數高於兩百五十人的公司公布男女員工之間的均薪差距。

縮減性別薪資差距不僅是一件正確的行為，同時也是增進國家生產力的基礎——確保所有女性都能發揮自身所長，對我們的經濟狀況將產生重大影響。

摩根部長許諾要讓學校裡的孩子都明白自己的權益，並表示處理性別薪資差距的問題必當從年輕的孩子們做起；重點是讓所有的孩子相信無論自己的性別為何都能從事任何職業。學校必須鼓勵女孩往通常由男性主導的產業前進，例如工程與科技業。

政府同時也實行了諸如雙親育嬰假以及產假津貼等政策。然而，是否能如大衛．卡麥隆所言，在一個世代內終結性別薪資差距則尚待觀察，目前似乎仍有段相當長的路要走。

自信，或許也是造成女人所得少於男人的原因之一。長久以來，父權制度使女性認為自己無法獲取與男性相等的薪資，因此她們不會像男人那樣要求更高的薪水。身為好萊塢的一線女星，珍妮佛・羅倫絲（Jennifer Lawrence）的財務煩惱當然無法和世界上多數的女性比擬，但我認為她對薪資的看法相當真實，與許多不敢談判爭取權益的女性都相同。最近她在一篇文章中解釋自己無法談到更好薪資報酬的主因，在於她有被人喜歡的需求。

她如此寫道：「我不是一個好的談判者，因為我很開頭就放棄了……老實說，想要討人喜愛的想法，使我沒有討價還價就同意與對方達成協議，無可否認我必須承認這件事。」

羅倫絲繼續說道，她認為這或許就是女人的薪資始終少於男人的原因；她們通常得向男人提出加薪要求，但女人不希望自己顯得很難搞，也不想因此冒犯或嚇到對方。我認為這種討人喜愛的需求已經深植於女性特質之中，女孩從小就受教導要取悅他人，因此她們沒有自信去爭取更多的錢。

蘿拉・貝茲（Laura Bates）是一名女性主義社運分子，同時也是「日常性別歧視計畫」（Everyday Sexism Project）的創辦人，她在著作《日常性別歧視》（*Everyday Sexism*）中提到，「教養責任阻礙女性賺更多金錢」正是帶有性別歧視的論點，因為它從一開始就將女人預設成教養的負責人。

她寫道：「問題出在女人要『為家庭奉獻』的想法，正是這種觀念使生育小孩成為必然影響女性職涯，卻不影響男性職涯的事件；再加上沒有彈性的工時，以及雙親育嬰假的缺乏，這個歷來已久的偏見，彷彿成了女人必然得接受的無法改變的事實——它其實可以改變，也必須改變。」

女人是家庭中擔負教養責任的角色，想挑戰這個觀念將是個漫長而辛苦的任務。沒有理由父親就不能暫停職涯回家照顧小孩，社會對於女性在產後停止工作的期待使這件事演變成普遍的常態。我們很少聽到有人問「男人能否兼顧一切？」因為做出犧牲的往往都是母親。

只要社會持續認定女人是小孩的最佳看顧者，我們就是在剝奪她們男女機會同等的權益；只要我們持續給女孩玩洋娃娃和塑膠烤爐，給男孩太空船和火車鐵道，他們就會相信長大後彼此該扮演的角色都已經固定，職涯和教養子女的選擇也會被預先確定。

女人所得比男人少的其中一項因素，在於她們為了生小孩暫時離開職場，但重返崗位時已經難以和事業與薪資都已然鞏固的男人競爭，一般稱此為「母職陷阱」。《新政治家》（*New Statesman*）的副總編輯海倫．露薏絲（Helen Lewis）寫道：「『母職陷阱』揭露資本主義一項最令人不安的祕密——它仰賴著大量無償的勞動力在維持運作，而這些勞動力通常來自女人；這些勞動者犧牲了職涯和終身的獲利能力。薪資差距的問題在二十多歲的男女性之間已然根除，但『母職差距』仍然存在，從女人懷孕的那一刻起，她們的薪資就再也無法回到該有的水準……」

然而，我的母親沒有讓自己落入「母職陷阱」，她在沒有放棄工作的情況下養大兩個小孩。她在本章的大綱裡頭寫道：「然而，當我回顧職涯，看見自己心中對於家庭生活的遺憾時，我不禁懷疑，女人究竟有沒有競爭能力，是否應該努力去競爭？」她心中對家庭確實懷抱著遺憾。

她在工作上從未因為自己身為女人而退縮，不僅如此，她還擅用性別取得優勢；身為她的女兒的我，對於「女人是否應該努力去競爭？」這個問題，我的回答是：「是的，應該。」

媽媽對她自己沒有花更多時間陪伴我們感到愧疚。在我們小時候，她曾多次到海外工作，但其實在不同任務之間，她會有很長一段時間待在家裡；回顧童年，我並不特別希望能跟她有更多相處時光。她以前常問我會不會比較希望她待在家裡，每天到學校大門等我？我總是說不。她的工作讓我非常驕傲。我能肯定擁有工作能力的感受，能讓她獲得思想上的自我實現，而不受母職束縛也使她成為更好的母親，她跟我們相處時，未曾表露沮喪或不滿；假如她一直待在家陪我們，我想她會被沉悶的生活逼瘋，並將情緒發洩在我們身上。假如她犧牲工作陪在我們身邊，她會是更棒的母親嗎？不，我們過去的生活能如此多采多姿，正是因為有一個這樣的她。我希望自己能夠緩解一點她的愧疚，但或許無論孩子再怎麼表示認同，職業婦女仍會有類似的感受。

在我閱讀媽媽對本書所做的筆記，準備為本章節收尾時，我意外看見一段引述自哈佛大學商業管理教授凱薩琳．麥金（Kathleen McGinn）的話：「擁有一位全職母親，對你有所助益。」當時我正試圖理解媽媽對於家庭生活的憂慮，因此我決定上網搜尋凱薩琳．麥金，看看她做了哪些研究。

麥金說道：「母親在外工作的女人，自己本身也比較可能擁有工作。比起母親在家擔任全職婦女的女人，她們更有機會在工作崗位上擔任管理職，賺取更高的薪資。」她繼續談到，職業婦女不僅是女兒的好榜樣，兒子也會因此受益：「由全職母親養育長大的男人比較願意分擔家務，也花更多時間關懷家族成員。」

麥金表示：「男女雙方都要出門工作的家長，常會出現親職罪惡感……然而，研究顯示這不僅對家庭的經濟有所幫助——假如你喜愛自己的工作，對你的專業與情緒也有幫助——更能對你的孩子們產生助益。」記者安．柏金斯（Anne Perkins）為此也在《衛報》撰寫一篇關於母親告別式的文章作為回應。她說我的母親完成了許多女人認為自己做不來的事，而我的哥哥和我就是最好的證明；她擁有卓越的職涯，也擁有我們。安．柏金斯寫道：

> 蘇和我世代相同，我看著她的職涯由傳統意義上的成功——任職BBC「十點新聞」——直至達成一種嚇人的無畏和勇猛；她相當煩人、糾纏不休，同時又令人無比欽羨與佩服。女孩們，請聽好，那些顯然使多數人自我束縛的限制，她未曾妥協。她勇敢、有決心，從一開始就把事情看得透徹；她從未自我懷疑，也不曾呆坐著悲嘆無力所及的事物。

我相信我的母親是一位不凡的人物。她的精力無窮。小時候她不在家時，我們會交由保姆照顧，但她的聲音總是出現在電話的另一端；無論是剛下飛機，或者剛從地球上某個偏遠角落的小茅舍離開，她都馬上回電給我們。她傾盡一切在當最棒、最貼心，永遠心懷兒女的母親。同時，也因為她的工作，我們才有幸能夠和她一起到多數同齡小孩做夢也想不到的地方旅行，認識許多非常優秀的人。她在國外看見許多可怕的事件，而我們位於倫敦北區的家庭生活相對而言非常舒適，兩者之間的強烈對比，對當時還是小孩的我們而言是一種提醒，我們明白自己非常幸運，也學會感激當下所享有的生活。

身為一個三十多歲的女人，我已經結婚，也開始組織自己的家庭，有我的母親做為楷模，我感到無比幸運。我一點都不覺得自己缺乏母愛的關注，看著她在全世界旅行，揭露各種不公不義的事件，我感覺自己被賦予了完成任何事的能力。記得媽媽在談論沙烏地阿拉伯的女人那個章節中曾寫道：「每一位母親都是女兒的示範。我跟我的女兒講過無數次相同的話，女人和男人是平等的，沒有任何事能限制一個女人的成就。」我從來不覺得身為女性有任何阻礙，因為媽媽已經證明了確實沒有這回事。媽媽，你無須感到遺憾，對於你以記者與母親兩種身分達成的成就，榮幸是我唯一的感受。謝謝你。我也在此回答你的問題，是的，女人應該努力去競爭，是你讓我們看見了獲勝的機會。

結語

你無法為這本書做一個真正的總結，因為這場「勇者反擊」的戰爭還在持續進行，人們仍在無數個前線上打著無數場的戰鬥。我在搜尋引擎上打入「女權二〇一六」，然後跳出一篇《哈芬登郵報》（*Huffinton Post*）的文章，開頭寫著：「在世界上許多地方，乳牛比女人擁有更多權利。」

這條路起起伏伏。現在有愈來愈多女人和男人開始尋獲勇氣，並在法律的厲行以及政治後援之下展開反擊；然而，令人深感悲痛的是，這位已經頑強奮鬥了數十年的勇者，以便攜式攝影機、銳利的眼光，以及一顆慈悲的心做為武器的她，卻急遽地離開了戰場。

「她深信這些事必須讓全世界看到。」她的丈夫，同時也是記者同行的尼克．古瑟瑞（Nick Guthrie）在憶及她時如此說道。當時，我們在一個灰色的冬日於倫敦碰面，討論如何為蘇這本擲地有聲的書寫一篇結語……假如疾病沒有偷走她的時間，最後這個章節原本應該是由她本人來完成。

這家蘇和尼克經常光顧的餐廳安靜而低調，這令我想起了蘇。大概是那整齊完摺的亞麻餐巾喚起了她出現在電視上的身影——身穿熨燙平整的襯衫，搭配一頭俐落的棕色短髮。

任何事都有其正確的處理方法。完全就是蘇的作風。

我也還記得第一次和尼克碰面的狀況。一九九〇年代初期的他，時任BBC《熱線新聞》（*Breaking News*）的企畫編輯，當時我帶著一個跟阿富汗女性有關的故事去找他。「阿富汗的女人怎麼了，說點我們不知道的事來聽聽。」他用他那「直接講重點」的粗魯語氣這麼建議我，同時搭配了一個勉勵性的微笑。

這也正是蘇整個職業生涯致力追求的事。

她努力地將那些發人深省，需要被大眾聽見的女性的生命故事說出來，而這本書就是她那顆頑強決心的最佳證明。這是一本寫給每一位女性的書：她所記錄的不公義與受虐事件遍及諸國，無論是相距甚遠的埃及與阿根廷，或者文化大相逕庭的愛爾蘭與印度。

這本書令人震驚。在阿根廷的「骯髒戰爭」中，像派翠西亞一樣遭綁架的女人在生完小孩後，被軍政府從飛機上直接往下丟，而她們的孩子則送給軍人的家庭；來自科索沃的十四歲女孩露潔塔，遭到一名聯合國維和部隊士兵「無時無刻」的強暴；而有些女孩和女人則因外生殖器官被部分或整體切除承受著「非常、非常可怕的疼痛」。

然而，它同時深具啟發性。例如麥穆娜為了中止她的家族在村中所扮演的「割禮」執行者的角色而逃離甘比亞；法國記者希莉亞・德拉維涅（Célhia de Lavarène）以及美國人凱西・波克瓦克（Kathy Bolkovac）竭盡全力奉獻一切只為了阻止波士尼亞的性販運問題。儘管最終這些最為堅持不懈的人，仍無法勝過那深植人心的厭女思想和傳統信仰，然而他們的付出確實造就了一些改變。

所有人都知道這是一場漫長的戰爭。

「蘇厭惡不公義的事件，這份怒火正是她為受迫害者奮戰的主要武器」，我們的共同朋友伊恩・歐萊禮（Ian O'Reilly）如此回憶道。他以製作人暨攝影師的身分，與蘇共事超過二十年；他們一同匿名旅行，神不知鬼不覺地祕密穿越了許多國界，只為將光明帶入世界上各個隱蔽的角落。

「不僅揭露真相，她還要羞辱那些做壞事的人。」伊恩如此說道。當時我們占據了整組墨綠色的半圓形絨毛沙發，飯店的酒吧裡空無一人卻滿布沙發；伊恩把這裡稱為「老祖母的起居室」，它就位在距離BBC倫敦總部幾個街區之外的小巷中。蘇和伊恩這兩位朋友、同事，或說「共謀者」，時而會逃到這個安靜的地方喝杯酒或咖啡，聊聊八卦，然後討論另一部影片的拍攝計畫。

薇薇安・摩根（Vivien Morgan）則是蘇在「第四頻道」（Channel 4）任職時的同事，她本身也是一名電視台記者。蘇曾在薇薇安的著作《影像記者的養成》（*Practising Video-journalism*）中如此談及自己的記者生涯：「有太多人正在受苦，他們在駭人的政權底下，或者艱困的環境之中求生存。我很在意這些事，我認為藉由電視這個媒介來傳播真相，或許能夠加速或者改變國際間的反應。」

假如你問一個記者為什麼會願意在其他人都因不安而撤退時，仍冒險前往危險的地區，並藉由提出各種疑問引發關注，通常你會聽到這樣的回答：「這就是我們的工作。」

不過，蘇的身上存在著某種獨一無二的特質。看著她這些年來在工作上始終勇敢無懼，時而獨自一人去旅行、拍攝影片，我的心中不斷浮現了另一個問題：「她是怎麼辦到的？」

蘇在二〇一一年拿著偽造的身分證件，假冒成司機的聾啞人士姊姊，穿越軍隊防線進入敘利亞，成為西方世界首位在這場空前的起義初期，就拍攝到反政府抗議畫面的記者；她當時是如何保持鎮靜的？一九九四年，她偽裝成一名鳥類學者，祕密地在中國南部拍攝監獄囚犯因器官需求而遭槍決的故事；她如何能保持沉著？這篇揭露器官如何賣往香港，如何供應給等待做移植手術的有錢人的報導震驚了全世界，中國因此以缺席審判的方式將蘇判處七年的有期徒刑——但這仍無法阻止她重回中國。

她如何能一次又一次回到相同的地方卻沒有被逮捕？藉由不斷地更換護照和國籍，她反復進出緬甸、尼泊爾、辛巴威，以及早期的俄羅斯等國；她也一再報導女陰割損、迫婚、榮譽殺人，以及各種形式的性販運事件，使得這些議題持續獲得關注。

「想起這件事時，我的心仍會顫抖。」伊恩回憶起他們在一九九七年進入緬甸軍政府的總部偷拍影片時，如此說道。在那個時期，幾乎沒有外人能受准進入封閉而獨裁的緬甸，更別說滲透到最為黑暗的權力核心深處。

有時候她偽裝成業餘的歷史學家，其他時候則單純是個好奇的遊客，或者說，她是身處於男性主導的世界中的一個惱怒的女性旅者。

「她去的那些國家毫不重視女人，因此當局者從來不會懷疑她有揭露他們的能力。」她的得意，她的女兒莎拉如此解釋，「她隨身攜帶我哥哥喬治和我的照片，然後她會拿照片出來跟人家說，她只是個正在度假中的兩個孩子的媽。」

在一趟羅馬尼亞的旅程中，為證明買嬰兒的行為確實可行，她假冒成買家，也每天都真的成功買到一個嬰兒。「她在那趟旅行中哭了很多次，」伊恩承認道。她鋼鐵般的意志連結著一顆柔軟的心。

「她對社運記者的這個身分，從來沒有任何懷疑和後悔。」東尼．喬里夫（Tony Jolliffe）表示這就是蘇的驅動力；身為BBC最具才華的攝影師的東尼，在二〇一〇年到二〇一四年期間，和蘇成為工作搭擋。當時蘇獲得一個難得的機會可以前往北韓，這正是這組成功的雙人團隊首次執行任務。他們製作了一部相當出色的影片，後來也以此在美國獲得名聲響亮的艾美獎；值得紀念的場景包括：蘇質問那些侷促的官員時那張嚴肅的臉孔，以及她和一群孩子應著節奏輕快的愛國歌曲跳舞時的輕盈腳步。他們合作完成一系列影片，包括關於發生於中東、非洲和歐洲的女性性器殘割（FGM）在內的多個本書中最震撼人心的故事。

身處BBC這麼一個公共廣播公司的內容編輯端，蘇成功利用各種方式傳達自己的想法，也給了原本沒有發言權的人發聲的機會。她的故事極具力度，因為她有一套自己的絕活，包括：用語嚴謹、告密式的表達、回答俐落、提問直率，甚至是那偶爾出現的惡作劇般的微笑。

「她很擅於保持低調，」東尼說道，「不過，基本上她的眼中只有黑色和白色，好人和壞人。她想要與好人共同追捕壞人。」

她一心求道的專注——有時候無視人情世故，也時不時違反各種規定——常會為派駐在事件發生地的BBC同事帶來困擾。因為影片一旦發布，所有暗地作業的祕密都會曝光，這些同事就必須應付當地政府官員的怒火。

然而，正是這種勇敢無畏的記者精神，讓現任的BBC執行長，同時也是蘇自牛津大學時期以來的朋友東尼．霍爾（Tony Hall）——博肯海德男爵——決定在一九九二年時將她從ITN挖角到BBC；當時負責掌理一個新創部門的他，將蘇帶進了BBC。「我希望這樣的記者魂能出現在我們的團隊中。」二〇一五年十月，在蘇剛去世的不久後，他在BBC第四廣播頻道的節目《最後的話》（*Last Word*）上如此說道。

二〇一五年十二月一日，蘇的追思會在倫敦中心的諸聖堂（All Souls Church）舉辦，近鄰著BBC大樓。在這場悲淒的告別式中，他憶及蘇在ITN初為記者時有個「不吉利的起頭」，她在那裡意識到女人只能報導「皇室家族和切爾西花卉展覽等限定主題」。他引述蘇曾經說的話：「假如你對我在做的事——社會運動及人權記者——感興趣的話，我想說的是，三個魁梧的男人帶著一台巨大的攝影機，與一支蓬鬆宛如陽具的麥克風，去採訪在戰爭中遭受強暴的受害者，我在記者生涯的非常早期就認為這絕對不是最得體的做法。」

到了八〇年代晚期「蘇和科技湊到了一起」，她發現索尼新推出的「Hi8」便攜式攝影機將可以成為她的祕密武器。這台難以被歸類又不具威脅性的攝影機體積小，好隱藏，當時的觀光客也正開始入手使用；同時品質也做出改良，明顯超越了影像帶有顆粒感的早期機型。若是做祕密攝影之用，它正是帶來突破性改變的重要關鍵；原來只能以紙本描述的故事，現在不僅能捕捉到畫面，品質也已經達到可以播出的水準。

「我知道身為一名ＶＪ（影像記者，video journalist）的自己有著改變的力量，或至少能推動事物運作起來。」她在薇薇安．摩根那本著作的「先鋒影像記者」章節中如此表示。八〇年代晚期，她與薇薇安首次帶著Ｈｉ８攝影機前往羅馬尼亞採訪革命發生之前，以及結束之後的狀況；在那之後的數年間，她們也曾因幾次採訪任務一起旅行。一九八九年，諸多東歐的內情和新聞隨著柏林圍牆的倒塌而爆發——對於有企圖心，又具備新式攝影機的影像記者而言，正是一個發揮所長的完美機會。

尺寸愈變愈小的膠捲底片，也帶來很大的影響。「我在電視新聞圈內最為人詬病的事蹟，就是把膠卷藏在內褲裡夾帶進海關，這件事是真的！」蘇在薇薇安的書中承認。

在世界上各種不公事件中，蘇的焦點通常鎖定在女性的困境之上，但她並不將自己視為一個單純關心性別議題的女性社運分子；只是她的每個所到之處，女人若非權益受損，就是直接消失不見，有太多需要改正的錯誤。

「蘇從未像我們許多人一樣把自己定位成女性主義者。」身為蘇超過三十五年親密好友的薇薇安同意地說道，「她總認為每個故事都應該從其各自的原委進行探究，與她身為女人這件事並沒有什麼關連。」

另一個她所堅信的理念是，一旦談及人權迫害——包含女性的處境和待遇——沒有任何國家能夠自我標榜擁有高尚的道德。在蘇的世界裡，沒有「我們」與「他們」的區別。

「是愛爾蘭的那個故事，使她興起寫這本書的想法。」伊恩．歐萊禮說道，他提到的就是本書第三章的「愛爾蘭的墮落天使」。「當時她驚呼：『這是一個隸屬歐盟的國家，竟然連這個地方都有刻意隱瞞真相的情事發生。我太震驚了！』」

蘇奉獻於記者工作如此多年，足跡遍行各個大陸，你無法精確估量她的影響力有多大。在ＢＢＣ的網站上，由蘇製作報導的影片多達廿二頁，在這之前，她已經為ＩＴＮ做了十年的採訪工作。蘇和她的團隊製作了無數部影片，獲得無數人權相關獎項，他們帶動各界開始對話、評論；更重要的是，在終結迫害行為以及有罪不罰這項最終目標的路途上，他們已然造就了許多實質的改變——我們可以從這些事實看到蘇的貢獻。

大多數的記者都敢於希望自己的報導能產生影響力。我們常會失望。就蘇而言，她對於特定議題的執著和專注是成功的關鍵因素，她必須先花很長的時間慢慢引起關注，最終才能夠讓人願意開口表達想法並付出行動。當然，在另一些案例中，成果來得又快又振奮人心，讓某人的生命出現改變，或者是讓原本造成束縛的法律得以修正。

敏敏．拉瑪（Min Min Lama）的案例就是如此。敏敏是一位尼泊爾籍的青少女，她在十四歲時遭到性侵，後來因為墮胎而被判處十二年的監禁。

一九九九年，蘇到監獄探視敏敏時，寫下了關於「這名嬌小而脆弱的女孩變成尼泊爾運動分子爭取修訂墮胎法的象徵人物」的報導。當時年僅十六歲的敏敏，是監獄中最年輕的囚犯，但並不是唯一因此受害的人。「將近有一百位女人，或者說尼泊爾有半數的女性囚犯，因遭受與墮胎相關的指控而服刑，其中有很多人跟敏敏一樣曾經被男性的親戚強暴過。」

蘇表示她後來「為了去見那個執行墮胎的女人，踏上了一場為期三天的跋涉旅程。」那個人是敏敏同父異母的兄弟的妻子，她堅持自己的哥哥絕對不會做出那樣的事，接著誘騙敏敏服藥促成流產。蘇成功用攝影機錄下她的自白，敏敏也得以獲釋。

更重要的是，尼泊爾的法律因此做出修訂，准許強暴以及未成年性侵事件的受害者得以接受墮胎手術。

另一部促使法律改變的影片內容，聚焦在非法人體器官交易的議題上。在二〇〇一年的報導中，蘇和伊恩說明了捐贈者如何從摩爾多瓦抵達手術的執行地土耳其，而尋求器官移植的人大多都來自以色列；在猶太信仰中，肉體必須完好無缺地被帶進墳墓，這也意味著器官移植的可行性相當有限。他們的紀錄片引領一項法案通過，使得醫療保險公司投資海外器官移植的行為得以獲得控制。

在另一些情況中，陷入困境的國家因為有蘇的努力得以走出陰影，獲得全球性的關注——就這點而言，緬甸是目前已知的案例。

九〇年代末期，蘇和伊恩將焦點鎖定在西方大型企業與統治緬甸的將領之間的交易關係。當時記者拿不到入境簽證，因此兩人安排一場假的商務會談。他們走進一家經營休閒服飾的服裝公司，該有的東西無一不備：電話與傳真號碼、電子郵件，以及商務名片。後來，他們竟然成功獲得罕見的商務簽證，甚至得到與緬甸高階軍官見面的機會。

伊恩詳述，當時他們正要到倫敦的緬甸大使館進行一次重要的拜訪，「蘇說我們看起來必須很有錢，因為那扇門只為有錢人而開。蘇盛裝打扮，她去做頭髮，向丈夫的母親借來一些浮誇的珠寶，而我在伴侶強納森的幫助下也弄出了一副富豪裝扮。我們已蓄勢待發。」

他們祕密拍攝的影片，揭露出許多西方品牌在受控於軍政府的緬甸工廠裡製造產品的內情。結果，許多公司例如英國的男裝品牌波頓，以及愛爾蘭的鄧恩超市皆因此停止營運。

蘇和伊恩在一位同樣擁有堅定決心的緬甸社運分子——人稱「費絲女士」（Ms Faith）的幫助下，暗中採訪了翁山蘇姬，並成功將影像攜出緬甸；當時正是在這位知名的民主運動人物遭受嚴厲的居家軟禁的時期。她的訪談於BBC播出之後引發了廣大的迴響。

在度過了一段漫長而艱辛的停滯期後，緬甸如今已經是個更加開放，局勢也較為緩和的地方。翁山蘇姬所屬的全國民主聯盟（National League for Democracy）近來在緬甸首次的全國選舉中大獲全勝，長達半個世紀的軍事政權終於在二〇一一年畫上句點。蘇去世的消息傳到緬甸之後，翁山蘇姬寫道：「她在針對緬甸所做的報導中，展現了無比的勇氣和決心，並明確傳達我的信念。她是最優秀也最善良的一名記者。」

蘇也是最堅持不懈的人。九〇年代晚期，她將那剛毅的目光轉為鎖定在迫婚，以及俗稱「榮譽殺人」的議題上，這些事件發生在巴基斯坦和約旦等國的保守伊斯蘭社區之中。

「她很早就做了這些關於巴基斯坦的榮譽殺人和迫婚事件的報導，比其他人都早上許多。」作家、社運分子，同時也是蘇的朋友的雅思敏・阿里拜—布朗（Yasmin Alibhai-Brown）如此說道。

雅思敏本身也是一個好鬥的運動分子，但她用「可怕的喧鬧」來形容蘇和伊恩再度共事時的情況，吵鬧過後，他們接著就把攝影機轉向那些生活在英國的巴基斯坦家庭。「當時是她與這些保密、保護主義勢力較量的第二場戰役。」雅思敏在一次熱烈的電話對談中跟我說道，「她確實突破了這些沉默之牆。」

這些牆開始崩落時，有些言語的磚塊也落到了雅思敏的身上——她是出生於烏干達，但祖先是巴基斯坦人的英國籍穆斯林。「社區的領袖、保守伊斯蘭教徒，以及傳教士都會這麼問我：『你怎麼會認識這麼一個信奉種族主義和殖民主義的女人？』」她的回應——無論在對話中或報紙的專欄——始終堅持自己的想法，雅思敏回答道：「假如她沒這麼做，那才是種族主義者，因為那等於是說她認為其他人的生命沒有白人來得重要。」

這也正是蘇和東尼・喬里夫著手進行女性性器割損相關報導時的想法，他們在二〇一二年展開這項最具影響力的系列。「我們兩人都知道這些影片無法根除此項習俗，但我們想將它帶到檯面上引起討論。」他如此對我說道。

東尼先要我給他一點時間回憶關於蘇的一切，然後我們才在他於倫敦的住處附近見面喝咖啡；那是一次極具情感的回顧，正如同所有認識蘇的我們，他也難以相信一個這麼傑出的人竟然已經離去。跟蘇共事的四年間，他們總共到十六個不同的國家拍攝影片，通常都是很棘手的地區。「她一直是個正向的好夥伴，我不記得有哪一天不是如此。」在形同壓力鍋的記者世界中，這是一種極大的讚譽。

他們到五個國家拍攝的女性性器割損相關報導，在BBC《新聞之夜》的編輯端擁有著堅實的後盾，特別是兩位副總編輯——現在任職於「第四頻道」的莎敏德．納哈（Shaminder Nahal），與負責首部女性性器割損影片和後續其他影片的麗茲．吉本斯（Liz Gibbons）。在當時，許多媒體甚至BBC的其他部門都選擇保持緘默，與此形成相當強烈的對比。

「有些看法認為，女性性器割損是略帶異國風情，而且有點噁心的東西。」《新聞之夜》製作人詹姆士．克雷頓（James Clayton）如此表示，他也參與了其中一些影片的工作過程。更早之前，身為自由記者的他，就曾試圖讓一家星期天報對這個事件產生興趣；當時對方跟他說：「資深編輯永遠不會把和陰道被割除有關的故事放到報紙上。」

一如既往，蘇在處理這件事時可以說是直截了當地切入重點。

東尼跟我說了個他們在一家法國醫院中拍攝「女性性器官重建」手術時的軼事。「東尼！你拍到了嗎？」蘇透過手術面罩簡潔地低聲問道。

「拍到什麼？」他透過他的面罩詢問。

「陰蒂！」她說。

「有！」

他說《新聞之夜》在法國做的報導引發了一陣騷動，媒體上出現了許多輿論，因為法國處理女性性器割損的方式，與英國差異甚鉅。在英國，許多家庭常會將女兒送到其他國家「受割」，所以沒有人因此被起訴；而法國在訴訟和審查上，則採取更加強硬的手段，所有的女孩從外地回到法國時都要接受體檢。

「相較於法國的一百起有罪判決，我們怎麼失敗得如此可悲？」蘇在第一章〈最殘酷的割禮〉中如此提問。她說，答案正是因為「我們包容並接納文化差異，但這使虐待事件得以在緊閉的門後發生。」

蘇．勞伊德．羅伯茨心中的熱情驅使她在必要的時候將這些門猛地推開、踹倒，或從窗戶鑽進內部。《新聞之夜》的前任副總編輯麗茲．吉本斯，在二〇一二年首次將埃及的女性性器割損相關資料拿給蘇看，統計數據顯示有九〇％的女性曾經遭受不同形式的殘割手術。

麗茲憶及當時的情況時說道：「當時無論我將那份不完整的統計資料拿給哪一位記者，並告知我想要拍攝與埃及女性性器割損議題相關的影片，可能都難以得到任何成果。然而，蘇不僅做出讓人驚豔的報導，更有一系列的後續追蹤。我由衷地認為她帶動了政策和態度的轉變，至少在英國是如此。」蘇再次「將議題轉化為事件」。麗茲表示和蘇緊密的合作關係是「任職《新聞之夜》時期最令她感到驕傲的事」。

到了二〇一三年，女性性器割損的相關報導在英國媒體上隨處可見；二〇一四年，意圖於一個世代內終結女性性器割損、迫婚和童婚等問題的英國政府，為了動員地區及國際的力量而舉行一場「女性高峰會」（Girl Summit）。

回顧所有蘇為了突顯女性性器割損議題做出的努力，最能鼓舞我心的就是她與穆娜・海珊（Muna Hassan）的那場對談。年輕的穆娜是居住於英國布里斯托的學生社運分子，曾經在蘇的影片中受訪；出生在瑞典的穆娜的父母親都是索馬利亞人，她在八歲時搬到英國，青少年時期就加入當地的慈善機構「布里斯托共同體」（Integrate Bristol），接著立即就開始發言聲討女性性器割損。

「她來到布里斯托，讓我們講出內心話。」當時穆娜正準備完成大學學位，同時要處理許多與抗爭事件相關的事務。當我們終於找到時間通電話時，她詳細地說明了訪談的始末。「她催促著我們說：『如果你們有話想說，現在就說。』」我能想像蘇用她那嚴肅的口吻，說出這句話時的模樣。

展現出十足熱忱的穆娜，拉近了我們在那次電話對談中的距離。BBC的影片放大了她和她那些在本書第一章被提及的同事們的心聲，使事件從地區性的議題一躍而成全國性、甚至是國際性的焦點。

忽然間風向就改變了，穆娜表示，蘇曾經說過這是一種「虐待行為」，而非「文化風俗」。這件過去被視為「發生於半個地球之外」的事，演變成一個連國會都開始著手應對的英國議題。

而且，影響並不僅止於女性性器割損，穆娜跟我說，這件事等於是打開一個「長滿蟲子的罐頭」。女性性器割損的相關討論，使得更多人開始投入社區公眾事務，也讓更多的議題獲得關注，包括近來穆斯林青年愈漸激進化的現象。

「我們永遠不會忘記她。」在我們的通話結束前，她平靜地如此說道。「但我們眼前還有漫長的征途要走。」

很多人都無法忘記蘇——她的影片，及她在影片之外的真實貢獻。她參與了許多聲援緬甸與西藏的社運團體，西藏是她相當關注的另一個議題。她也一直勤奮地在為那些她所關注的重大議題上籌募資金，嚴肅卻也同時融入了她愛好惡作劇的風趣幽默，而且只要一逮到機會，她總是跳很多舞。

「她在『舞動波士尼亞』（Bop for Bosnia）的慈善舞會中募得了好幾輛卡車之多的工具設備；『搖滾羅馬尼亞』（Rock for Romaina）則是在為愛滋孤兒募款；『西藏探戈』（Tango for Tibetan）幫助西藏難民；然後我們也為布希曼族的倖存者舉辦了『布希曼舞會』（Bushman's Ball）。」一一列出這些活動的薇薇安．摩根與其他蘇的親近好友一樣，相當難以接受失去這位旅伴的事實。

「當時我們還在策畫另一場跟女性性器割損有關的活動。」薇薇安補充道，「但最後沒有機會辦成。」

蘇從未拋棄這些故事，以及身處其中的人們。

儘管鮮少有人察覺，但她在公共目光以外也做了無數的善舉：從她自己的口袋拿出一些錢塞給窮困的家庭；給尋求庇護西藏人提供建議；金援羅馬尼亞孩童的學費，並在倫敦提供一個讓人能夠吃飯和睡覺的住處。

正如同她的女兒莎拉在本書引言中提到的，他們位於北倫敦那個溫馨的家的大門，始終為「政府官員、記者、社運活動者，或從某個受戰爭蹂躪的國家逃出來的受迫害者」而開。流亡的西藏領袖達賴喇嘛，稱她為「倫敦蘇」；現在的年輕記者將她視為精神楷模，並追隨著她的腳步前進；相同世代的人則認為她在影像記者的領域扮演著開路先鋒的角色，以祕密拍攝影片的方式進行調查，已經變成了她的職業特色。

然後她寫了這本書。蘇的丈夫尼克跟我說，她同時也在構思一部小說，而內容將會聚焦在女人的故事上面。

然而，突然間，她就展開了一場單獨對抗骨髓性白血症的戰鬥——依然很有蘇的風格。七月二十七日，她在醫院日誌中寫道：「入院至今已將近一週，化療還算相當溫和。我每天早晨寫書，白天和尼克到攝政公園散步或者去外面吃午餐，然後兩點開始做長達約六小時的化療。」

伊恩．歐萊禮回憶道，「在她還有意識的最後那週，我們互相傳了大量的電子郵件和簡訊，她要我告訴她一些關於她想寫進書中，我們共同經歷的故事的各種細節。」

當時，蘇和那些與她最親的人都只能抱持「我們一定會克服這件事」的信念。直到最終，這位長久以來都能順利度過各種難關的勇敢的記者，被迫在故事尚未完結之前就離開人世。

「我跟她說：『我們先放下這本書，這幾天好好專心做幹細胞移植。』」尼克回憶道，「在那之後，她的狀態急轉直下，病毒轉移到腦部，從此便不再出現復原的跡象。」

蘇去世後，有些報社與東尼・喬里夫聯繫，希望能拿到一些蘇在戰地區域的相片。「她不是戰地記者。」他這麼說道，不過他們仍堅持那是他們想看的東西。

蘇要我們看見這個時代中的另一種戰爭，這些戰役每一天都從早晨延續到夜晚，而奮戰的人許多都是女人，以及年輕的女孩。

她與之並肩，為她們而戰，直到最後一刻。

BBC首席國際特派記者

麗斯・杜賽（Lyse Doucet）

作者簡介

蘇・勞伊德・羅伯茨是一名影像新聞自由工作者，也是電視台記者，她曾經任職ＩＴＮ以及ＢＢＣ電視台。牛津大學畢業後，一九七三年以實習生身分加入ＩＴＮ電視台，成為英國首位女性影像新聞記者，她曾單槍匹馬進入淒涼的前蘇聯前線地區與中國進行採訪。一九八一年加入「第四頻道」（Channel 4）新聞部門及紀錄片部門，十一年後轉職ＢＢＣ電視台。她專攻人權與環境議題，進入中國、緬甸和辛巴威的祕密採訪為她贏得眾多讚譽。同時她也是二〇一一年敘利亞內戰發生時，第一位進入大馬士革與霍姆斯進行採訪的影像記者。蘇為ＢＢＣ電視台節目《新聞之夜》（*Newsnight*）工作超過二十年，近十年她同時為紀錄片單元「我們的世界」（Our World）拍攝紀錄片，也定期以記者或播報員身分參與ＢＢＣ《Radio 4》電台廣播節目。

一九八〇年代，蘇製作一系列影片報導英國原子彈試驗的歷史與後續追蹤，同時與人合著此一主題的書籍《Fields of Thunder, Yesting Britain's Bomb》。蘇獲獎無數：一九九三年獲得英國環境媒體獎（British Environment and Media Award），一九九五年以報導中國勞改營的影片獲得皇家電視學會國際新聞獎（Royal Television Society International News Award）與國際特赦組織電視新聞獎（Amnesty International's Television News Award）。

一九九六年，她因調查人權侵害事件的出色表現獲得歐洲婦女聯盟（European Union of Women）頒予歐洲婦女成就獎（European Women of Achievement）；一九九八年，蘇在緬甸的祕密報導獲得電視新聞類的「世界一家」媒體大獎（One World Award）；二〇〇〇年六月，她以報導尼泊爾受虐女性的影片再次獲頒國際特赦組織的電視新聞獎；二〇〇一年四月，調查性販運的報導讓她在巴塞隆納「世界新聞報2000」的典禮上獲得真實國際獎（Actual International Award），同年坦尚尼亞馬塞族人的故事再獲電視新聞類「世界一家」大獎；二〇〇二年，他於印度拍攝的關於童工的影片獲得「世界一家」紀錄片大獎；二〇一一年，她以影片《泡影中的北韓》（*Inside the North Korean Bubble*）在紐約獲得艾美獎；二〇一二年，她被「世界一家」媒體大獎受封為年度國際記者，同年敘利亞的報導獲得國際特赦組織電視新聞獎；二〇一四年，她於甘比亞調查女性器殘割的報導為她贏得聯合國活躍女性獎（United Nations Women on the Move award）。

蘇於二〇〇二年被授與員佐勳章（MBE）；二〇一三年，對新聞領域付出的貢獻使她獲頒司令勳章（CBE）。當蘇不在世界各地旅行時，她與丈夫尼克定居馬約卡島（Mallorca）與倫敦。蘇去世時身後留下兒子喬治以及女兒莎拉。